Verena Kast · Glückskinder

W0227038

Verena Kast

GLÜCKSKINDER

Wie man das Schicksal
überlisten kann

Kreuz

Alle in diesem Buch enthaltenen Angaben, Daten, Ergebnisse etc. wurden von der Autorin nach bestem Wissen erstellt und von ihr mit größtmöglicher Sorgfalt überprüft. Gleichwohl sind inhaltliche Fehler nicht vollständig auszuschließen. Daher erfolgen die Angaben etc. ohne jegliche Verpflichtung oder Garantie des Verlags oder der Autorin. Beide schließen deshalb jegliche Verantwortung und Haftung für etwaige inhaltliche Unrichtigkeiten aus, es sei denn im Falle grober Fahrlässigkeit.

Die Deutsche Bibliothek – CIP-Einheitsaufnahme

Kast, Verena:
Glückskinder: wie man das Schicksal überlisten kann / Verena Kast.
– 1. Aufl. – Zürich: Kreuz-Verl., 1993
ISBN 3-268-00150-5

1   2   3   4   5   97   96   95   94   93

© Kreuz Verlag AG Zürich 1993
Sonderausgabe in einem Band der Titel:
Der Teufel mit den drei goldenen Haaren
© Kreuz Verlag AG Zürich 1984
Ali Baba und die vierzig Räuber
© Kreuz Verlag AG Zürich 1989
Sisyphos © Kreuz Verlag AG Zürich 1986
Umschlaggestaltung: Jürgen Reichert
Umschlagbild: Henri Rousseau, »Der Traum«, 1910
Foto: Joseph S. Martin/ARTOTHEK, Peissenberg
Gesamtherstellung: W. Röck, Weinsberg
ISBN 3 268 00150 5

Inhalt

Vorwort   7

Der Teufel mit den drei goldenen Haaren
Vom Vertrauen in das eigene Schicksal

Vom Vertrauen in das eigene Schicksal   11
Der Teufel mit den drei goldenen Haaren   17
Die Glückshaut   27
Der König ärgert sich über die Weissagung   37
Die Eltern verkaufen das Kind   42
Das Motiv von dem ausgesetzten Kind
    in der Schachtel   46
Die vertauschten Briefe   50
Die erste Erfüllung des Schicksalsspruchs   61
Der Weg in die Hölle   64
Des Teufels goldene Haare   67
Der trockene Marktbrunnen   72
Der Apfelbaum ohne goldene Äpfel   77
Der Fährmann, der niemals abgelöst wird   80
Der Teufel und die Ellermutter   84
Der Teufel als Traumdeuter   90
Der belebende Rückweg   95
Die Versetzung des Königs   101

Ali Baba und die vierzig Räuber
Wie man wirklich reich wird

Sesam, öffne dich!   109
Die Geschichte von Ali Baba und den
    vierzig Räubern   113
Geschichten gegen den Tod   129
Die Rahmenerzählung   129

Der Zwang zu töten   140
Ali Baba und die vierzig Räuber   149
Vom Umgang mit der Armut   149
Der räuberische Schatten   158
Der verborgene Reichtum   166
Faszination durch Schönheit   172
Verändertes Leben   175
Das Prinzip Haben – oder: der Neid   178
Weibliche Lösungen   186
Die Überlistung des Räuberischen   190
Dem Zentrum des Schattens begegnen   198
Tanzend den Schatten entlarven   207
Die Befreiung weiblicher Klugheit – oder:
    der erschlossene Reichtum   214

Sisyphos
Der alte Stein – der neue Weg

Sisyphosarbeit   225
Das Stemmen des Steins   228
Das alltägliche Verständnis des Mythos   231
»Was fällt Ihnen zu Sisyphos ein?«   233
Überlegungen zum mythischen Bild   243
Hoffnung und Hoffnungslosigkeit oder
    Erwartung und Enttäuschung   253
Der Stein als Symbol   267
Die Vorbedingung für die Strafe   271
Sisyphos – der Schlaue und Trickreiche   275
Und noch einmal der Stein   289
Festhalten und Loslassen   298
Der Mythos der Vierzigjährigen   314
Überlieferte Deutungen des Sisyphosmythos   319
Der Mythos von Sisyphos im Traum   325

Anmerkungen   337
Literatur zu Sisyphos   340

Vorwort

Dieses Buch enthält die Deutungen der beiden Märchen »Der Teufel mit den drei goldenen Haaren« und »Ali Baba und die 40 Räuber« sowie die Deutung des Mythos von »Sisyphos«.

Ich freue mich darüber, daß der Kreuz Verlag sich entschlossen hat, diese drei Monographien, die jede in sich steht und einzeln auch publiziert wurde, nun in einer Sonderausgabe zugänglich zu machen.

Habe ich wirklich über Glückskinder geschrieben? Wahrscheinlich schon, denn Hauptthema dieser drei Abhandlungen ist eigentlich eine Anleitung zum Glücklichsein. Es ist ein Sich-Besinnen darüber anhand von Märchentexten und einem Mythentext, was es denn letztlich ausmacht, daß man den Schwierigkeiten des Lebens doch immer wieder ein großes Maß an geglücktem Leben abzuringen vermag. Denn schwer ist das Leben für alle drei »Helden« und besonders auch für die Heldin. Sie lassen sich aber durch die Schwierigkeiten nicht lähmen, sondern herausfordern. Sie sind vom möglichen Gelingen fasziniert, nicht vom möglichen Scheitern. Sie lassen sich allesamt auf ihr Leben wirklich ein, halten letztlich das von ihnen erlebte Schicksal für zumutbar und für veränderbar. Diese Haltung des Sich-Einlassens und der Hoffnung auf mögliche Veränderung, das Vertrauen darauf, daß es schöpferische Lösungen gibt, läßt sie ihre Schwierigkeiten bestehen, indem sie sich entwickelnd eigene schwierige Seiten sehen, akzeptieren und überwachsen. Auch suchen sie nicht das »große Glück«, sondern das Erleben des Glükkens im Alltag, das dann aufleuchtet, wenn man tut, was zu tun ist. Dabei wird die Hingabe an das Leben und an die Aufgaben betont und in dieser Hingabe das Erleben des Seins und sehr viel weniger das Erlebnis des Habens. Dann nämlich ist das Lebens lebendig, fühlt man sich an den Strom des pulsierenden Lebens angeschlossen – und das nennt zumindest das erste Märchen ein Glückskinddasein. Indem wir diesen Geschichten mit unseren Phantasien und unserem Nachdenken folgen, können uns die Helden und die Heldin ermutigen, auch eher das Glück zu suchen.

St. Gallen, März 1993   Verena Kast

DER TEUFEL MIT DEN DREI GOLDENEN HAAREN

Vom Vertrauen in das eigene Schicksal

Vom Vertrauen
in das eigene Schicksal

Daimon

Wie an dem Tag, der dich der Welt verliehen,
Die Sonne stand zum Gruße der Planeten,
Bist alsobald und fort und fort gediehen
Nach dem Gesetz, wonach du angetreten.
So mußt du sein, dir kannst du nicht entfliehen,
So sagten schon Sibyllen, so Propheten;
Und keine Zeit und keine Macht zerstückelt
Geprägte Form, die lebend sich entwickelt.

J. W. Goethe, Urworte, orphisch

In einer Zeit, in der man sagt, daß jeder seines eigenen Glückes Schmied ist, tun wir uns schwer mit dem Begriff des Schicksals und mit dem Erleben von Schicksal. Schicksal, unser Geschick, etwas, das uns geschickt oder mitgegeben ist, gibt es das wirklich? Und von wem geschickt?

Auch wenn diese Fragen wohl nie sicher zu beantworten sind, wenn unser Schicksal und unser Geschick letztlich ein großes Geheimnis bleiben, haben wir doch ein Gefühl für Schicksal, vielleicht sogar Angst vor ihm. Erfährt man Lebensgeschichten, staunt man immer wieder über ein ganz bestimm-

11

tes Schicksal, das sich in diesem Leben abzeichnet. »Werde der du bist« ist eine Aufforderung, die seit Pindar an uns ergeht und die jeden einzelnen immer wieder fasziniert: Leben als Möglichkeit, der zu werden, der man ist. Leben als Anspruch, der zu werden, der man ist.

Diesem »Werde der du bist« versucht man sich in Therapien unter dem Namen Individuationsprozeß anzunähern. Aber jeder auf sich selbst auch nur etwas aufmerksame Mensch wird von sich aus versuchen, der zu werden, der er ist. Er wird mit der Zeit herausbekommen, was wirklich zu ihm gehört, das heißt unterscheiden, was für ihn gültig ist, für ihn stimmt, und was er nur als von außen aufgezwungen erlebt: Moden, die letztlich nicht mit seinem Wesen übereinstimmen, Ansprüche aus seiner ganzen Lebenszeit, die nicht zu ihm passen. Vatersätze, Muttersätze, Lehrersätze, Psychologensätze und so weiter, die zwar zunächst fraglos hingenommen worden sind, sich aber dann doch als nicht »stimmig« mit den eigenen Gefühlen, mit der eigenen Lebensauffassung erweisen, verlieren dann ihren wegweisenden Charakter. Wie oft setzen sich Menschen großen Schwierigkeiten aus, ertragen sogar politische Verfolgungen, weil sie überzeugt davon sind, daß das, was sie verfechten, wichtig ist und unbedingt zu ihnen gehört, also auch die Schwierigkeiten, denen sie sich aussetzen. Andererseits hat man gerade auch in der therapeutischen Arbeit oft das Gefühl, daß sich Menschen Schwierigkeiten einhandeln, die eher zufällig sind, die sie auch nicht weiterbringen auf ihrem Weg: Schwierigkeiten etwa, die sich daraus ergeben, daß man einer Auseinandersetzung aus dem Weg geht und immer wieder neue Ausreden erfinden muß, um diesen Zustand aufrechterhalten zu können, die also dadurch entstehen, daß man den Gang des Lebens aufhalten will.

Es scheint Schwierigkeiten, Krisen, Verhaltensweisen und Freuden zu geben, die zu uns gehören, für uns typisch sind, und solche, die wir eher als ichfremd ansehen und als Zeichen dafür, daß wir »nicht ganz bei uns« sind, sondern ganz bestimmte Aufgaben, die wir mit unserem Leben verbinden, verfehlen.

Schicksal, »Werde der du bist«, die uns bestimmten Lebensaufgaben – das sind Ausdrücke, die einander ersetzen können. Sie weisen alle darauf hin, daß mit jedem Menschenleben auch ein ganz besonderes Geschick verbunden ist, das sich nicht einfach bei der Geburt zeigt, sondern das sich im Laufe des Lebens ausfalten muß. Dieses Geschick kann man auch immer wieder verfehlen, aber gerade die Verfehlungen sind das Wesentlichste an diesem Selbstwerden; sie bringen uns überhaupt darauf, was denn unser Geschick sein könnte.

In unserem Umgehen mit den Verirrungen zeigt sich langsam unser ganz besonderer Weg. Ein Schicksal, eine bestimmte Lebensaufgabe zu erfüllen zu haben, auf die hin gelebtes Leben immer transparenter wird, die sich immer deutlicher zeigt, je mehr Leben gelebt wird, das ist eine Auffassung von Menschsein, die unserem Leben einen unmittelbaren Sinn gibt. Diese Auffassung gibt jedem einzelnen eine ihm zugehörige spezielle Bedeutung neben der kollektiven Bedeutung, die wir natürlich alle haben, indem wir die menschliche Gattung fortpflanzen, Kinder aufziehen und so weiter.

Von einem Knaben, der ein sehr spezielles Schicksal hat, handelt das Märchen vom Teufel mit den drei goldenen Haaren. Das erstaunt den nicht, der Märchen kennt: Märchenhelden und Märchenheldinnen haben immer ein besonderes Schicksal, oder anders ausgedrückt: Dadurch, daß man aus einem Leben eine Geschichte macht, bekommt es seine besondere Bedeutung. Die Bedeutung, die ein Schicksal hat, liegt für den einzelnen zunächst im wesentlichen darin, welche Bedeutung er seinem Schicksal *gibt*, und dementsprechend, mit welchem Ernst er sich darum bemüht, dieses Schicksal dann auch zu leben. Wir sind gewohnt, nur dann von Schicksal zu sprechen, wenn es auch von außen »groß« erscheint – in welcher Weise auch immer. Aber wissen wir denn so gut, welches Schicksal groß ist, welches nicht?

Unser Märchen will aber nicht nur lehren, daß wir ein Schicksal haben, sondern will uns auch zeigen, daß das Vertrauen auf das Schicksal den Märchenhelden dazu bringt, größte Schwierigkeiten zu überwinden, größte Bedrohungen zu überstehen. Der Märchenheld unseres Märchens hat es – vordergründig besehen – vielleicht etwas leichter, auf sein Schicksal zu vertrauen, da er ein Glückskind ist. Ihm ist geweissagt, daß alles, was er unternimmt, zu seinem Glück führen muß. Schaut man dann allerdings seinen Lebensweg an, dann wird deutlich, daß ihn diese Weissagung nicht vor den Bedrohungen, die das

Leben kennt, schützt. Und so kann man sich natürlich fragen, ob denn *der* einfach Vertrauen ins Leben hat, der eine gute Weissagung hat, der eine Mutter hat, die ihm ermöglicht, Urvertrauen aufzubauen, oder ob vielleicht nicht einfach die Tatsache, daß wir unsere Geburt lebend überstanden haben, schon heißt, daß wir fürs Leben gemeint sind. Vertrauen kann man bekanntlich nicht fordern, zu vertrauen beinhaltet auch immer ein Risiko: Wenn ich alles wüßte, sicher wäre, dann müßte ich nicht vertrauen.

Die Märchen zeigen immer wieder, daß es sich lohnt, das Risiko auf sich zu nehmen, weil das Aufsichnehmen des Risikos bewirkt, daß unser Leben lebendiger wird, daß Aspekte, die zu uns gehören und durch Sicherungstendenzen ausgegrenzt werden, integriert werden können. Leben ist Risiko – und letztlich bleibt uns gar nichts anderes übrig, wenn wir lebendig leben wollen, als in dieses Risiko einzuwilligen, immer wieder, im Rahmen unserer Möglichkeiten, uns auf das Leben einzulassen und auf das Schicksal zu vertrauen.

Wenn wir dieses Märchen auf uns wirken lassen, treten uns der Knabe mit der Glückshaut und der König als große Gegenspieler entgegen. Das Glückskind, das sich so vertrauensvoll dem Leben stellt und dem letztlich auch das zum Guten ausschlägt, was es eigentlich verderben müßte, und der König, der keine Erneuerung zulassen möchte, am alten hängt und dafür eine ungesättigte Gier mit sich herumträgt, stehen sich gegenüber. Je mehr dem Knaben mit der Glückshaut gelingt, um so böser wird der König, um so mehr Hindernisse stellt er ihm in den Weg und erreicht damit gerade, daß das Glückskind unbeirrbar tut, was zu tun ist, und es ihm auch glückt.

In den beiden sind zwei extreme Möglichkeiten menschlichen Verhaltens dargestellt: Das Glückskind weiß um das Glücken, weiß um sein gutes Schicksal; der König muß ängstlich an dem festhalten, was er einmal erreicht hat, er kann sich nicht tragen lassen vom Flusse des Lebens und verliert letztlich alles.

In beiden Gestalten zeigt sich menschliches Verhalten, das wir alle kennen: Im Konflikt der beiden ist ein Konflikt ausgedrückt, den wir oft nicht nur zwischen uns und der Außenwelt erleben, sondern auch als Spannung zwischen zwei Strebungen in der eigenen Brust.

Der Teufel
mit den drei goldenen Haaren

Es war einmal eine arme Frau, die gebar ein
Söhnlein, und weil es eine Glückshaut um hatte,
als es zur Welt kam, so ward ihm geweissagt, es
werde im vierzehnten Jahr die Tochter des Königs
zur Frau haben. Es trug sich zu, daß der König bald
darauf ins Dorf kam, und niemand wußte, daß es
der König war, und als er die Leute fragte, was es
Neues gäbe, so antworteten sie: »Es ist in diesen
Tagen ein Kind mit einer Glückshaut geboren:
was so einer unternimmt, das schlägt ihm zum
Glück aus. Es ist ihm auch vorausgesagt, in seinem
vierzehnten Jahre solle er die Tochter des Königs
zur Frau haben.« Der König, der ein böses Herz
hatte und über die Weissagung sich ärgerte, ging zu
den Eltern, tat ganz freundlich und sagte:
»Ihr armen Leute, überlaßt mir euer Kind, ich will
es versorgen.« Anfangs weigerten sie sich; da aber
der fremde Mann schweres Geld dafür bot und sie
dachten: Es ist ein Glückskind, es muß doch zu
seinem Besten ausschlagen, so willigten sie endlich
ein und gaben ihm das Kind.

Der König legte es in eine Schachtel und ritt
damit weiter, bis er zu einem tiefen Wasser kam;
da warf er die Schachtel hinein und dachte: Von
dem unerwarteten Freier habe ich meiner Tochter

geholfen. Die Schachtel aber ging nicht unter, sondern schwamm wie ein Schiffchen, und es drang auch kein Tröpfchen Wasser hinein. So schwamm sie bis zwei Meilen von des Königs Hauptstadt, wo eine Mühle war, an deren Wehr sie hängenblieb. Ein Mahlbursche, der glücklicherweise dastand und sie bemerkte, zog sie mit einem Haken heran und meinte große Schätze zu finden, als er sie aber aufmachte, lag ein schöner Knabe darin, der ganz frisch und munter war. Er brachte ihn zu den Müllersleuten, und weil diese keine Kinder hatten, freuten sie sich und sprachen: »Gott hat es uns beschert.« Sie pflegten den Findling wohl, und er wuchs in allen Tugenden heran.

Es trug sich zu, daß der König einmal bei einem Gewitter in die Mühle trat und die Müllersleute fragte, ob der große Junge ihr Sohn wäre. »Nein«, antworteten sie, »es ist ein Findling, er ist vor vierzehn Jahren in einer Schachtel ans Wehr geschwommen, und der Mahlbursche hat ihn aus dem Wasser gezogen.« Da merkte der König, daß es niemand anders als das Glückskind war, das er ins Wasser geworfen hatte, und sprach: »Ihr guten Leute, könnte der Junge nicht einen Brief an die Frau Königin bringen, ich will ihm zwei Goldstücke zum Lohn geben?« – »Wie der Herr König gebietet«, antworteten die Leute und hießen den Jungen sich bereithalten. Da schrieb der König einen Brief an die Königin, worin stand: »Sobald der Knabe mit diesem Schreiben angelangt ist, soll er getötet und begraben werden, und das alles soll geschehen sein, ehe ich zurückkomme.«

Der Knabe machte sich mit diesem Briefe auf den Weg, verirrte sich aber und kam abends in einen großen Wald. In der Dunkelheit sah er ein kleines Licht, ging darauf zu und gelangte zu einem Häuschen. Als er hineintrat, saß eine alte Frau beim Feuer ganz allein. Sie erschrak, als sie den Knaben erblickte, und sprach: »Wo kommst du her und wo willst du hin?« – »Ich komme von der Mühle«, antwortete er, »und will zur Frau Königin, der ich einen Brief bringen soll: weil ich mich aber in dem Walde verirrt habe, so wollte ich gerne hier übernachten.« – »Du armer Junge«, sprach die Frau, »du bist in ein Räuberhaus geraten, und wenn sie heimkommen, so bringen sie dich um.« – »Mag kommen, wer will«, sagte der Junge, »ich fürchte mich nicht: ich bin aber so müde, daß ich nicht weiter kann«, streckte sich auf eine Bank und schlief ein. Bald hernach kamen die Räuber und fragten zornig, was da für ein fremder Knabe läge. »Ach«, sagte die Alte, »es ist ein unschuldiges Kind, es hat sich im Walde verirrt, und ich habe ihn aus Barmherzigkeit aufgenommen: er soll einen Brief an die Frau Königin bringen.« Die Räuber erbrachen den Brief und lasen ihn, und es stand darin, daß der Knabe sogleich, wie er ankäme, sollte ums Leben gebracht werden. Da empfanden die hartherzigen Räuber Mitleid, und der Anführer zerriß den Brief und schrieb einen anderen, und es stand darin, sowie der Knabe ankäme, sollte er sogleich mit der Königstochter vermählt werden. Sie ließen ihn dann ruhig bis zum anderen Morgen auf der Bank liegen, und als er aufgewacht war, gaben sie ihm den Brief und zeigten ihm den rechten Weg. Die Königin aber, als sie den Brief empfangen und gelesen hatte, tat, wie darin stand, hieß ein prächtiges Hochzeitsfest anstellen, und die Königstochter ward mit dem Glückskind vermählt; und da der Jüngling schön und freundlich war, so lebte sie vergnügt und zufrieden mit ihm.

Nach einiger Zeit kam der König wieder in sein Schloß und sah, daß die Weissagung erfüllt und das Glückskind mit seiner Tochter vermählt war.
»Wie ist das zugegangen?« sprach er, »ich habe in meinem Brief einen ganz anderen Befehl erteilt.«
Da reichte ihm die Königin den Brief und sagte, er möchte selbst sehen, was darin stände. Der König las den Brief und merkte wohl, daß er mit einem anderen war vertauscht worden. Er fragte den Jüngling, wie es mit dem anvertrauten Briefe zugegangen wäre, warum er einen anderen dafür gebracht hätte.
»Ich weiß von nichts«, antwortete er, »er muß mir in der Nacht vertauscht worden sein, als ich im Walde geschlafen habe.« Voll Zorn sprach der König:
»So leicht soll es dir nicht werden; wer meine Tochter haben will, der muß mir aus der Hölle drei goldene Haare von dem Haupte des Teufels holen; bringst du mir, was ich verlange, so sollst du meine Tochter behalten.« Damit hoffte der König, ihn auf immer los zu werden. Das Glückskind aber antwortete:
»Die goldenen Haare will ich wohl holen, ich fürchte mich vor dem Teufel nicht.« Darauf nahm er Abschied und begann seine Wanderschaft.

Der Weg führte ihn zu einer großen Stadt, wo ihn der Wächter an dem Tore ausfragte, was für ein

20

Gewerbe er verstände und was er wüßte. »Ich weiß
alles«, antwortete das Glückskind. »So kannst du uns
einen Gefallen tun«, sagte der Wächter, »wenn du
uns sagst, warum unser Marktbrunnen, aus dem
sonst Wein quoll, trocken geworden ist und nicht
einmal mehr Wasser gibt.« – »Das sollt ihr erfahren«,
antwortete er, »wartet nur, bis ich wiederkomme.«
Da ging er weiter und kam vor eine andere Stadt, da
fragte der Torwächter wiederum, was für ein Gewerb
er verstünde und was er wüßte. »Ich weiß alles«,
antwortete er. »So kannst du uns einen Gefallen tun
und uns sagen, warum ein Baum in unserer Stadt,
der sonst goldene Äpfel trug, jetzt nicht einmal
Blätter hervortreibt.« – »Das sollt ihr erfahren«,
antwortete er, »wartet nur, bis ich wiederkomme.«
Da ging er weiter und kam an ein großes Wasser,
über das er hinüber mußte. Der Fährmann fragte
ihn, was er für ein Gewerbe verstände und was er
wüßte. »Ich weiß alles«, antwortete er. »So kannst
du mir einen Gefallen tun«, sprach der Fährmann,
»und mir sagen, warum ich immer hin und her
fahren muß und niemals abgelöst werde.« –
»Das sollst du erfahren«, antwortete er, »warte nur,
bis ich wiederkomme.«

Als er über das Wasser hinüber war, so fand er
den Eingang zur Hölle. Es war schwarz und rußig
darin, und der Teufel war nicht zu Haus, aber seine
Ellermutter saß da in einem breiten Sorgenstuhl.
»Was willst du?« sprach sie zu ihm, sah aber gar
nicht so böse aus. »Ich wollte gerne drei goldene
Haare von des Teufels Kopf«, antwortete er, »sonst
kann ich meine Frau nicht behalten.« – »Das ist viel

verlangt«, sagte sie, »wenn der Teufel heimkommt
und findet dich, so geht dir's an den Kragen; aber du
dauerst mich, ich will sehen, ob ich dir helfen kann.«
Sie verwandelte ihn in eine Ameise und sprach:
»Kriech in meine Rockfalten, da bist du sicher.« –
»Ja«, antwortete er, »das ist schon gut, aber drei
Dinge möchte ich gerne noch wissen, warum ein
Brunnen, aus dem sonst Wein quoll, trocken
geworden ist, jetzt nicht einmal mehr Wasser gibt;
warum ein Baum, der sonst goldene Äpfel trug, nicht
einmal mehr Laub treibt, und warum ein Fährmann
immer herüber und hinüber fahren muß und nicht
abgelöst wird.« – »Das sind schwere Fragen«,
antwortete sie, »aber halte dich nur still und ruhig,
und hab acht, was der Teufel spricht, wann ich ihm
die drei goldenen Haare ausziehe.«

Als der Abend einbrach, kam der Teufel nach
Haus. Kaum war er eingetreten, so merkte er,
daß die Luft nicht rein war. »Ich rieche, rieche
Menschenfleisch«, sagte er, »es ist hier nicht richtig.«
Dann guckte er in alle Ecken und suchte, konnte
aber nichts finden. Die Ellermutter schalt ihn aus,
»eben ist erst gekehrt«, sprach sie, »und alles in
Ordnung gebracht, nun wirfst du mir's wieder
durcheinander; immer hast du Menschenfleisch
in der Nase! Setze dich nieder und iß dein
Abendbrot.« Als er gegessen und getrunken hatte,
war er müde, legte der Ellermutter seinen Kopf in
den Schoß und sagte, sie sollte ihn ein wenig lausen.
Es dauerte nicht lange, so schlummerte er ein, blies
und schnarchte. Da faßte die Alte ein goldenes Haar,
riß es aus und legte es neben sich. »Autsch!«,

schrie der Teufel, »was hast du vor?« – »Ich habe
einen schweren Traum gehabt«, antwortete die
Ellermutter, »da hab ich dir in die Haare gefaßt.« –
»Was hat dir denn geträumt?« fragte der Teufel.
»Mir hat geträumt, ein Marktbrunnen, aus dem
sonst Wein quoll, sei versiegt, und es habe nicht
einmal Wasser daraus quellen wollen, was ist
wohl schuld daran?« – »He, wenn sie's wüßten!«
antwortete der Teufel, »es sitzt eine Kröte unter
einem Stein im Brunnen; wenn sie die töten, so wird
der Wein schon wieder fließen.« Die Ellermutter
lauste ihn wieder, bis er einschlief und schnarchte,
daß die Fenster zitterten. Da riß sie ihm das zweite
Haar aus. »Hu! was machst du?« schrie der Teufel
zornig. »Nimm's nicht übel«, antwortete sie, »ich
habe es im Traume getan.« – »Was hat dir wieder
geträumt?« fragte er. »Mir hat geträumt, in einem
Königreiche ständ ein Obstbaum, der hätte sonst
goldene Äpfel getragen und wollte jetzt nicht einmal
Laub treiben. Was war wohl die Ursache davon?« –
»He, wenn sie's wüßten!« antwortete der Teufel, »an
der Wurzel nagt eine Maus; wenn sie die töten, so
wird er schon wieder goldene Äpfel tragen, nagt sie
aber noch länger, so verdorrt der Baum gänzlich.
Aber laß mich mit deinen Träumen in Ruhe; wenn
du mich noch einmal im Schlafe störst, so kriegst du
eine Ohrfeige.« Die Ellermutter sprach ihm gut zu
und lauste ihn wieder, bis er eingeschlafen war und
schnarchte. Da faßte sie das dritte goldene Haar und
riß es ihm aus. Der Teufel fuhr in die Höhe, schrie
und wollte übel mit ihr wirtschaften, aber sie
besänftigte ihn nochmals und sprach: »Wer kann für

böse Träume!« – »Was hat dir denn geträumt?«
fragte er und war doch neugierig. »Mir hat von
einem Fährmann geträumt, der sich beklagte, daß
er immer hin und her fahren müßte und nicht
abgelöst würde. Was ist wohl schuld?« – »He, der
Dummbart!« antwortete der Teufel, »wenn einer
kommt und will überfahren, so muß er ihm die
Stange in die Hand geben, dann muß der andere
überfahren, und er ist frei.« Da die Ellermutter ihm
die drei goldenen Haare ausgerissen hatte und die
drei Fragen beantwortet waren, so ließ sie den alten
Drachen in Ruhe, und er schlief, bis der Tag anbrach.
　　Als der Teufel wieder fortgezogen war, holte die
Alte die Ameise aus der Rockfalte und gab dem
Glückskind die menschliche Gestalt zurück. »Da hast
du die drei goldenen Haare«, sprach sie, »was der
Teufel zu deinen drei Fragen gesagt hat, wirst du
wohl gehört haben.« – »Ja«, antwortete er, »ich habe
es gehört und will's wohl behalten.« – »So ist dir
geholfen«, sagte sie, »und nun kannst du deiner Wege
ziehen.« Er bedankte sich bei der Alten für die Hilfe
in der Not, verließ die Hölle und war vergnügt, daß
ihm alles so wohl geglückt war. Als er zu dem
Fährmann kam, sollte er ihm die versprochene
Antwort geben. »Fahr mich erst hinüber«, sprach das
Glückskind, »so will ich dir sagen, wie du erlöst
wirst«, und als er auf dem jenseitigen Ufer angelangt
war, gab er ihm des Teufels Rat: »Wenn wieder
einer kommt und will übergefahren sein, so gib ihm
nur die Stange in die Hand.« Er ging weiter und
kam zu der Stadt, worin der unfruchtbare Baum
stand und wo der Wächter auch Antwort haben

wollte. Da sagte er ihm, wie er vom Teufel gehört hatte: »Tötet die Maus, die an seiner Wurzel nagt, so wird er wieder goldene Äpfel tragen.« Da dankte ihm der Wächter und gab ihm zur Belohnung zwei mit Gold beladene Esel, die mußten ihm nachfolgen. Zuletzt kam er zu der Stadt, deren Brunnen versiegt war. Da sprach er zu dem Wächter, wie der Teufel gesprochen hatte: »Es sitzt eine Kröte im Brunnen unter einem Stein, die müßt ihr aufsuchen und töten, so wird er wieder reichlich Wein geben.« Der Wächter dankte und gab ihm ebenfalls zwei mit Gold beladene Esel.

Endlich langte das Glückskind daheim bei seiner Frau an, die sich herzlich freute, als sie ihn wiedersah und hörte, wie wohl ihm alles gelungen war. Dem König brachte er, was er verlangt hatte, die drei goldenen Haare des Teufels, und als dieser die vier Esel mit dem Golde sah, ward er ganz vergnügt und sprach: »Nun sind alle Bedingungen erfüllt, und du kannst meine Tochter behalten. Aber, lieber Schwiegersohn, sage mir doch, woher ist das viele Gold? Das sind ja gewaltige Schätze!« – »Ich bin über einen Fluß gefahren«, antwortete er, »und da habe ich es mitgenommen, es liegt dort statt des Sandes am Ufer.« – »Kann ich mir auch davon holen?« sprach der König und war ganz begierig. »Soviel Ihr nur wollt«, antwortete er, »es ist ein Fährmann auf dem Fluß, von dem laßt Euch überfahren, so könnt Ihr drüben Eure Säcke füllen.« Der habsüchtige König machte sich in aller Eile auf den Weg, und als er zu dem Fluß kam, so winkte er dem Fährmann, der sollte ihn übersetzen.

Der Fährmann kam und hieß ihn einsteigen, und als sie an das jenseitige Ufer kamen, gab er ihm die Ruderstange in die Hand und sprang davon.
Der König aber mußte von nun an fahren zur Strafe für seine Sünden.

»Fährt er wohl noch?« – »Was denn? Es wird ihm niemand die Stange abgenommen haben.«

Aus den Kinder- und Hausmärchen.
Gesammelt durch die Brüder Grimm.

Die Glückshaut

Es war einmal eine arme Frau, die gebar ein Söhnlein, und weil es eine Glückshaut um hatte, als es zur Welt kam, so ward ihm geweissagt, es werde im vierzehnten Jahr die Tochter des Königs zur Frau haben.

Das Märchen sagt klar, daß das Glückskind eine Glückshaut um hatte, als es geboren wurde, und meint: Was so einer unternimmt, das schlägt ihm zum Glück aus. Außerdem soll das Glückskind die Königstochter heiraten, wenn es vierzehn Jahre alt ist. Für armer Leute Kind ist das wohl das größte Glück, das man sich vorstellen kann.

Es wird damit auch ausgedrückt, daß der künftige König einer ist, dem alles zu seinem Glück ausschlagen muß. Und wenn dem König alles glücken muß, dann wird auch dem Volk alles glücken; denn was dem König geschieht, geschieht auch dem Volk. Mit dieser Weissagung ist also auch eine große Hoffnung auf eine bessere Zukunft verbunden. Das Glückskind wird ein neues Modell für menschliches Leben und Verhalten sein, an dem man sich orientieren kann. Es wird eine Wandlung bringen, die ersehnt wird.

Von einer Glückshaube oder, nach dem Handwörterbuch des deutschen Aberglaubens[1], moderner von einer Glückshaut spricht man dann, wenn die Eihaut, die das Kind umhüllt und die normalerweise im Laufe des Geburtsvorganges abgestreift wird, nachdem die Fruchtblase aufgegangen ist, erst in letzter Minute gesprengt wird und dann – wie ein Häubchen – auf dem Kopf des Neugeborenen liegt. Sie muß dann vom Gesicht abgestreift werden, damit das Kind atmen kann.

Diese Abweichung vom üblichen Geburtsverlauf kommt nur selten vor und ist daher natürlich deutungswürdig auf das zukünftige Schicksal dieses Kindes hin. Wenn ein Kind schon mit einer Besonderheit in dieses Leben geboren wird, dann wird es auch ein besonderes Schicksal haben, dann hat es eine besondere Bedeutung.

Nach isländischem Volksglauben wird die Lebenskraft, die in der Glückshaube steckt, zu einem guten Geist, der das Kind durchs ganze Leben begleitet[2]. Diese Glückshaut oder die Glückshaube wird immer mit Lebenskraft in Zusammenhang gebracht; sie bringt nicht nur Glück für den Träger der Glückshaube, sie kann auch gestohlen und als Glückszauber für andere Kinder verwendet werden. Aus den Farben der Glückshaube kann die besondere Art des Glücks, unter ganz bestimmten Umständen auch Unglück herausgelesen werden. Nach dem Handwörterbuch des deutschen Aberglaubens wird ein Glückskind nicht nur reich oder berühmt; ist ihm das Schicksal günstig, gelingt ihm einfach alles, es kann auch »geistersichtig« werden[3].

Wenn die Glückshaut als guter Geist gedeutet werden kann, dann meint Geistersichtigkeit, daß das Kind der Welt, aus der die Glückshaube kommt, immer noch verbunden bleibt; es gehört weiter einer geheimnisvollen Seite des Lebens an, einer Seite, die »sieht«, auch wenn die Augen nicht sehen. So ein Mensch sieht mehr, bleibt ausdrücklich Bürger zweier Welten – und hat einen Auftrag, daher ein Schicksal.

Symbolisch müßte in dieser Glückshaut, in dieser Eihaut, das Umhüllende des nährenden, bewahrenden Mütterlichen gesehen werden, die Begabung mit einer Kraft aus der mütterlichen Geborgenheit heraus. Das Kind wäre dann ein Leben lang von einem guten mütterlichen Geist begleitet, und das dürfte dazu führen, daß es immer einen Platz hat in dieser Welt und im Vertrauen auf sein Glück sich eben mutig dem Leben stellt und immer durchkommt. Es wird in einer glücklichen Haut leben, könnte man sagen, wenn wir diese Glückshaube so verstehen.

Ebenso wichtig wie die Glückshaut selbst ist auch die Bedeutung, die die Umgebung dieser Glückshaut gibt: Ein Kind bekommt durch seine Glückshaube sofort eine noch größere Bedeutung, als es als Neugeborenes ohnehin hat. Zu einem Zeitpunkt, in dem alles offen ist, in einem Moment des Anfangs und des einschneidenden Übergangs, wo wir uns ja immer fragen, was denn ein Kind in dieser Welt erleben wird, was auch wir mit dem Kind erleben werden, weiß man, daß dieses Kind Glück haben wird. Nicht ängstlich braucht man sich also im voraus zu fragen, was geschehen wird, nicht überfürsorglich muß man das Kind einengen und schützen. Man weiß: Es wird

Glück haben, fraglos. Es wird eine große Bedeutung haben.

Ein solcher Empfang auf der Welt dürfte Einfluß auf das Wohlbefinden des Kindes haben, da wird es nicht mit geheimen Sorgen empfangen, sondern mit positiven Erwartungen und größter Freude bedacht. Ein Kind, das so empfangen wird, müßte nach den Ergebnissen der Psychologie zu einem Menschen werden, der sich vertraut, der den Menschen vertraut, der dem Schicksal vertraut, ein Mensch, der sich auf seine Kräfte verlassen kann und daher gelassen und mutig das angehen kann, was not tut. Es müßte ein Mensch mit einem gesunden Selbstbewußtsein werden.

Dieses gesunde Selbstbewußtsein zeigt denn auch unser Glückskind im Märchen. »Mag kommen, was will, ich fürchte mich nicht; ich bin aber so müde, daß ich nicht weiter kann«, sagt er auf die Ankündigung der alten Frau, daß er in einem Räuberhaus gelandet ist. Und er schläft ein – Zeichen großen Vertrauens ins Schicksal, das schon gut sein wird.

Auch den Gang zum Teufel tritt der Held erstaunlich gelassen an: Er fürchtet auch ihn nicht. Ist er so naiv oder eben so sehr davon überzeugt, daß ihm nichts Böses geschehen kann? Er kennt nicht nur keine Furcht, er weiß auch alles. Auf die Frage, was er denn gelernt habe, sagt er: »Ich weiß alles.« Was soll er da denn noch lernen! Wenn wir nicht wüßten, daß er ein Glückskind ist, würden wir ihn überheblich schelten, ihm Größenphantasterei bescheinigen und ihn auf ein normales menschliches Maß zurückschneiden wollen. Aber als Glückskind darf er dieses Selbst-

vertrauen haben, wir fordern es geradezu von ihm –
bloß darf er dann nicht scheitern.

Würde er scheitern, dann würden wir ihm unge-
sunden Narzißmus vorwerfen. Da er nicht scheitert,
dürfen wir von gesundem Narzißmus sprechen. Von
einem gesunden Vertrauen zu sich und seinen Möglichkeiten, von einem gesunden Vertrauen ins
Schicksal, das eben damit verbunden ist, daß er zum
Glück ausersehen ist, weil er bei seiner Geburt eine
Glückshaube trug.

Auch hat ihn offenbar niemand gelehrt, daß sich
selbst entwertende Bescheidenheit wertvoller sei als
das Bewußtsein, ein gutes, daher aber auch ein
besonderes Schicksal zu erfüllen zu haben, und sich
diesem Schicksal auch zu stellen. Entwerten wir uns
womöglich – angeblich um dem Ideal der Bescheidenheit zu entsprechen –, damit wir nicht unser Schicksal
auf uns nehmen müssen, weil wir dazu zu schwach
sind?

Und dieses Schicksal ist ja nicht einfach. Anstelle
von Mäßigung, anstelle von Relativierung des eigenen Selbstwerts wird in dem Glückskind das Bewußtsein, daß es ein besonderes Schicksal hat und dieses
auch zu tragen haben wird, gefördert. Mit diesem
Schicksal ist aber eine Erneuerung des Lebens überhaupt verbunden, sind die Hoffnungen vieler Menschen verknüpft.

Schon jede normale Geburt ist in sich eine
Erneuerung des Lebens und damit Ausdruck dafür,
daß im Leben immer wieder eine schöpferische
Erneuerung, ein Neuansatz möglich ist, der in sich
noch einmal alle menschlichen Möglichkeiten birgt

und von uns daher mit Recht als »Wunder« betrachtet wird. Das gibt Grund zur Hoffnung. Dieses Gefühl der Hoffnung ist bei einem Kind mit einer Besonderheit noch stärker betont. Nun wissen wir aber auch, daß wir leicht versucht sind, einem Kind etwas Besonderes bei seiner Geburt zuzuschreiben: Da ist einer oder eine ein Sonntagskind, also auch ein Glückskind; man kann aber auch sonst unter einem guten Stern geboren werden, oder der kleine Erdenbürger hat durch ein Gähnen schon angekündigt, daß er etwas Besonderes werden wird. Nicht nur die Sorge um das Neugeborene läßt uns alle positiven Zeichen suchen, die auf eine gute Zukunft hinweisen, auch nicht nur unser Wunsch, daß dieses Leben glücken wird, sondern vor allem unser Bedürfnis, die Geburt, diesen Neuanfang als Symbol einer guten Zukunft, als Symbol für eine neue Hoffnung zu verstehen. Es geht dabei auch um *unser* Vertrauen ins Leben, um die bange Frage, ob denn die Sehnsucht nach dem Neuen, nach Entwicklung, nach einem besseren Leben berechtigt ist. Diese Fragen entstehen bereits aus der Spannung, wie sie zwischen dem Leben des Glückskinds und dem Leben des Königs im Märchen dargestellt wird, der Spannung zwischen dem Neuen und dem Alten.

Nicht selten deuten wir allerdings die Zeichen, die wir wahrnehmen, auf eigene unerfüllte Lebensmöglichkeiten hin: Das Kind soll etwas erfüllen, was uns nicht geglückt ist. Nicht das Schicksal des Kindes steht dann bei unseren Phantasien im Vordergrund, sondern unser Schicksal. Hier die Phantasien, die dem Schicksal des Kindes verbunden sind, von den

Phantasien zu trennen, die unseren Wünschen um unser Leben entsprechen, ist sicher nicht möglich.

Die Frage stellt sich später: Darf das Kind seinen Weg gehen, darf es *sein* Schicksal erfüllen, *der* werden, der es ist, oder soll es die Wünsche der Eltern erfüllen – hier stellvertretend durch den König dargestellt, der allerdings ein Vater wäre, der seinen Sohn gar nicht leben lassen will. In abgeschwächter Form erleben wir das alle: Unseren eigenen Weg finden wir in der Auseinandersetzung mit den Wünschen von Vater und Mutter, von Vätern und Müttern, von der Umwelt als ganzer. Und oft benimmt sich die Umwelt nicht so, wie es für unser Schicksal vordergründig gesehen günstig wäre. Aber gerade durch die Auseinandersetzung mit ihr wird uns deutlich, was unser Schicksal von uns will.

Das Märchen läßt uns nicht im unklaren über das Glücken: Dem Glückskind wird alles gelingen. Man darf also Hoffnungen mit ihm verbinden, ohne Angst haben zu müssen, daß man enttäuscht sein wird. In engem Zusammenhang mit diesem Glücken steht das Auserwähltsein dieses Kindes für ein ganz besonderes Schicksal. Vielleicht ist ja gerade das das Glück: von Anfang an zu wissen, daß man ein besonderes Schicksal hat. Dann aber müßten wir uns doch fragen: Sind wir denn nicht alle Glückskinder? Ein besonderes Schicksal haben wir doch alle, wenn wir es zu erfassen vermögen, wenn unsere Eltern uns bei der Geburt – und später – ein solches zugestanden haben, wenn wir es uns selbst zugestehen. Haben wir vielleicht alle eine Glückshaut – und merken es bloß nicht?

Dieses besondere Schicksal zu haben bedingt im Märchen auch, daß das Glückskind alles, was ihm begegnet, annimmt, vor nichts flieht, jedes Neue als das nimmt, was wesentlich ist – und das beileibe nicht in Situationen, die einfach zu bewältigen wären. Es ist bei diesem Glückskind keine Rede davon, daß es sich ein anderes Schicksal sucht; es stellt sich fraglos seinem Schicksal. Vielleicht ist gerade dieses Annehmen des Schicksals im Vertrauen auf das gute Schicksal Ausdruck dafür, daß dieses Kind eben ein Glückskind ist.

Wir haben manchmal Schwierigkeiten, unser Schicksal anzunehmen. Wie oft hört man etwa: Ja, wenn ich andere Eltern gehabt hätte! Oder: Wenn ich in einer anderen Zeit aufgewachsen wäre! Neidisch schauen wir auf das Leben eines anderen Menschen und stellen uns vor, sein Schicksal wäre einfacher zu tragen. Solange wir aber nicht in der Haut eines anderen Menschen stecken, können wir unmöglich wissen, ob er wirklich in einer besseren Haut steckt und was sein Schicksal von ihm will. In der Sehnsucht, ein anderer zu sein, wird deutlich, daß man das eigene Schicksal ablehnt. Das könnte darauf aufmerksam machen, daß man sich mit seinem eigenen Schicksal versöhnen und sich nicht immer vormachen sollte, daß alles zu verändern sei. Vieles wandelt sich im menschlichen Leben, auch Schweres kann getragen werden, besonders dann, wenn wir es als unser Schicksal erkennen. Wenn wir zu uns stehen können, so wie wir sind, wenn wir das, was ist, annehmen, dann können wir unser Leben wirklich verändern, wird unser Leben wirklich reicher. Der Weg dahin ist weit, aber vielleicht das Geheimnis eines glücklichen Lebens. Dann können wir uns in Begegnungen mit anderen Menschen und der Welt immer weiter wandeln.

Und vergessen wir nicht die ganz besondere Prophezeiung im Märchen: Nicht nur dem Glückskind allein wird ein geglückter Lebensweg vorhergesagt, es wird auch der neue König werden. Es wird eine neue Lebenshaltung in die Welt bringen. Es ist zu etwas ganz Besonderem auserwählt, es hat einen Auftrag von einer geheimnisvollen Macht.

Noch deutlicher ausgedrückt wird das in einem russischen Märchen zum gleichen Thema: »Marko der Reiche«[4]. In diesem Märchen haben sich der Herrgott und der Nikolaus unerkannt zu dem reichsten Manne begeben und werden von ihm als Bettler behandelt. In der Nacht kommt ein Bote und sagt dem Herrgott, in einem Dorf in der Nähe habe eine Frau ein Kind geboren. »Mit welchem Glück, Herr, willst du es begnaden?« – »Mit Markos des Reichen Vermögen«, sagt der Herrgott. Auf vielen Umwegen bekommt dieses Glückskind die Tochter des Markos zur Frau und sein Vermögen dazu. Hier ist es also der Herrgott persönlich, der diesem Kind ein Glück zudenkt, dieses Glück bestimmt dann aber auch den Lebensweg.

Die erste Weissagung ist also getan, die Erwartung in etwas ganz Besonderes geweckt. Wir wissen, daß die liebende Erwartung in einen Menschen, wenn sie nicht bloß unseren Wünschen, sondern einer objektiven Phantasie entspricht, also das Wesen des Menschen, von dem wir etwas erwarten, zutiefst

35

erkennt, beim anderen sehr viel in Bewegung setzen kann. Wir wissen aber auch, daß eine Phantasie, die nur unseren eigenen Wünschen entspricht und das Wesen und die Eigenheit des Kindes weitgehend außer acht läßt, zu einer schweren Lebensbelastung werden kann.

Ich erinnere mich in diesem Zusammenhang an einen jungen Mann, bei dessen Geburt seine besonders hohe Stirn auffiel. Diese hohe Stirn wurde von den Eltern als Hinweis dafür genommen, daß ihr Kind besonders intellektuell begabt sein werde. Es wurde dementsprechend schon in sehr jungen Jahren gefördert mit dem Ergebnis, daß es eine große Abneigung gegen alles entwickelte, was mit Lernen und Intellekt zu tun hatte. Erst mit zwanzig Jahren wagte der junge Mann, nachdem er verschiedene Privatschulen durchlaufen hatte und ein von Selbstzweifeln geprägter, grübelnder, depressiver Mensch geworden war, seinen Wunsch durchzusetzen, Koch zu werden. Seine Eltern waren sehr enttäuscht, er hingegen hatte zum ersten Mal das Gefühl, nicht weniger begabt zu sein als andere Menschen.

Aber es genügt nicht, daß einer bloß mit einer Glückshaut auf die Welt gekommen ist, um ihm seine besondere Berufung schon zu glauben. Diese Weissagung wird nun geprüft, immer wieder wird im Märchen an der harten Realität gemessen, ob es mit diesem Kind wirklich etwas Besonderes auf sich hat. Oder anders gesehen: An den harten Herausforderungen muß sich das Besondere zeigen.

Der König ärgert sich über die Weissagung

Es trug sich zu, daß der König bald darauf ins Dorf kam, und niemand wußte, daß es der König war, und als er die Leute fragte, was es Neues gäbe, so antworteten sie: »Es ist in diesen Tagen ein Kind mit einer Glückshaut geboren: was so einer unternimmt, das schlägt ihm zum Glück aus. Es ist ihm auch vorausgesagt, in seinem vierzehnten Jahre solle er die Tochter des Königs zur Frau haben.« Der König, der ein böses Herz hatte und über die Weissagung sich ärgerte, ging zu den Eltern, tat ganz freundlich und sagte: »Ihr armen Leute, überlaßt mir euer Kind, ich will es versorgen.«

Kaum ist dieses Kind da, dem so viel Glück verheißen wird, erscheint bereits der Neider, erscheint der König mit dem bösen Herzen. Er will keinen Nebenbuhler, der mehr Glück haben wird als er, er will kein Glückskind, das ihn einmal ablösen wird.

Das neugeborene Kind wird vom König als Konkurrent erlebt, er fühlt sich bedroht; ihm wird wohl bewußt, daß die Zeit seines Regierens einmal vorbei sein wird, daß auch er abgelöst werden wird. Das ist eine Erkenntnis, die wir alle beim Heranwachsen einer nächsten Generation haben: daß die Jüngeren auch die neuen Lebensträger sind, daß wir einen Teil unserer Wichtigkeit einbüßen werden, daß unsere Wichtigkeit relativiert wird, aber auch, daß die Phase des Alterns kommen wird, des Sich-Zurückziehens. Das erfüllt uns mit Trauer, bringt uns aber üblicherweise nicht dazu, mit Todeswünschen gegen die neue Generation vorzugehen, wohl aber, unsere Position noch einmal zu formulieren, der jungen Generation auch etwas Widerstand zu geben, an dem sie dann wachsen kann. Dieses Widerstand-Leisten ist aber selten edlen Motiven verpflichtet; es ist ein Widerstand, der die eigene Position so lange wie möglich sichern soll. Diese Abwehrhaltung nehmen wir meistens erst dann ein, wenn die junge Generation wirklich anfängt, im Leben Platz zu nehmen. Unser König indessen sieht schon früh, welche Probleme ihm so ein Glückskind bringen kann, er denkt wohl auch, es sei besser, den Anfängen zu wehren, und reagiert entschlossen. Der König im Märchen gleicht Herodes, der, als er hörte, daß Jesus, der neue König der Juden, geboren sei, sehr erschrak und alles unternahm, um dieses Kind zu beseitigen. Er zögerte nicht, alle jungen Kinder töten zu lassen. Auch Herodes muß um seine Herrschaft gefürchtet und außerdem geahnt haben, daß mit Jesus eine ungeheure Veränderung in das Leben und in die jüdische Kultur einbrechen werde. Die Angst vor den Kräften, die in einem Kind stecken, die Angst vor der Umwälzung, die von einem Kind ausgehen kann, das unter einer solchen Prophezeiung steht, macht den eingesessenen König zu einem Gewalttäter.

Aber es gehört auch mit zur Prophezeiung, daß

diese Reaktion geahnt wird – in der Bibel hat Joseph einen Traum, in dem ihm Gott befiehlt, mit dem bedrohten Kind nach Ägypten zu fliehen, das Glückskind im Märchen hat eine Schachtel, die es schützt. Indem der König das Glückskind umbringen will, zeigt er, worin das »böse Herz«, das ihm das Märchen zuschreibt, besteht: Er kann niemanden neben sich gelten lassen, er kann niemandem ein Glück gönnen; er kann seine eigene Wichtigkeit nicht relativieren. Er stellt sich gegen den Gang des Lebens, das dem Rhythmus von Aufgehen und Niedergehen folgt. Die Szene ist vergleichbar jenen Lebenssituationen, wo eine neue Idee, eine neue Einstellung geboren wird, große Hoffnungen damit verbunden werden, und dann »ein alter König«, also einer, der das Sagen hat und die Werte seiner Zeit mitgeprägt hat, dieses Neue nicht akzeptieren kann, dieses Neue sogleich bekämpft. (Manchmal werden ja auch neue schöpferische Ideen, die einem eingesessenen Wirtschaftszweig schaden, dafür aber vielleicht die Lebensqualität verbessern und neue Wirtschaftszweige schaffen könnten, aufgekauft von denen, die noch das Sagen haben und die fürchten, ihre Macht zu verlieren.)

Wir kennen die Spannung Glückskind – König aber auch als einen Streit der Lebensgefühle in uns: Da keimt etwas Neues auf, da wird etwas Neues in uns geboren, das uns mit einer großen Hoffnung erfüllt. Wir haben auch unsere eingeschliffenen Verhaltensmechanismen, vertreten unsere alten Werte und sind gar nicht so schnell bereit, uns wirklich auf das Neue einzustellen und alle Veränderungen auf uns zu nehmen, die erforderlich sind für diese Wandlung. Das Hochgefühl, das Gefühl der Belebung, das mit einer neuen Hoffnung verbunden ist, verebbt angesichts der Risiken, die wir auf uns nehmen müßten, um dem Neuen Platz zu geben. Etwas resigniert zieht man sich dann wieder auf altes Verhalten zurück und sagt sich, so schlecht sei es doch auch nicht. Damit habe man doch lange auch ganz gut und sicher gelebt und die Probleme gelöst...

Der alte König will keine Wandlung zulassen, er will nicht, daß sich etwas verändert, er will den Fortgang des Lebens aufhalten. Und mit dem Neuen ist ja immer ein Risiko verbunden: Wir wissen nie ganz genau. Deshalb ängstigt uns das Neue, aber es fasziniert uns natürlich auch.

Ein Beispiel zu diesem Problem: Ein Mann um die Vierzig litt unter Depressionen. In der Psychotherapie wurde ihm klar, daß er auf einem Lebensweg war, der ihn wenig befriedigte. Eigentlich wollte er ursprünglich in einem künstlerischen Beruf etwas schaffen, hatte auch erste Erfolge und galt als begabt. Sein Vater wollte ihm aber seine Firma übergeben, und so studierte er Wirtschaftswissenschaften und machte eine Karriere – nicht in Vaters Betrieb, der ihm bereits viel zu klein war. Er forderte sehr viel von sich, war ehrgeizig und hatte Erfolg. Aber er fühlte sich depressiv, besonders dann, wenn er nicht arbeiten konnte. Er stürzte sich geradezu in Arbeit und machte sich Arbeit, wenn er keine hatte, um nicht diese Gefühle der Leere und der Sinnlosigkeit ertragen zu müssen.

Er lernte in der Therapie, auf seine Träume zu hören, schlief mehr, um auch zu träumen, nahm sich

Zeit, die Träume auf sich wirken zu lassen, und begann, sie zu malen. Dabei wurde seine Sehnsucht nach einer künstlerischen Betätigung sehr groß. Jetzt war er in der Situation, daß etwas Neues in ihm aufgebrochen war. Er fühlte sich wieder lebendig, hatte Hoffnung für sein Leben, phantasierte seine Künstlerlaufbahn und tat doch nichts dazu. Er bewältigte das gleiche Arbeitspensum wie zuvor, in kürzerer Zeit, um auch noch Zeit für seine künstlerische Tätigkeit zu haben. Als ihm in dieser Phase eine Stelle angeboten wurde, die ihm wesentlich mehr Verantwortung bringen sollte, fühlte er sich in die Enge getrieben: Er wollte beides, sagte sich auch, daß seine Karriere recht überschaubar sei, seine künstlerische Laufbahn aber großes Vertrauen ins Schicksal erfordere, daß er erst dann sich darauf einlassen könne, wenn er wirklich Anzeichen habe, daß er auch genug könne, verkrachte Künstlerexistenzen gebe es doch genug. Als er diesen Entschluß gefaßt hatte, der alte König also wieder einmal gesiegt hatte, da wurde er wieder sehr depressiv und zerstörerisch in seinen Beziehungen. Statt den verantwortungsvolleren Posten zu übernehmen, nahm er nun eine Stelle an, bei der er Teilzeitarbeit machen konnte, und begann, ernsthaft künstlerisch zu arbeiten.

Die Eltern verkaufen das Kind

*Anfangs weigerten sie sich; da aber der fremde
Mann schweres Geld dafür bot und sie dachten:
Es ist ein Glückskind, es muß doch zu seinem Besten
ausschlagen, so willigten sie endlich ein und gaben
ihm das Kind.*

Mit dem Argument, daß einem Glückskind alles
glücken müsse, beginnt hier die Überforderung
des Glückskindes: Die Eltern geben das Kind weg,
spüren nicht, daß der König Übles im Sinne hat. Das
Kind wird also keineswegs zunächst beschützt und erst
dann in die Auseinandersetzung mit dem König
geschickt; es muß gleich zeigen, daß es dem König
»gewachsen« ist.

Nun mag bei diesem Kindsverkauf mitspielen,
daß das Märchen diesen Helden als einen ganz besonderen Helden herausstellen will, daß dieses Glückskind durch viele Bedrohungen gehen muß, damit das
Glück auch erhärtet wird.

Verstehen wir dieses Glückskind aber auch als ein
Kind, das in einem guten Sinne etwas Besonderes ist,
das auch einen positiven Narzißmus lebt, dann wird
eine psychologische Konsequenz sichtbar: Solchen
Kindern traut man ungeheuer viel zu. Und vielleicht

erreichen sie auch viel, weil man ihnen soviel zutraut.

Die Eltern vertrauen mehr auf den Schutz des geweissagten Schicksals als auf ihren eigenen Schutz, den sie dem Kind geben könnten. Damit sagen sie aus, daß das Kind einem größeren Lebensgesetz unterstellt und eben nicht nur ihr Kind ist.

Und so mutet mich diese Stelle doppelt an: Mich fasziniert die Konsequenz, mit der diese Eltern in ihrem Handeln den Glauben an die besondere Weissagung belegen, mich erschreckt die Gefühllosigkeit, mit der sie das Kind verkaufen und die persönliche Bindung so ganz und gar außer acht lassen. Die Gefühle, die sie dabei haben, spielen anscheinend kaum eine Rolle. Da der Handel sich recht lange hinzieht, kann man allerdings daraus schließen, daß es ihnen doch schwerfiel, das Kind wegzugeben.

Auch diese Eltern erweisen sich also als Bewohner des Reiches dieses Königs, der so hart und unbeugsam ist. Wenn wir bedenken, wie schwerwiegend Trennungen von ihren Bezugspersonen sich auf das Leben dieser Kinder auswirken, wie schwer es auch fällt, ein so kleines Kind wegzugeben, dann mutet uns dieser Verkauf doch brutal an – und als Psychologe wundert man sich, daß dieses Kind sich dann doch so gut entwickelt. Aber es ist eben ein besonderes Kind; es überlebt, was andere umbringen würde.

Unter dem Vorwand, für das Kind sorgen zu wollen, hat der König das Kind bekommen. Seine Absicht aber ist, das Kind umzubringen. Sich selber täuscht er dann vor, daß er etwas Gutes getan hat, indem er seine Tochter von einem unerwünschten

Freier befreit hat. Er läßt dem Kind keine Gelegenheit, zu wachsen und sich zu zeigen, um dann zu entscheiden, ob es erwünscht oder unerwünscht ist, er weiß das schon jetzt. Deutlich wird hier auch, daß der König von Glückskindern nichts weiß; er kennt diesen Aspekt des Lebens nicht, sonst müßte er doch wissen, daß ein Glückskind so einfach nicht zu verderben ist.

Der König nimmt den Kampf mit dem Schicksal auf: Er will stärker sein als das Schicksal dieses Kindes, er will zum Schicksal dieses Kindes werden. Die Frage ist denn auch, welches Schicksal das stärkere ist: das geweissagte Schicksal, das mit dem mütterlichen Bereich in Beziehung steht, oder das Schicksal, das der König eigenwillig spielen will.

Gilt »ein Gesetz, nach dem man angetreten« ist, oder wird das Gesetz allein auf dem künftigen Lebensweg gemacht? Der König personifiziert die herrschende Bewußtseinseinstellung, die herrschende Überzeugung, die kein Schicksal anerkennen will, die nicht wahrhaben will, daß unser Leben eine besondere Bedeutung haben kann, sondern die Idee vertritt, daß menschliches Handeln stärker ist als alles Schicksalsmäßige. Diese Meinung drückt sich etwa darin aus, daß Umwelteinfluß und Erziehung allein für Glück oder Unglück eines Kindes verantwortlich gemacht werden, Vererbung und Schicksal als zu vernachlässigende Größen gelten. Damit bekommen Umwelt und Erziehung eine noch viel größere Macht, als sie in der Tat ja auch haben.

Versteht man den König aber als einen Persönlichkeitsaspekt des Glücksknaben selber – man kann jede

Figur im Märchen, analog der Traumdeutung auf der Subjektstufe, auch als Persönlichkeitszug des Märchenhelden sehen –, dann wäre im König eine Vaterfigur abgebildet. Gerade weil das Kind im Märchen einen schwachen persönlichen Vater hat, der sich auch nicht für es einsetzt, aber doch vorhanden sein muß, weil ja zu Beginn die Eltern beratschlagen, ob sie den Knaben dem König geben wollen, wird der »Landesvater« bedeutsam. Das ist eine Gesetzmäßigkeit: Ist der persönliche Vater schwach, dann werden »kollektive Väter«, Lehrer, Autoritäten, Gott, aber auch Systeme, die den Willen der Väter ausdrücken, seine Stelle zu einem Teil einnehmen und den Menschen mehr beeinflussen, als sie es ohnehin immer schon tun.

Daß das Glückskind diesem König so sehr ausgeliefert ist, könnte man auch so verstehen, daß es einen dominierenden negativen Vaterkomplex hat, der sich destruktiv auswirken würde, wenn nicht ein positiver Mutterkomplex diesem Kind und später auch dem jungen Mann sehr viel Grundsicherheit und Kraft verliehe. Da der Vaterkomplex sein Problem ist, kann er an allem, was von diesem Vater verdorben worden ist, eine Änderung bewirken dadurch, daß er sein Schicksal auf sich nimmt. Menschen, die einen positiven Mutterkomplex und einen negativen Vaterkomplex haben, sind besonders anfällig für alles Väterliche, aber auch besonders kritisch ihm gegenüber; sie sehen zum Beispiel sehr leicht die Problematik eines patriarchalen Systems, leiden darunter, haben aber auch die Hoffnung und den Schwung, daran etwas verändern zu können.

Das Motiv von dem ausgesetzten Kind in der Schachtel

Der König legte es in eine Schachtel und ritt damit weiter, bis er zu einem tiefen Wasser kam; da warf er die Schachtel hinein und dachte: Von dem unerwarteten Freier habe ich meiner Tochter geholfen. Die Schachtel aber ging nicht unter, sondern schwamm wie ein Schiffchen, und es drang auch kein Tröpfchen Wasser hinein. So schwamm sie bis zwei Meilen von des Königs Hauptstadt, wo eine Mühle war, an deren Wehr sie hängenblieb. Ein Mahlbursche, der glücklicherweise dastand und sie bemerkte, zog sie mit einem Haken heran und meinte große Schätze zu finden, als er sie aber aufmachte, lag ein schöner Knabe darin, der ganz frisch und munter war. Er brachte ihn zu den Müllersleuten, und weil diese keine Kinder hatten, freuten sie sich und sprachen: »Gott hat es uns beschert.« Sie pflegten den Findling wohl, und er wuchs in allen Tugenden heran.

Wurde das Kind zunächst von den Eltern getrennt, dann wird es jetzt auch noch vom König ausgesetzt: Es wird verlassen, ausgestoßen in große Einsamkeit hinein. Es wird dem Schicksal überlassen. Die Absicht ist klar: Das Kind soll getötet werden.

Indem die Schachtel, die wohl als Sarg gedacht ist, dem Fluß übergeben wird, kommt die Geschichte dieses Kindes erst so richtig in Schwung. Nicht als Sarg erweist sich die Schachtel, sondern als Schutz; das ausgesetzte, einsame Kind schwimmt darin fast wie im Mutterleib. Vom Wasser wird es zur Mühle geschwemmt; und der Mahlbursche erwartet »große Schätze« in der Schachtel zu finden – schon wieder wird das Glückskind mit großer Erwartung bedacht und auch mit Freude empfangen. Die Müllersleute deuten das Auftauchen dieses Knaben als Gabe Gottes, sie fühlen sich mit diesem »frischen und munteren« Knaben reich beschenkt. Fast ist es, als wäre dieser Knabe noch einmal geboren worden, jedenfalls ist die Bedrohung durch den Tod überwunden.

Dieses Kind überlebt Trennungen. Selbst die Trennung von der Mutter kann ihm letztlich nichts anhaben, ihm bleibt ein überpersönlicher Schutz.

Daß dieses Ankommen in der Mühle auch als Motiv der Auferstehung gesehen werden kann, wie es Lüthi[5] sieht, legt das russische Märchen vom reichen Marko nahe. Da wird der Knabe von Marko in eisiger Kälte ausgesetzt. Als zwei Kaufleute, durch das Weinen des Säuglings angezogen, ihn finden, liegt der Säugling mitten im Schnee, um ihn herum aber ist Gras gewachsen und blühen Blumen. Lüthi sieht darin das Symbol der Auferstehung und deutet, daß nur der, welcher mit dem Tod in Berührung kommt, im tiefsten Sinne Mensch werden kann.

Wir könnten in diesem Bild auch eine weitere Beschreibung des Glückskindes sehen: Ein Glückskind bringt es fertig, noch in der bedrohtesten Situation etwas zum Blühen zu bringen, ja die Bedrohung geradezu zu nützen, um dagegen anzublühen. Ähnlich in unserem Märchen: Das Glückskind wird in der Schachtel nicht einmal naß vom Wasser des Flusses, es bleibt unberührt von äußeren Gewalten.

Wir kennen das Motiv von dem ausgesetzten Kind in der Schachtel oder dem Binsenkörblein aus der Mosesgeschichte, aber auch aus vielen Märchen. Es geht bei diesem Motiv immer darum, daß das Kind sterben soll, dadurch aber an den Ort gelangt, wo es in Ruhe aufwachsen kann, um sich nachher mit dem auseinanderzusetzen, der sein Verderben gewollt hat.

Mythologisch spielen hier zwei Züge mit, die das »göttliche Kind« auszeichnen[6], wobei das göttliche Kind das Kind ist, das das Leben grundsätzlich verändert. Dieses göttliche Kind ist immer bedroht, und es hat zwei Elternpaare, menschliche und göttliche – hier von Gott gesuchte. Damit ist ausgedrückt, daß dieses Kind beiden Welten angehört: der göttlichen und der menschlichen, oder daß in diesem Kind die göttliche und die menschliche Welt zusammenkommen, daß hier jemand geboren wurde, der wirklich das Göttliche ins Leben inkarnieren kann und damit das Leben grundlegend verändert.

Man kann in dieser wunderbaren Schachtel, die keinen Tropfen Wasser durchläßt, auch das Wirken der Glückshaut sehen: Wenn diese Glückshaut wie ein immer bei dem Kind bleibender mütterlicher Schutz ist, in den sich ein Kind zurückziehen kann, wenn es bedroht wird, dann ist diese Aussetzung eine erste Situation, in der sich dieser Schutz bewährt. Ein

Zurückziehen auf sich selbst, ein Geborgensein in sich selbst ist möglich, ja sogar ein Hinübergleiten in eine neue Lebenssituation, die den Bedürfnissen angepaßt ist. Darin steckt ein großer Trost: Wie ausgesetzt ein Mensch auch sein mag – im Motiv des Kindes ist ja auch die Hilflosigkeit des Kindes und damit des Menschen mitgemeint –, es gibt immer auch etwas Tragendes, das uns nicht nur fort-, sondern sogar weiterträgt.

Fassen wir dieses Kind symbolisch als eine Möglichkeit der Erneuerung des Lebens auf, dann wird diese Veränderung zwar zunächst bachabgeschickt, ist aber keineswegs gestorben, sondern eigentlich schon ein erstes Mal auferstanden. Dann kann man, aus der Perspektive des Königs, zwar zunächst aufatmen; die Gefahr, sich wandeln zu müssen, ist gebannt, auch die Gefahr, daß plötzlich andere Werte gelten und daß andere wichtiger werden als man selbst. Aber das Neue ist nicht so leicht umzubringen. Es wächst dann still und friedlich dort heran, wo der König nicht ist: in der Mühle.

So wachsen neue Geistesströmungen heran, so wachsen schon neue Lebenseinstellungen in uns selbst, während wir noch krampfhaft an den alten festhalten und das Neue aus den Augen verloren haben.

In der Mühle aber wird gemahlen und gemahlen.

Die vertauschten Briefe

Es trug sich zu, daß der König einmal bei einem
Gewitter in die Mühle trat und die Müllersleute
fragte, ob der große Junge ihr Sohn wäre.
»Nein«, antworteten sie, »es ist ein Findling, er ist
vor vierzehn Jahren in einer Schachtel ans Wehr
geschwommen, und der Mahlbursche hat ihn aus
dem Wasser gezogen.« Da merkte der König, daß es
niemand anders als das Glückskind war, das er ins
Wasser geworfen hatte, und sprach: »Ihr guten
Leute, könnte der Junge nicht einen Brief an die
Frau Königin bringen, ich will ihm zwei Goldstücke
zum Lohn geben?« – »Wie der Herr König gebietet«,
antworteten die Leute und hießen den Jungen sich
bereithalten. Da schrieb der König einen Brief an
die Königin, worin stand: »Sobald der Knabe mit
diesem Schreiben angelangt ist, soll er getötet und
begraben werden, und das alles soll geschehen sein,
ehe ich zurückkomme.«
Der Knabe machte sich mit diesem Briefe auf den
Weg, verirrte sich aber und kam abends in einen
großen Wald. In der Dunkelheit sah er ein kleines
Licht, ging darauf zu und gelangte zu einem Häuschen. Als er hineintrat, saß eine alte Frau beim Feuer
ganz allein. Sie erschrak, als sie den Knaben

erblickte, und sprach: »Wo kommst du her und
wo willst du hin?« – »Ich komme von der Mühle«,
antwortete er, »und will zur Frau Königin, der ich
einen Brief bringen soll: weil ich mich aber in
dem Walde verirrt habe, so wollte ich gerne hier
übernachten.« – »Du armer Junge«, sprach die Frau,
»du bist in ein Räuberhaus geraten, und wenn sie
heimkommen, so bringen sie dich um.« – »Mag
kommen, wer will«, sagte der Junge, »ich fürchte
mich nicht: ich bin aber so müde, daß ich nicht
weiter kann«, streckte sich auf eine Bank und schlief
ein. Bald hernach kamen die Räuber und fragten
zornig, was da für ein fremder Knabe läge.
»Ach«, sagte die Alte, »es ist ein unschuldiges Kind,
es hat sich im Walde verirrt, und ich habe ihn aus
Barmherzigkeit aufgenommen: er soll einen Brief an
die Frau Königin bringen.« Die Räuber erbrachen
den Brief und lasen ihn, und es stand darin, daß der
Knabe sogleich, wie er ankäme, sollte ums Leben
gebracht werden. Da empfanden die hartherzigen
Räuber Mitleid, und der Anführer zerriß den Brief
und schrieb einen anderen, und es stand darin,
sowie der Knabe ankäme, sollte er sogleich mit der
Königstochter vermählt werden. Sie ließen ihn dann
ruhig bis zum anderen Morgen auf der Bank liegen,
und als er aufgewacht war, gaben sie ihm den Brief
und zeigten ihm den rechten Weg.

Zufällig gerät der König in die Mühle, als der Junge,
der Findling, vierzehn Jahre als ist. Jetzt ist wohl
die Zeit gekommen, daß sich dieser Junge weiter mit
dem König auseinandersetzen muß, damit sich sein

Schicksal erfüllt. Der König ist nicht von seinem Plan abzubringen, diesen Jungen zu töten, macht es aber doch nie eigenhändig. So schickt er den Knaben in den Lebensbereich der Königin und seiner Tochter, ermöglicht also geradezu die Erfüllung der Prophezeiung, indem er sie verhindern will. Ist vielleicht der König innerlich doch auch nicht ganz so ablehnend dieser Erneuerung gegenüber, wie er sich gibt? Spürt er vielleicht, daß etwas Neues kommen muß, auch wenn er es noch entschieden ablehnt?

Es ist bemerkenswert, daß der König selbst das Glückskind auf seinen Weg schickt. Dieser Aufbruch aus der Mühle ist ein sehr wesentlicher Moment im Leben des Glückskindes: Jetzt muß der junge Mann zeigen, daß er das Versprechen, das in seinem Leben und in seiner Geburt liegt, erfüllen kann und die Hoffnungen, die auf ihm ruhen, auch berechtigt sind.

Zunächst aber bleibt die Bedrohung durch den Tod. Ob der König weiß, daß der Knabe unter die Räuber fallen wird? Im Wald sind Räuber. Sie haben sich wohl dorthin zurückgezogen, um aus dem Verborgenen heraus ihre Raubzüge machen zu können. In den Räubern kann man das Prinzip Gier sehen, das uns schon am König aufgefallen ist und das uns noch beschäftigen wird. Räuber wollen haben, ohne lange dafür zu arbeiten. An die Stelle der Arbeit tritt eine listige oder brutale Auseinandersetzung mit der Situation, die sie so zu beeinflussen versuchen, daß sie einen großen Gewinn davontragen. Diese List ist mit Aggression und Destruktion verbunden.

Die aggressiven Kräfte haben sich also in den Wald zurückgezogen, von da aus überfallen sie dann immer wieder einmal das Land. Die Räuber im Walde zeigen, wie aussichtslos die Lebenssituation in diesem Königreich, unter der Dominanz dieses gierigen, sich nicht wandeln wollenden Königs ist: Die aggressiven Kräfte, die für Veränderung sorgen könnten, ziehen sich zurück und werden destruktiv. Sie sind verborgen, nicht gut auszumachen, außer an ihren Übergriffen.

Beziehen wir das Bild auf die Situation eines einzelnen, dann hätten wir im König einen erstarrten Menschen vor uns, der sein Leben nicht mehr schöpferisch verändern will, also auch nicht mehr autonomer werden kann, dessen ganze Energie auf das Erhalten dessen, was ist, ausgerichtet ist. Und das ist bekanntlich ein nutzloses – und meist auch glückloses – Unterfangen. Das ist auch schon fast ein Raub am Leben. Dieser Mensch würde von Zeit zu Zeit von destruktiven Impulsen überfallen, von denen er nicht recht weiß, woher sie kommen. Besonders destruktiv sind solche Leute jungen Menschen gegenüber, die lebendig sind und schöpferisch sein können. Weil sie sich bei ihren Sicherungstendenzen viele lebendige Impulse nicht zugestanden haben, neiden sie den jungen Menschen ihre Möglichkeit zu leben, ihr Potential an Leben.

Die Ähnlichkeit zwischen dem König und den Räubern ist offensichtlich. Dieser König bewirkt nicht nur, daß sich Räuber im Walde aufhalten, daß sich potentiell verändernde Kräfte nicht im öffentlichen Leben bewegen, sondern auch sein eigenes Verhalten gleicht dem der Räuber: Er raubt mit einer List armen Leuten ihr Kind, er versucht, es zu töten.

Wundert es uns da, daß die Räuber argwöhnisch werden, als der Knabe bei ihnen auftaucht, und den Brief lesen wollen? (Räuber sind in den Märchen immer erstaunlich gebildet: Sie können sogar lesen! Damit weisen sie sich auch als Wissende aus.)

Das Märchen siedelt die Räuber im Wald an, bei einer alten Frau, die ganz allein ist. Der Wald birgt und verbirgt Leben, Nahrung, Tiere, Geheimnisse des Wachstums der Natur. Er ist Symbol geworden für jene Aspekte unserer Seele, die wir von unserem alltäglichen Leben etwas ausgrenzen, wo aber wild wucherndes Wachstum herrscht, unsere tierischen Seiten sich vergnügen oder sich zerreißen, wo wir lebendig sind, wo wir aber auch immer bedroht sind vom nicht ganz Durchschaubaren.

Hier, in diesem Bereich der großen Mutter als der Herrin der Pflanzen und der Tiere, haben sich die Räuber angesiedelt. Das zeigt auch, daß der Bereich des Weiblichen von Räubern besetzt ist, daß der ganze menschliche Bereich, der der Vitalität, dem Lebendigen, dem Gefühl verbunden ist, nicht konfliktlos mitleben kann.

Der Knabe wurde nicht direkt zu den Räubern geschickt; das Räuberhaus ist ihm ein wichtiger Orientierungspunkt, da er sich im Walde verirrt hat. Er kennt sich noch nicht so gut aus im Wald, er verirrt sich und muß nun die Räuber treffen. Sein Verhalten in dieser Situation beschreibt ihn noch einmal als Glückskind, sagt noch mehr aus über die besondere Art seines Glückes, als wir es bis jetzt erfassen konnten, war er doch bis jetzt noch kein aktiv Handelnder, sondern eben ein Mensch, der in sich ein großes Versprechen ist, das aber erst eingelöst werden muß.

Ohne zu zögern sagt er der alten Frau, die den Herd der Räuber hütet, woher er kommt, wohin er will und daß er sich verirrt hat und hier übernachten möchte. Auf ihre Bemerkung, daß ihn die Räuber umbringen werden – hier zeigen sie sich schon recht teuflisch –, sagt er: »Ich fürchte mich nicht; ich bin aber so müde, daß ich nicht weiter kann«, streckt sich auf eine Bank aus und schläft ein. Er fürchtet sich nicht, weiß auch, was er sich zumuten kann und was nicht mehr – er muß jetzt schlafen, komme was wolle, und schläft auch wirklich ein. Er kann sich offenbar nicht vorstellen, daß man ihm etwas Böses antun könnte. Hat er soviel Vertrauen zu dieser alten Frau, da er ja unter einem Gesetz angetreten ist, in dem das Weibliche sich als schützend für ihn erweisen soll? Hat er soviel Vertrauen ins Schicksal in dem Sinne, daß doch alles so kommt, wie es sein muß? Jedenfalls gehört schon eine große Gelassenheit dazu, in einer Situation, in der man vom Tode bedroht ist, sich voll Vertrauen dem Schlaf hinzugeben. Oder nimmt er diese Todesdrohung vielleicht gar nicht ernst? Vergleichbar der Situation in der Schachtel, in der er den Fluß hinuntergeschwommen ist, überläßt er sich jetzt wieder dem Schlaf, sorgt dafür, daß er zu neuen Kräften kommt, und während er schläft, geschieht das Wesentliche in diesem Räuberhaus: Die Räuber vertauschen den Brief und werden damit zu den Gegenspielern des Königs. Diese abgedrängten Räuber, diese Vertreter der Aggression und damit auch der Veränderung, solidarisieren sich mit dem Glückskind, das eine neue Lebenseinstellung bringen wird.

Es ist auch bei kollektiven Bewußtseinsveränderungen oft so, daß viele der Strömungen, die abgedrängt sind, sich zusammentun mit einer Strömung, die eine Erneuerung zu versprechen scheint. Dadurch bekommen neue Ideen mehr Anhänger und größere Bedeutung, sind aber immer auch mit Schattenelementen durchsetzt. Das gibt den alten Königen jeweils wieder das Recht, diese neuen Strömungen zu verwerfen, weil in ihnen ja nachweislich immer auch zerstörerische Elemente mitbeteiligt sind.

So schlossen sich der Hippie-Bewegung, die eigentlich ein Liebesparadies auf der Welt errichten wollte und die immerhin erreicht hat, daß wir heute doch etwas zärtlicher miteinander umgehen als vor ihrem Auftreten, auch gewalttätige Menschen an oder solche, die die Idee der Hippies nicht teilten (die Verbreitung von Liebe und Zärtlichkeit), es aber schön fanden, zu leben »wie die Lilien auf dem Felde«. Und so wurden die Hippies sehr schnell als faul, verlottert, asozial und als Schmarotzer verurteilt. Den verschiedenen Jugendbewegungen der letzten Jahre, deren Idee ein neuer »Aufbruch« war, auch eine Neubesinnung auf unsere Lebensbedingungen, schlossen sich so viele gewalttätige Menschen an, daß die Initianten selbst sich gegen die Richtung, die ihre Bewegung einschlug, nicht mehr wehren konnten. Dazu kommt, daß die Umwelt natürlich auch destruktiv reagiert auf alles, was nicht ganz überschaubar ist, auf alles, was ängstigt.

Auch intrapsychisch kann etwas Vergleichbares

geschehen: Indem der Knabe unter die Räuber gerät, trifft er seine eigenen räuberischen Schattenanteile, mit denen er sich nicht auseinandersetzen kann. Unter »Schatten« versteht man die Persönlichkeitsanteile, die wir von unserem Ideal-Bild her nicht akzeptieren können und daher meistens verdrängen, abspalten, bei anderen Menschen wahrnehmen und uns dort darüber ärgern.

Er schläft, aber seine Schattenanteile leben neben ihm her und wenden sich gegen den Willen des Königs. Seine eigene aggressive Seite wird mobilisiert gegen den Willen des Königs, gegen dieses Dogma, unter dem er steht, mit dem er sich auseinandersetzen muß. Die Räuber in ihm, die Seiten, die etwas haben wollen vom Leben, und wenn sie es sich stehlen müßten, sind ja mißtrauisch gegenüber dem, was in diesem Brief steht. Und sie rauben das Leben sozusagen zurück, das der König ihm schon absprechen will. Das Gefühl des Nicht-leben-Dürfens wandelt er in einer aggressiven Entschlossenheit um zu einem verbrieften Recht auf Leben und Glück. Da der Knabe schläft, ist das wohl nicht so sehr als bewußter Akt zu verstehen, sondern als etwas, das in ihm einfach abläuft, worum er sich auch keine besondere Mühe geben muß. Seine »Heldentat«, wenn man hier überhaupt von Heldentat sprechen kann, ist die, daß er die Räuber akzeptiert, daß er vielleicht sogar den Tod akzeptiert als einen Aspekt des Lebens und mit seiner Glückshaut nicht einmal ihn besonders fürchtet. Zudem war er ja schon einmal nahe dem Tode und wurde errettet.

Das Akzeptieren des Todes und damit auch jeder

Veränderung, etwas, was ja der König gerade verweigert, könnte ein Aspekt des Glücks des Glückskindes sein: Risiken können viel leichter eingegangen werden, wenn wir mit der Realität des Todes rechnen, der uns eh gewiß ist. Wenn wir den Tod akzeptieren lernen, dann können wir uns ins Leben verwickeln und brauchen nicht ständig alles gegen den Tod abzusichern. Und die Heldentat ist die, daß der Knabe das Risiko auf sich nimmt, zu sterben.

Diesen Schlaf kann man natürlich auch wieder symbolisch als ein Zurückgehen in die Eihaut, als einen Heilschlaf bei der großen Mutter verstehen, in dessen Verlauf dieses ewige Bedrohtsein durch den König zunächst offensichtlich wird. Dann aber wird auch der Kampf in der eigenen Brust aufgenommen zwischen dem Wissen, ausersehen zu sein, und dem Gefühl, doch nicht leben zu dürfen, zwischen der Treue zum eigenen Schicksal und dem Tun, das der König verlangt (das Dogma, die herrschende Meinung).

In einem Menschenleben wäre dieser Aufenthalt im Walde eine Situation, in der man sich auf sich selbst besinnt und im Kontakt mit der Natur außen und in sich selbst – etwa in Kontakt mit den Träumen – eine neue Sicht der Dinge entwickelt, nachdem man seinen Weg, der direkt zum Ziel führen sollte, verloren hat.

Die Szene mit der Vertauschung der Briefe könnte ein Traum sein – samt der gütigen Frau und den aggressiven Räubern. Wesentlich an dieser Szene ist, daß er sich ihr überlassen kann, daß er darauf vertraut, daß sich eine Lösung ergibt.

Im Walde bei den Räubern ist der Knabe, gebor-
gen (Wald) und beschützt von der guten Mutter (die
alte Frau bei den Räubern), in einer Phase, in der in
ihm der Wille des Königs seinem Räuberschatten
gegenübersteht. Diesen Räuberschatten kann man
natürlich als Schatten des Königs betrachten; wir
haben ja bereits festgestellt, daß der König sich von
den Räubern kaum unterscheidet; ohne es zu wissen,
ist er identifiziert mit diesem Räuberschatten. In
einem Menschen – symbolisiert durch das Glückskind –, der in einem solchen System lebt und der auf
seinem Schicksalsweg dieses kollektive Problem lösen
soll, müssen sich König und Räuberschatten differen-
zieren. Er muß klar erkennen, daß eine kollektive
Bewußtseinshaltung, die nichts verändern, die alles
behalten will, die das Gesetz der Wandlung zum
Neuen nicht kennt, räuberisch ist. Das Räuberische
muß gesehen werden als die aggressive Kraft, die
gerade gegen dieses Festhalten eingesetzt werden
kann. Denn wenn eine Lebenssituation stagniert und
destruktiv zu werden droht, ist es hilfreich, die
Aggression zu suchen, die die Veränderung will.

Die Räuber vertauschen den Brief und schreiben
hinein, daß das Glückskind mit der Königstochter
verheiratet werden soll. Die Räuber wissen also um
das Schicksal und den Schicksalsspruch. Oder will
uns das Märchen mitteilen, daß ein gutes Schicksal
sogar dann gut wird, wenn man unter die Räuber
fällt?

Wir kennen auch aus anderen Märchen diese vertauschten Briefe. Meistens hat der Teufel die Hand
dabei im Spiel (vergleiche »Das Mädchen ohne

Hände«). Er sagt etwa, die Frau Königin habe Hunde geboren statt schöne Kinder, und dadurch muß dann die Königin auf einen weiten Leidensweg gehen. Ob unsere Räuber vielleicht auch etwas mit dem Teufel zu tun haben?

Die erste Erfüllung
des Schicksalsspruchs

Die Königin aber, als sie den Brief empfangen
und gelesen hatte, tat, wie darin stand, hieß ein
prächtiges Hochzeitsfest anstellen, und die Königstochter ward mit dem Glückskind vermählt; und da
der Jüngling schön und freundlich war, so lebte sie
vergnügt und zufrieden mit ihm.

Die Räuber zeigen dem Knaben den richtigen
Weg. Er heiratet schnellstens. Es ist wohl nicht
zufällig, daß die Königin das Hochzeitsfest richtet.
Wiederum erweist sich eine weibliche Figur als hilfreich, sie argwöhnt nicht. Allerdings kann man sich
auch fragen, ob sie es gewohnt ist, immer so blind-
lings den Befehlen ihres Mannes zu gehorchen.
Wesentlich ist, daß dieser Jüngling mit der Königstochter zusammengegeben wird und – da er schön
und freundlich ist – die beiden auch Freude aneinander haben. Diese Szene, so knapp beschrieben, ist
doch von großer Wichtigkeit: Zunächst ist ein Teil des
Schicksalsspruchs erfüllt. Der arme Knabe ist mit der
Königstochter verbunden, ein neues Modellpaar ist
vorhanden, wenn auch noch sehr jung, das in der
Zukunft aber die Herrschaft übernehmen kann. In

diesem Paar ist eine Verbindung von Mann und Frau entstanden, die hoffentlich fruchtbar werden kann.

Wichtig ist daran auch, daß dieses Glückskind jetzt König werden kann. In seinem Schicksalsspruch und in seinem bisherigen Lebensweg wird deutlich, daß sich das Schicksal, das die Jenseitigen uns geben, auch gegen den Willen der Diesseitigen durchsetzt, daß gerade der Widerstand der Diesseitigen das Jenseitige in uns, das Schicksalhafte, vollends zum Tragen kommen läßt, wenn diese Haltung des Sich-Verlassens auf das gute Schicksal bewahrt werden kann.

Dafür, daß man auf sein Schicksal vertrauen kann, ist dieses Glückskind ein schönes Beispiel. An seinem Leben können alle, die von seiner Geschichte wissen, lernen, auf das eigene Schicksal zu vertrauen.

Die Haltung des Glückskindes dem Leben und dem Schicksal gegenüber wird das Menschenbild und das Bild des Lebens seiner Regierungszeit kennzeichnen und für eine gewisse Zeit zu einem verbreiteten, allgemein gültigen Menschenbild mit der entsprechenden Haltung werden.

Aber der König erweist sich weiterhin als konsequenter Feind der Erneuerung und der Veränderung: »Wer meine Tochter haben will, der muß mir aus der Hölle drei goldene Haare von dem Haupte des Teufels holen . . .« Noch ist die Verbindung zwischen dem Glückskind und der Königstochter eher ein Versprechen für die Zukunft als eine reale Möglichkeit, diese Beziehung zu leben und mit dieser Beziehung auch eine Modellfunktion zu übernehmen. Der König kommt zurück und mit ihm die Kraft, die das Glücks-

kind zerstören will, die Kraft, die nicht duldet, daß
etwas Neues geschieht. Drei goldene Haare des Teufels soll er holen.

Der Weg in die Hölle

Nach einiger Zeit kam der König wieder in sein
Schloß und sah, daß die Weissagung erfüllt und das
Glückskind mit seiner Tochter vermählt war.
»Wie ist das zugegangen?« sprach er, »ich habe in
meinem Brief einen ganz anderen Befehl erteilt.«
Da reichte ihm die Königin den Brief und sagte,
er möchte selbst sehen, was darin stände. Der König
las den Brief und merkte wohl, daß er mit einem
anderen war vertauscht worden. Er fragte den
Jüngling, wie es mit dem anvertrauten Briefe zugegangen wäre, warum er einen anderen dafür
gebracht hätte. »Ich weiß von nichts«, antwortete er,
»er muß mir in der Nacht vertauscht worden sein,
als ich im Walde geschlafen habe.« Voll Zorn sprach
der König: »So leicht soll es dir nicht werden;
wer meine Tochter haben will, der muß mir aus
der Hölle drei goldene Haare von dem Haupte des
Teufels holen; bringst du mir, was ich verlange,
so sollst du meine Tochter behalten.« Damit
hoffte der König, ihn auf immer los zu werden.

An sich hätte das Märchen mit der Heirat aufhören
können, die Prophezeiung ist erfüllt. Nun wird
aber noch ein Märchen angefügt, das einerseits das

Glückskindhafte nochmals beleuchtet, andererseits noch stärker hervorhebt, was denn unter der Herrschaft dieses Königs alles fehlt.

Der erste Teil des Märchens wird als Schicksalsmärchen bezeichnet, den zweiten Teil des Märchens kennt man auch als eigenständiges Märchen vom Typus der »Übernatürlichen Aufgaben«. Bei diesem Märchentypus geht es darum, daß ein Sterblicher zu einem Gott geht und sich erkundigt, warum er arm ist oder weshalb gewisse Situationen des Lebens nicht besser gehandhabt werden können. Dadurch, daß er es dann weiß, werden Probleme gelöst, wird er belohnt. Die Erlösung gelingt in diesem Märchen durch Erkenntnis, durch ein Wissen, das auf dem Weg »nach innen« gefunden wird. Einen solchen Weg, dessen Stationen Sinnbilder sind für die Schwierigkeiten in dieser speziellen Lebenssituation, muß der Jüngling gehen.

Wenn seine Glückshaube auch bedeutet, daß er mit den Geistern in Verbindung steht, dadurch auch besonders geschützt ist, dann müßte ihm diese Aufgabe gelingen. Oder anders ausgedrückt: Wenn er durch seine Glückshaut dem bergenden Mütterlichen verbunden bleibt, dann bleibt er damit auch dem Unbewußten mehr verbunden, er ist also jemand, der Probleme lösen kann, die bei der Auseinandersetzung mit der Tiefe auftauchen, denn die Tiefe antwortet ihm ebenso wie sie ihn trägt.

Und wiederum zeigt sich das Glückskind: »Die goldenen Haare will ich wohl holen, ich fürchte mich vor dem Teufel nicht.« Fürchtet er sich wirklich nicht? Jedenfalls gibt er sich sehr entschlossen. Er will die Aufgabe erfüllen, die ihm der König gestellt hat; er ist bereit, das Risiko auf sich zu nehmen.

An sich müßte er jetzt wissen, daß der König sein Verderben will, denn es ist ja geklärt, daß der Brief, der das Glück bewirkt hat, offensichtlich vertauscht war, daß eigentlich nur Unglück bezweckt sein konnte. Will der Jüngling seine Frau um jeden Preis behalten? Will er den König zufriedenstellen? Ist die Dominanz des Vaters noch so stark, daß er einfach gehorchen muß? Oder will er zeigen, wozu er fähig ist? Will er das Glück auch noch verdienen, das ihm so unverdient in den Schoß gefallen ist? Sehen wir in dem Jüngling einen Menschen, der in einer Situation, in der ein alter König so sehr dominiert, doch immer wieder seine Haut rettet, allen Todesgefahren entkommt, letztlich sogar mit einer Prinzessin verheiratet wird, also auch eine neue Balance zwischen männlich und weiblich schafft, dann wäre dieser Weg zur Hölle der Weg, bei dem es nun darum geht, das Problem herauszufinden, das dieser ganzen Lebenssituation zugrunde liegt: das Problem und die Lösung. Wenn schon alles so verteufelt ist, dann müssen auch des Teufels goldene Haare zu finden sein!

Des Teufels goldene Haare

*Das Glückskind aber antwortete: »Die goldenen
Haare will ich wohl holen, ich fürchte mich vor dem
Teufel nicht.« Darauf nahm er Abschied und begann
seine Wanderschaft.
Der Weg führte ihn zu einer großen Stadt, wo ihn
der Wächter an dem Tore ausfragte, was für ein
Gewerbe er verstände und was er wüßte. »Ich weiß
alles«, antwortete das Glückskind.*

Wir wissen aus den Märchen, daß der Teufel
goldene Haare haben kann, und deshalb wundern
wir uns nicht mehr so sehr darüber. Dabei ist es
ja gerade sehr erstaunlich, daß ausgerechnet der
Teufel goldene Haare haben soll.

Das Leuchten des Goldes hat seine Entsprechung
im Leuchten von Sonne, Mond und Sternen. Insofern kann im Gold das Hereinholen des Kosmischen
ins Erdenleben ausgedrückt sein, das Hereinholen
der Transzendenz; gleichzeitig ist es auch Ausdruck
für das Hineinreichen des Gold-Trägers in die Transzendenz. Gold ist relativ unzerstörbar, hat dadurch
auch einen Aspekt der Dauer, der Ewigkeit. All das
hat wohl bewirkt, daß man dem Gold einen hohen
Wert zugeschrieben hat, und so zeichnet es denn

auch den, der mit Gold in Zusammenhang steht, als einen mit »Werten bedachten Menschen« aus. Ein anderer Aspekt des Goldes ist natürlich die Goldgier, das Protzen mit Gold.

Der Zusammenhang mit den Lichtquellen erschließt die Erkenntnis- und Erleuchtungssymbolik im Gold. Der Held, der mit Gold ausgestattet ist, der etwa goldene Haare hat, muß etwas Besonderes erkennen, oder er wird für eine besondere Erleuchtung offen sein. Er wird in Verbindung mit der Transzendenz stehen, mit dem, was über uns hinausgeht und uns entschieden wandelt: Er wird in ganz großen Lebenszusammenhängen stehen und etwas Neues ins Leben hereinholen[7].

Nun wissen wir, daß der Teufel der gefallene Luzifer ist, insofern immer noch ein Lichtträger oder auch eine Gestalt, die durch eine besondere Erkenntnis ausgestattet ist. Aber mir will dieser Teufel hier nicht so richtig als Teufel imponieren. Mir kommt der König sehr viel teuflischer vor, und mir scheint, es ist sehr genau hinzusehen, was denn in diesem Märchen letztlich verteufelt wird, welche Weisheiten man also gerade von diesem Teufel holen kann. Denn allzuoft verbirgt sich im Verteufelten eben ein Goldkorn – ein Schatz. Ich habe die goldenen Haare als golden genommen; es bleibt natürlich auch die Frage, ob diese goldenen Haare vielleicht auch rote Haare sind und der Teufel damit dem Bereich der Leidenschaftlichkeit, des Leidens und der warmen Emotionalität zugehört, ob also diese ganze Seite des Lebens verteufelt worden ist, denn Leidenschaftlichkeit, überhaupt Erregbarkeit, die im Rot ausgedrückt ist, führt ja zu oft stürmischen Veränderungen im Leben. Kein Wunder also, wenn dieser Bereich verteufelt und damit ausgegrenzt worden wäre.

Gehen wir zunächst mit dem Jüngling auf den Weg! Dadurch, daß er buchstäblich zum Teufel geschickt wird, ist ausgedrückt, daß diese Trennung wiederum eine sehr harte Trennung für ihn ist, daß er sich nicht einfach seines Lebens freuen kann, sondern immer etwas tun muß, um sich seine Daseinsberechtigung zu erhalten, oder aber um wirklich eine Veränderung des kollektiven Bewußtseins und damit der Lebensqualität zu erreichen. Sein Weg führt ihn zu Städten, die mit einem jeweils wesentlichen Problem umzugehen haben. Diese Probleme kann man im Zusammenhang mit der Herrschaft des alten Königs sehen, mit der herrschenden Bewußtseinseinstellung.

Der Jüngling zeigt noch einmal einen Aspekt seines Glückskindseins: Auf die Frage, was er denn für ein Gewerbe verstünde und was er wisse, sagt er: »Ich weiß alles.« Diese Antwort wirkt zunächst recht selbstbewußt und aufgeblasen. Wie kann der Kerl alles wissen!? Geht sein Vertrauen zu sich selbst jetzt so weit, daß er seine Grenzen nicht mehr kennt?

Im Märchen »Marko der Reiche« geht der Jüngling zum Drachen jenseits des Meeres; auch ihm werden auf dem Wege Probleme erzählt. Er ist gutmütig bereit, diese Probleme dem Drachen zu unterbreiten. Er ist abgegrenzter vom Drachen, gibt auch nicht das Wissen des Drachen als sein Wissen aus.

Wenn der Jüngling unseres Märchens »alles weiß«, dann ist er noch mit einer allwissenden Macht identifiziert. Daher hat er auch die Stärke und die Überzeugung, daß ihm nichts passieren wird; das bewirkt aber auch, daß er sein Wissen nun unter Beweis stellen muß. Noch scheint er mit seiner Glückshaut verbunden zu sein, die jetzt plötzlich in große Nähe zu diesem Teufel im Märchen rückt, der ja viel mehr eine Verkörperung der Weisheit ist als ein Teufel.

Der Torwächter versucht nicht – wie der König –, diesen selbstsicheren jungen Mann zu verderben, er versucht vielmehr, ihn für seine Bedürfnisse einzusetzen. Eine neue Art, mit diesem Glückskind und dieser Verheißung umzugehen, zeichnet sich ab: Probleme werden zugegeben und formuliert, und sie sollen jetzt gelöst werden. Das Glückskind soll nicht mehr daran gehindert werden, entsprechend der Prophezeiung zu leben, sondern es wird gerade dazu herausgefordert.

In realen Lebenssituationen gibt es in der Tat diese beiden – und wohl noch einige mehr – Umgangsformen mit einem Glückskind: Zunächst versucht man, diese Glückskinder nicht so recht ins Spiel eintreten zu lassen, sie werden beargwöhnt und gebremst oder neidisch entwertet. Wenn sich dann aber zeigt, daß sie durchaus fähig sind, die Prophezeiung, die ihnen mitgegeben ist, zu erfüllen, wenn erste »Resultate« da sind, dann werden sie mit Aufgaben überschüttet, dann versucht man, sich an sie zu binden, um auch etwas von ihrem Glück abzubekommen, und wenn nicht von ihrem Glück, dann wenigstens von ihren Fähigkeiten.

Intrapsychisch lassen sich ähnliche Konstellationen beobachten: Bricht etwas Neues in uns auf, konstelliert sich auch der Gegensatz dazu, alles Alte,

Eingeschliffene behauptet sich plötzlich mit Macht, das Neue wird nicht seiner Bedeutung gemäß beachtet, sondern eher verdrängt, vergessen. Setzt sich dann das Neue doch durch, versuchen wir, es dort einzusetzen, wo es unsere Probleme löst; wirkliche Heimstatt geben wir dem Neuen aber noch lange nicht, denn Wandlungen sind ja auch sehr schmerzhaft, bedeuten, daß wir viel Liebgewordenes opfern müssen.

Betrachten wir den Jüngling aber als Menschen, der unter der Dominanz eines sehr destruktiven Vaterkomplexes leidet, dann hat sich dieser Vaterkomplex bereits etwas gewandelt: Zwar bleibt er noch unter dem Gebot des Repräsentanten dieses Komplexes (des Königs), in dem Torwächter begegnet ihm aber eine andere männliche Figur, die ihn nicht zu einem Kind macht, sondern ihn auf einer Erwachsenenebene anspricht.

Der trockene Marktbrunnen

»So kannst du uns einen Gefallen tun«, sagte
der Wächter, »wenn du uns sagst, warum unser
Marktbrunnen, aus dem sonst Wein quoll, trocken
geworden ist und nicht einmal mehr Wasser gibt.« –
»Das sollt ihr erfahren«, antwortete er, »wartet nur,
bis ich wiederkomme.«

Der Marktbrunnen, aus dem sonst Wein quoll, ist
trocken, gibt nicht einmal mehr Wasser. Der
Marktbrunnen ist vermutlich der zentrale Brunnen in
der Stadt, an dem alle Menschen, die hier wohnen,
Anteil haben, der aber auch alle versorgt. Dieser
Brunnen ist kein gewöhnlicher Brunnen, sondern ein
Brunnen mit Wein, ein wunderbarer Brunnen also.
Es scheint so, als wären die Bewohner notfalls mit
Wasser zufrieden, aber ein Brunnen ohne Wasser
und ohne Wein, das ist denn doch gar zu trocken. Da
fehlt das Wasser, aber es fehlt auch der Wein.

Brunnen sind gefaßte Quellen, die dem Menschen zugänglich und nutzbar gemacht werden. Das
Hervorquellen des Wassers kann als Erdgeburt verstanden werden: Die Mutter Erde gibt ihren Reichtum ab, an dem man sich erlaben kann, der aber auch
zum Wachstum unerläßlich ist. Wenn ein Brunnen

vertrocknet, dann ist, symbolisch gesprochen, das ganze Seelenleben »vertrocknet«. Das Wasser in seinen verschiedenen Erscheinungsformen gilt uns auch als bildhafte Beschreibung unserer seelischen Befindlichkeit. So sind wir etwa von übersprudelnder Fröhlichkeit oder fühlen uns bewegt, sind mitten im Flusse des Lebens – oder eben ausgetrocknet.

Im germanischen Völkerbereich gelten die Quellen und die Brunnen als Eingänge zur Unterwelt, manche Brunnen führen bis hinunter in die Hölle, das sind dann entsprechend die Teufelsbrunnen oder die Höllbrunnen. Bekannter sind die »Chindlibrunnen«, die Brunnen, aus denen Kinder geboren werden, aus denen sie vom Jenseits ins Diesseits übertreten[8].

Der Brunnen verbindet im Volksglauben also das Jenseits mit dem Diesseits, wobei aus der anderen Welt die Belebung, der Reichtum in diese Welt herüberfließen. Solange die Menschen in Beziehung zur jenseitigen Welt stehen, mag das nun die Mutter Natur oder das Faszinosum einer Transzendenz sein, solange sie spüren, daß sie nicht nur von dieser Welt her und nicht vom Brot allein leben können, sondern Bürger zweier Welten sind, so lange fließen auch diese Brunnen. Das »Wasser des Lebens« ist vorhanden. Diese Quellen und Brunnen als Geburtsstätten haben natürlich mit der immerwährenden Neugeburt zu tun, mit dem Leben als ständiger Schöpfung, sie zeigen auch das Weibliche in seinem Reichtum spendenden, verströmenden Aspekt.

In dieser Stadt strömt aber nichts mehr.

Doch nicht nur Wasser strömte einst hier, sondern sogar Wein.

Es ist überliefert, daß durch das Dionysos-Wunder Wasserquellen in Weinquellen verwandelt wurden. Am bekanntesten war nach Ninck die Quelle auf der Insel Andros, aus der alljährlich im Januar zum Dionysosfest Wein floß[9]. Wer von dieser Quelle trinkt, vereint sich mit dem Geist des Weingottes; das bringt nicht nur Berauschung und Inspiration, es steigert auch das seherische Vermögen und den Blick für die Zukunft. Daß das Wasser dabei zu Wein wird, ist gerade das Wunderbare daran: Wenn man von diesem Gott ergriffen ist, dann wird nüchternes Wasser zu inspirierendem Wein, wird das, was wir zu uns nehmen, um unseren Durst zu stillen, zu etwas, das uns belebt, inspiriert, vielleicht aber auch berauscht. Am Alltäglichen wird dadurch eine Qualität des Außergewöhnlichen, des uns Ergreifenden sichtbar. Dieses Weinwunder ist geradezu das Bild dafür, wie Leben, das sich den Emotionen und damit auch »Jenseitigem« verbunden weiß, eine Qualität der Lebensfülle und des Ergriffenseins bekommt.

Walter F. Otto bringt das Wirken des Dionysos mit einem »alles überflutenden Lebensstrom, der aus den mütterlichen Tiefen empordringt« zusammen. »Im Mythos und im Erlebnis der erschütterten Gemüter sprudeln, wenn Dionysos da ist, nährende, berauschende Quellen aus dem Erdboden ... Alles Verschlossene öffnet sich. Fremdes und Feindliches verträgt sich in wunderbarer Eintracht. Uralte Regeln haben plötzlich ihr Recht verloren ...« Die »Öffnung des Verschlossenen ist auch die Enthüllung des Unsichtbaren und Zukünftigen.«[10]

Dionysos ist ein Gott der Frauen. Im Mittelpunkt

der Dionysischen Mythen und Kulte stehen neben der Gestalt des rasenden Gottes die von ihm mitgerissenen, inspirierten Frauen, die ihn als Neugeborenen aufgenommen haben. Aber auch die Satyrn sind die Begleiter von Dionysos. Sie gelten als gierige, brünstige Böcke. Das fällt allerdings mitten in der Zügellosigkeit, im Lärm, in der Lust, im Rausch, die der Gott mitbringt und die ihn auch zu einem Tröster machen, nicht weiter auf. Ist beim König in unserem Märchen von all diesen dionysischen Eigenschaften bloß noch die nackte Gier der Satyrn übriggeblieben?

Als Gott des Frühlings, aber auch des Todes hat Dionysos sehr viel mit dem aufbrechenden Leben zu tun, mit der schöpferischen Wandlung und der damit verbundenen Inspiration. Dionysos ist nach der Mythologie der Sohn des Zeus und der Semele; er hat also einen göttlichen Vater und eine menschliche Mutter. Dionysos war der Gott des Rausches und der Ekstase, auch der ekstatischen Liebe. Aber er war auch der Gott des Wahnsinns. Er ist ein Gott, der gegensätzlichste Strebungen in sich vereint. Er ist ein Gott der größten Lebensfülle und der grausamsten Vernichtung, er ist ein Gott des Frühlings, wird aber auch mit dem Hades, dem Totengott, gleichgestellt. Er lehrt, wie nah erfülltes Leben, Ekstase und Wahnsinn, Tod und Geburt, beisammen sind.

Diese dionysische Qualität muß also in der Stadt mit dem Weinbrunnen einmal als Lebensstimmung vorhanden gewesen sein: Tanz, Musik, Weissagung, Inspiration, das sind die Lebensbereiche, in denen sich Dionysos zeigt und die dem Leben ein festliches Gepräge geben, erfüllt von Ekstase und Liebe, nicht von Besitzergreifen, die aber auch zum Wahnsinn werden können. Und diese Lebensqualität fehlt nun. Das Leben ist vertrocknet. Der mütterliche Schoß gibt nichts mehr her. So wundert es denn auch nicht, daß im Märchen, obwohl der Jüngling seine Königstochter bereits geheiratet hat, so wenig Erotisches zum Tragen kommt.

Unter der Dominanz dieses gierigen Königs, der alles, was geboren wird, in Besitz nehmen will, kann diese übersprudelnde, inspirierte Lebensfreude nicht gedeihen. Oder umgekehrt: Weil diese inspirierende Gestimmtheit, die ein Gefühl der Lebensfülle vermittelt, nicht mehr erlebt werden kann, muß der König so habgierig sein, darf er nichts Neues zulassen, auch keine Freude. Gier ist oft der verzweifelte Versuch, doch noch etwas vom Leben zu haben, zu ergreifen, wenn man das Lebendige des Lebens, die Fülle, sich versagt.

Hier muß dringend Abhilfe geschaffen werden. Es ist wichtig, zu wissen, weshalb der Wein nicht mehr fließt, damit diese Lebensqualität wieder möglich wird und damit natürlich auch die ekstatische Liebe und die mit ihr verbundene Öffnung, die sich auch als Schau in die Zukunft, als Hoffnung auf Zukunft äußern kann.

Der Apfelbaum
ohne goldene Äpfel

Da ging er weiter und kam vor eine andere Stadt, da fragte der Torwächter wiederum, was für ein Gewerb er verstünde und was er wüßte. »Ich weiß alles«, antwortete er. »So kannst du uns einen Gefallen tun und uns sagen, warum ein Baum in unserer Stadt, der sonst goldene Äpfel trug, jetzt nicht einmal Blätter hervortreibt.« – »Das sollt ihr erfahren«, antwortete er, »wartet nur, bis ich wiederkomme.«

Es gab ursprünglich also auch einen Apfelbaum, der goldene Äpfel trug. Jetzt wären die Menschen damit zufrieden, wenn dieser Baum überhaupt wieder Blätter tragen würde, also lebte. Apfelbäume mit goldenen Äpfeln erinnern an die Äpfel der Hesperiden. Die Mutter Erde hatte der Göttin Hera zur Hochzeit einen solchen Apfelbaum geschenkt, der von den Töchtern des Atlas, den Hesperiden, und dem ewig wachsamen Drachen Ladon gehütet wurde. Die goldenen Äpfel sind ein Geschenk der Mutter Erde zur heiligen Hochzeit ihrer Tochter. Dadurch, daß ein Gott und eine Göttin in der heiligen Hochzeit sich miteinander paaren, wird die Fruchtbarkeit der Erde garantiert und erhalten, wird recht eigentlich Auferstehung alles Toten erreicht und damit die Erhaltung der Schöpfung. Die goldenen Äpfel der Hesperiden galten denn auch als Symbole der Unsterblichkeit, einer Unsterblichkeit im Zusammenhang mit der Liebe und der Fruchtbarkeit, die von der Mutter Erde geschenkt werden, der weiblichen Göttin. Deshalb fordern Prinzessinnen goldene Äpfel auch oft als Liebesgabe von den Märchenhelden. Sie müssen damit zeigen, daß sie an der Liebe, an ihrer Fruchtbarkeit, aber auch an dem Tod, der ihr innewohnt, und den Kräften der Wiedergeburt Anteil haben. Unser Baum im Märchen trägt aber diese goldenen Äpfel nicht mehr; das Symbol der ewigen Fruchtbarkeit, das mit der Liebesgöttin in Zusammenhang steht, gibt es nicht mehr, ja sogar der Baum, auf dem diese Äpfel gewachsen sind, ist krank oder gar abgestorben.

Der Baum ist eines der bedeutendsten Symbole. Er wird oft mit dem Menschen verglichen, er steht aufrecht wie ein Mensch, wächst, blüht, trägt Früchte und verliert sie, vergeht. Er ist in den Rhythmus der Jahreszeiten eingebunden. Oft wird der Baum auch zum Symbol der ganzen Menschheit: Wurzelnd in der Erde, sich ausbreitend in die Welt hinein, strebt sie wie er zum Himmel und verbindet so Unterirdisches mit Überirdischem. Insofern gibt der Baum auch eine Deutung des Menschseins: Wachsend, den Rhythmen der Jahreszeiten entsprechend in dauernder Wandlung, soll der Mensch seinen Urgrund mit dem Himmlischen verknüpfen, soll er Erdhaftes und Himmlisches miteinander verbinden.

Dieses Wachsen ist im Märchen unmöglich geworden. Eros und Fruchtbarkeit können nicht mehr als

Wunder gesehen werden, können auch nicht mehr weitergegeben werden. Die Erstarrung in diesem Königreich ist nun recht deutlich dargestellt und wird vom Jüngling auch als Problem mit auf den Weg genommen. Es ist ein Problem, auf das es keine schnelle Antwort gibt, sondern das mitgenommen und bedacht werden muß.

Der Fährmann,
der niemals abgelöst wird

*Da ging er weiter und kam an ein großes Wasser,
über das er hinüber mußte. Der Fährmann fragte
ihn, was er für ein Gewerbe verstände und was er
wüßte. »Ich weiß alles«, antwortete er. »So kannst
du mir einen Gefallen tun«, sprach der Fährmann,
»und mir sagen, warum ich immer hin und her
fahren muß und niemals abgelöst werde.« –
»Das sollst du erfahren«, antwortete er, »warte nur,
bis ich wiederkomme.«*

Der junge Mann kommt nun an ein großes Wasser,
das er überqueren muß. Der Gedanke an ein
Jenseitsland – hinter einem großen Strom, hinter
einem großen Wasser – ist eine seit alters bekannte
Vorstellung. Auch das Land der Toten dachte man
sich ursprünglich hinter einem großen Meer. In Märchen wird oft erzählt, daß ein Held, wenn er wirklich
nach den wesentlichsten Dingen des Lebens sucht –
etwa nach dem Wasser des Lebens, und das sucht er
im Grunde auch in diesem Märchen –, zunächst die
bekannte Welt bis an ihre Grenzen ausschreiten und
sich dann ins Unbekannte übersetzen lassen muß.

Der Fährmann ist auch bereit, das zu tun, es
scheint seine Aufgabe zu sein, zwischen den Welten

zu vermitteln, zwischen denen der Lebenden und der Toten, oder zwischen den Welten des Diesseitigen und des Jenseitigen, wobei das Jenseitige auch einfach das sein kann, was von den Menschen diesseits ausgegrenzt wurde.

Aber auch der Fährmann hat ein Problem: Er wird nie abgelöst, er ist einer, der zwar seine Verbindungsfunktion erfüllt, aber offenbar auch noch einmal wieder in eine andere Lebenssituation gelangen möchte. Er ist einer, der immer die beiden Möglichkeiten miteinander verbindet, ohne daraus auch wirklich etwas machen zu können. Als Mensch käme er mir vor wie einer, der ständig spürt, daß er an der Schwelle von Möglichkeiten ist, daß er etwas fast formulieren kann, aber immer in diesem Zustand des nur Möglichen bleibt. Er kann, obwohl er immer wieder in der jenseitigen Welt und auch in der diesseitigen landet, nichts Verbindliches in diese Welt der Lebenden herüberbringen, er erschöpft sich im Hin- und Herfahren, in einem ewigen Hin und Her.

Jetzt sind die wesentlichen Probleme, die sich ergeben, wenn ein gieriger König regiert, der keine Erneuerung zulassen kann, vor uns ausgebreitet. Jetzt verstehen wir auch, welche Hoffnungen mit diesem Glückskind verbunden sind und was denn das Märchen unter »Glücken« letztlich versteht. Das Leben ist gefangen in einer Situation, in der Neid und Zerstörung vorherrschend sind, alles Alte muß erhalten werden, die Güter des Lebens versucht man sich zu holen, indem man raubt, was nicht gegeben wird, was die Natur auch nicht freiwillig spendet.

Die Verbindung von Männlichem und Weiblichem ist gestört, wir können den König auch als einen Vertreter des Männlichen ansehen, der den Einflußbereich der Mutter einschränkt. Leidenschaftlichkeit, die Fähigkeit, von Jenseitigem ergriffen zu sein, sich mit einem Gott zu verbinden und dadurch dem Leben den emotionellen Urgrund zu erhalten, ist nicht mehr möglich. Zurück bleibt die nackte Gier. Aber auch das Wissen um die Zukunft, um das Schicksalhafte ist verloren, samt der Fähigkeit, die erneuernde Kraft des Eros zu sehen.

Diese Problematik kann eine kollektive Problematik sein; sie kann die Lebensstimmung einer ganzen Zeitspanne ausmachen, in der die Verbindung zu dem, was Fakten übersteigt, nicht mehr gewährleistet ist. Sie kann eine persönliche Problematik sein in einer Lebenssituation, in der ein dominierender Vaterkomplex das Mütterliche, Weibliche und damit auch die Urmutter Natur weit weggedrängt hat.

Der Versuch, sich mit dem Abgedrängten zu verbinden (Fährmann), wird zwar immer wieder gemacht, ist ständig da, weil wir Menschen ja wohl immer in Verbindung bleiben mit unserer Nachtseite, allein dadurch, daß wir schlafen. Aber diese Verbindung bringt zunächst nichts Neues ins Leben herein, wird vermutlich eher als Sisyphusarbeit verstanden.

Das Glückskind nun kann diese Probleme angehen, der junge Mann, der mehr als ein anderer mit dieser jenseitigen Welt in Verbindung geblieben ist, der von daher auch ein so fragloses Vertrauen in sein Schicksal hat.

Der Fährmann, der ihn übersetzt, erinnert an den

griechischen Totenfährmann Charon[11], der die Toten
an die Tore des Hades fahren muß. Charon aber
nimmt nie einen Lebenden mit, und auch der Tote
muß einen Obolus mitbringen, damit er übergefahren
wird. Daß der Märchenheld so anstandslos übergesetzt wird, paßt nicht zu Charon. Daß aber der Held
in das Jenseits- und Totenland, zum Tor der Hölle
gerät, wohin er ja auch will, sagt uns das Märchen
klar.

Der Teufel und die Ellermutter

Als er über das Wasser hinüber war, so fand er den
Eingang zur Hölle. Es war schwarz und rußig darin,
und der Teufel war nicht zu Haus, aber seine
Ellermutter saß da in einem breiten Sorgenstuhl.
»Was willst du?« sprach sie zu ihm, sah aber gar
nicht so böse aus. »Ich wollte gerne drei goldene
Haare von des Teufels Kopf«, antwortete er, »sonst
kann ich meine Frau nicht behalten.« – »Das ist viel
verlangt«, sagte sie, »wenn der Teufel heimkommt
und findet dich, so geht dir's an den Kragen; aber du
dauerst mich, ich will sehen, ob ich dir helfen kann.«
Sie verwandelte ihn in eine Ameise und sprach:
»Kriech in meine Rockfalten, da bist du sicher.« –
»Ja«, antwortete er, »das ist schon gut, aber drei
Dinge möchte ich gerne noch wissen, warum ein
Brunnen, aus dem sonst Wein quoll, trocken
geworden ist, jetzt nicht einmal mehr Wasser gibt;
warum ein Baum, der sonst goldene Äpfel trug, nicht
einmal mehr Laub treibt, und warum ein Fährmann
immer herüber und hinüber fahren muß und nicht
abgelöst wird.« – »Das sind schwere Fragen«,
antwortete sie, »aber halte dich nur still und ruhig,
und hab acht, was der Teufel spricht, wann ich ihm
die drei goldenen Haare ausziehe.«

Die Ellermutter in der Hölle sieht gar nicht so böse aus. Sie sitzt auch in einem Sorgenstuhl. Es dürfte hinreichend gemütlich gewesen sein bei ihr. Wir erfahren nichts von einer schwarzen, heißen, nach Schwefel stinkenden Hölle.

Wie bei seiner Verirrung im Walde trifft der junge Mann zunächst eine alte Frau, die freundlich zu ihm ist. Und so wissen wir, daß wir jetzt zwar im Reiche des Teufels sind, in der Hölle, aber daß es hier kaum höllischer zugeht als unter dem Regime dieses Königs.

Was für einen Teufel haben wir denn hier vor uns?

In der Hölle, ausgegrenzt, oder im Bereich des Totenlandes, wo sie der Wiedergeburt harren, hausen der Teufel mit den goldenen Haaren, der also weise ist, eine besondere Erkenntnisfähigkeit und Weitsichtigkeit hat, und die Ellermutter, die sich als hilfreiche und listige Frau erweist. Die große Mutter ist also mit dem Teufel zusammen »verteufelt«, abgedrängt worden; dadurch sind die vielen Probleme, denen wir begegnet sind, entstanden.

Hel (Hölle) ist in der germanischen Mythologie der Name des Totenreiches, aber auch der Name der Göttin dieses Totenreiches, die damit im Kreis der großen Muttergöttinnen steht, die immer zugleich Frühlingsgöttinnen, Erdgöttinnen und Todesgöttinnen sind und so den Rhythmus von Auferstehen, Wiedergeborenwerden, Reifen und Sterben verkörpern, ihn als göttlich darstellen. Zudem sind sie immer auch Liebesgöttinnen, denn die Liebe hat in sich diesen Rhythmus und führt uns darum immer wieder in diesen ewigen Wechsel hinein.

In der Hölle finden wir also die alles dominierende Muttergöttin der matriarchalen Zeiten, zusammen mit dem Teufel, der sich hier ja noch als gefallener Luzifer zu erkennen gibt. Nach Göttner-Abendroth[12] führte Luzifer den Aufstand gegen den patriarchalen Gott Jahwe, weil er sich der Heiligen Weisheit – einer weiblichen Gottheit – mehr verpflichtet fühlte. Ihretwegen kämpfte er mit Jahwe, und die matriarchalen Symboltiere, die heute zu Hexentieren geworden sind (zum Beispiel Schlangen), begleiteten ihn als die Dämonen. Zur Strafe wurde er in die Hölle gestürzt, in die Unterwelt, eben zu Hel.

Man kann in Luzifer den männlichen Gott einer Zeit sehen, in der das Matriarchat geherrscht hatte, wo der Mann als der göttliche Heros der großen Mutter mit ihr die heilige Hochzeit feiern konnte, also ein noch vorpatriarchales Verständnis von Männlichkeit und Beziehung verkörperte. Diese Beziehungsform ist abgedrängt, damit aber auch der Reichtum der großen Mutter eben »zum Teufel« oder beim Teufel; alles, worin sich der Reichtum und die Fülle des Lebens zeigt, ist teuflisch und daher verboten. Verteufelt auch die Weitsicht, das Wissen, das Ahnen um größere Zusammenhänge. Wie schnell nennen wir unsere klare Neugier nach Wissen um unsere Zukunft und die dazu nötigen Verfahren, die wir einsetzen, um den Schleier der Zukunft zu lüften, »teuflischen Aberglauben«!

Welch ein Reichtum findet sich doch in dieser Hölle – die drei goldenen Haare sind nur ein kleiner Ausdruck dafür!

Im Teufel und seiner Ellermutter treffen wir ein Paar, bei dem die Frau Einfluß hat auf den Mann, wie ja auch die alte Frau Einfluß hatte auf den Räuberhauptmann. Im Kontrast dazu steht die Beziehung des Königs zu seiner Frau: Sie hat Befehle auszuführen, sie hat nichts zu sagen. Eine Beziehungsform, in der die Frau eine wichtige Funktion hat, könnte also in die Hölle abgedrängt worden sein oder in die Verborgenheit des Waldes. Wie diese Beziehungsform aussieht, zeigt sich, wenn der Teufel die drei goldenen Haare hergeben muß und dabei die Rätsel löst.

Immerhin, ganz so gemütlich, wie ich bis jetzt die Hölle geschildert habe, scheint sie doch nicht zu sein. Wieder einmal ist unser Held vom Tode bedroht, gleichzeitig aber auch in so schützenden Mutterhänden, daß man nicht so recht an den Tod glaubt.

Der Teufel ist hier als Menschenfresser dargestellt. Das ist die traditionelle Darstellung des Teufels. Er ist der Feind Gottes und damit des guten Lebens. Vielleicht hat man aber dem Teufel diesen Kannibalismus auch übergestülpt, um uns zu retten von allem Teuflischen, das doch noch so sehr mit den Kulten der großen Mutter, die manchmal auch recht kannibalisch zu sein pflegten, verbunden ist.

Die Bedrohung besteht darin, daß der Teufel die Menschen frißt, daß er sie sich also einverleibt, daß sie gerade das Menschliche, das darin besteht, daß man zwei Welten zugleich angehört, nicht mehr verwirklichen können. Wenn man bedenkt, wie sehr der Teufel ausgespart ist mit seiner Weltsicht, dann wundert es nicht, daß er einen Zorn auf die Menschen hat. Heimlich geht er dann ja doch immer um und schadet, so wie Lebensmöglichkeiten, die wir sehr verdrängen, weil wir uns vor ihnen ängstigen, in unserem Leben doch immer wieder Platz nehmen und uns auch bedrohen.

Der junge Mann soll aber nicht hier bleiben, er soll nicht scheitern; dieser Besuch beim Teufel in der Hölle kann wohl als Erlebnis von Tod und Wiedergeburt aufgefaßt werden in dem Sinne, daß sein altes Leben für ihn unlebbar geworden ist, daß er auf seiner langen Suche, auf der sich seine Probleme gezeigt haben, sich jetzt wiederum in eine Höhle begibt, die zugleich als Hölle und Unterwelt gezeichnet ist, wo sich ihm nun die Rätsel lösen müssen, damit das Leben wieder seine Lebendigkeit zurückbekommt.

Von den Tempeln der großen Mutter auf Malta sagt man, daß dort Kranke hinkommen konnten, im Tempel schlafen und im Schlaf durch den Traum einen Anstoß zur Lösung ihrer Probleme bekamen. Heilschlaf nannte man diesen Schlaf. So etwa könnte man auch den Aufenthalt des jungen Mannes in der Hölle bezeichnen, wobei ja immer die Frage bestehen bleibt, ob man eine Antwort findet, oder ob man »aufgefressen« wird, ob wirklich der Tod eintritt oder eine Wiedererneuerung des Lebens.

Die Verwandlung in eine Ameise dürfte zunächst einen ganz praktischen Grund haben: Die Ameise läßt sich gut in den Rockfalten verbergen, ist klein und unscheinbar.

Die Ameise gilt als Symbol für Fleiß und organisiertes Gemeinschaftsleben, auch als Symbol für weise Voraussicht, da sie sich Vorräte anlegt. Mit diesem Symbol ist vielleicht auch die Haltung des jungen Mannes angedeutet, in der er die Lösung seiner Probleme erwartet. Jetzt sagt er nicht mehr: »Ich weiß alles«, sondern er bittet bescheiden um Hilfe. Jetzt macht er sich nicht mehr groß, sondern zeigt sich in einer bescheidenen Gestalt, verleugnet aber – dargestellt in diesem Tier – doch auch nicht, welche Eigenschaften ihn sonst auszeichnen: Fleiß, Voraussicht, Sinn für die Gemeinschaft. Gerade dieser Sinn für das Zusammenleben dürfte ihn ja überhaupt auf seinen Weg gebracht haben. So zufällig ist also die Verwandlung in die Ameise nun auch wieder nicht.

Der Teufel als Traumdeuter

Als der Abend einbrach, kam der Teufel nach Haus. Kaum war er eingetreten, so merkte er, daß die Luft nicht rein war. »Ich rieche, rieche Menschenfleisch«, sagte er, »es ist hier nicht richtig.« Dann guckte er in alle Ecken und suchte, konnte aber nichts finden. Die Ellermutter schalt ihn aus, »eben ist erst gekehrt«, sprach sie, »und alles in Ordnung gebracht, nun wirfst du mir's wieder durcheinander; immer hast du Menschenfleisch in der Nase! Setze dich nieder und iß dein Abendbrot.« Als er gegessen und getrunken hatte, war er müde, legte der Ellermutter seinen Kopf in den Schoß und sagte, sie sollte ihn ein wenig lausen. Es dauerte nicht lange, so schlummerte er ein, blies und schnarchte. Da faßte die Alte ein goldenes Haar, riß es aus und legte es neben sich. »Autsch!«, schrie der Teufel, »was hast du vor?« – »Ich habe einen schweren Traum gehabt«, antwortete die Ellermutter, »da hab ich dir in die Haare gefaßt.« – »Was hat dir denn geträumt?« fragte der Teufel. »Mir hat geträumt, ein Marktbrunnen, aus dem sonst Wein quoll, sei versiegt, und es habe nicht einmal Wasser daraus quellen wollen, was ist wohl schuld daran?« – »He, wenn sie's wüßten!« antwortete der Teufel, »es sitzt eine Kröte unter

90

einem Stein im Brunnen; wenn sie die töten, so wird
der Wein schon wieder fließen.« Die Ellermutter
lauste ihn wieder, bis er einschlief und schnarchte,
daß die Fenster zitterten. Da riß sie ihm das zweite
Haar aus. »Hu! was machst du?« schrie der Teufel
zornig. »Nimm's nicht übel«, antwortete sie, »ich
habe es im Traume getan.« – »Was hat dir wieder
geträumt?« fragte er. »Mir hat geträumt, in einem
Königreiche ständ ein Obstbaum, der hätte sonst
goldene Äpfel getragen und wollte jetzt nicht einmal
Laub treiben. Was war wohl die Ursache davon?« –
»He, wenn sie's wüßten!« antwortete der Teufel,
»an der Wurzel nagt eine Maus; wenn sie die töten,
so wird er schon wieder goldene Äpfel tragen, nagt
sie aber noch länger, so verdorrt der Baum gänzlich.
Aber laß mich mit deinen Träumen in Ruhe; wenn
du mich noch einmal im Schlafe störst, so kriegst du
eine Ohrfeige.« Die Ellermutter sprach ihm gut zu
und lauste ihn wieder, bis er eingeschlafen war und
schnarchte. Da faßte sie das dritte goldene Haar
und riß es ihm aus. Der Teufel fuhr in die Höhe,
schrie und wollte übel mit ihr wirtschaften, aber sie
besänftigte ihn nochmals und sprach: »Wer kann für
böse Träume!« – »Was hat dir denn geträumt?«
fragte er und war doch neugierig. »Mir hat von einem
Fährmann geträumt, der sich beklagte, daß er immer
hin und her fahren müßte und nicht abgelöst würde.
Was ist wohl schuld?« – »He, der Dummbart!«
antwortete der Teufel, »wenn einer kommt und
will überfahren, so muß er ihm die Stange in die
Hand geben, dann muß der andere überfahren,
und er ist frei.« Da die Ellermutter ihm die drei

goldenen Haare ausgerissen hatte und die drei
Fragen beantwortet waren, so ließ sie den alten
Drachen in Ruhe, und er schlief, bis der Tag anbrach.

Die Ellermutter übernimmt jetzt die Regie, der Held muß als Ameise bloß zuhören. So wie wir, wenn wirklich große Probleme zu lösen sind, zunächst auch einmal offen in uns hineinhorchen müssen, um zu sehen, welche Bilder und Antworten uns in unseren Träumen und Phantasien gegeben werden. Die Aktivität, das Realisieren dessen, was wir gehört haben, folgt später.

Die Ellermutter gibt dem Teufel zu essen, er legt seinen Kopf in ihren Schoß und bittet darum, gelaust zu werden. Hier zeigt sich die nahe, auch liebevolle Verbindung von Teufel und Ellermutter, ist doch das Lausen Zeichen für einen intimen und zärtlichen Umgang miteinander. Außerdem ist es natürlich auch eine mütterliche Geste.

Nun reißt ihm die Ellermutter drei goldene Haare aus, das heißt, sie »reißt« ihm drei Weisheiten aus, sie entreißt ihm drei Geheimnisse. Die goldenen Haare zeigen, daß diese Weisheiten sehr wesentlich sind, im wahrsten Sinne des Wortes aber auch erleuchtend. Die Ellermutter gibt die Fragen als Träume aus, und mir scheint, daß sie uns auch damit einen ganz brauchbaren Hinweis zum Verständnis dieser Situation in die Hand gibt: Diese Fragen könnten geträumt sein, und die Antworten, die ja in direktem Zusammenhang mit den Fragen stehen, gleichen Antworten, wie wir sie aus unseren Träumen kennen und die so wertvoll sind wie Gold. Diese

Träume geben uns Erleuchtung, sie sagen uns, wie denn diese problematische Situation zu verändern ist. Hark[13] spricht in diesem Zusammenhang von luzider Traumerfahrung und sagt: »Luzid heißt in diesem Zusammenhang, daß einem blitzartig klar wird, ›wo der Hund begraben liegt‹. Es ist eine aus der eigenen Seele aufleuchtende Einsicht, die eine verwandelnde Kraft für das Leben ausstrahlt.«

Mir scheint, als wären viele Märchen so etwas wie luzide Träume, die wir erst jetzt – Jahrhunderte nach ihrem Entstehen – in ihrer existentiellen Bedeutung für das menschliche Leben zu verstehen beginnen. Diese verwandelnde Lebenskraft zeigt sich im Märchen in einer Situation, in der das Leben von der Austrocknung, vom ewigen Hin und Her des Fährmanns, von der Abwesenheit allen Eros gekennzeichnet ist.

Des Teufels Lösungen: Unter einem Stein im Brunnen sitzt eine Kröte, die getötet werden muß. An der Wurzel des Baumes nagt eine Maus, wenn man sie tötet, dann gibt es wieder goldene Äpfel, nagt sie aber weiter, dann verdorrt der Baum ganz. Der Fährmann aber soll einfach einem andern, der da kommt, die Stange in die Hand drücken, dann ist er frei. Das ewige Hin- und Herfahren ist offenbar nicht zu umgehen, aber es muß es ja nicht immer derselbe machen.

Hier erweist sich nun der Teufel nicht nur als weitsichtig, sondern auch als listig, als einer, der weiß, wie die Dinge gewandelt werden können. Er hat merkuriale Züge: Merkur, besser bekannt als

Hermes, war bei den Griechen der Hüter der Tore und Türen – vielleicht sind sogar die Torwächter, denen der junge Mann begegnet ist, schon Vorposten des »Teufels« gewesen, eines Teufels, der um die sinnvolle Veränderung besorgt ist. Hermes ist auch ein Gott der Übergänge, von daher der Beschützer der Wanderer und Grenzgänger. Seine Symbolik reicht bis hin zum nächtlichen Geleiter und damit bis zum Totengott. Aber auch als Rinderdieb kennen wir ihn, als trickreiche Figur, mit Gewandtheit, List, Erfindungsgabe und Schelmenwitz ausgestattet, nie wirklich böse, aber eine Macht, die für Veränderung sorgt, wenn möglich für eine elegante Veränderung[14].

Der Teufel in unserem Märchen scheint mir viel mehr diese merkurialen Qualitäten zu haben, als wirklich »böse« zu sein, wobei das Merkuriale natürlich von all jenen, die keine Veränderung haben wollen, die keinen Sinn haben für schöpferische Erneuerungen und die damit verbundenen Umtriebe, die alles vorhersehbar haben wollen, als durchaus »böse« bewertet wird. Es geht ja dabei um eine Frage der Wertung und damit um das Empfinden der Bedrohung der eigenen Werte, weniger um etwas objektiv Böses.

Der belebende Rückweg

Als der Teufel wieder fortgezogen war, holte die
Alte die Ameise aus der Rockfalte und gab dem
Glückskind die menschliche Gestalt zurück. »Da hast
du die drei goldenen Haare«, sprach sie, »was der
Teufel zu deinen drei Fragen gesagt hat, wirst du
wohl gehört haben.« – »Ja«, antwortete er, »ich habe
es gehört und will's wohl behalten.« – »So ist dir
geholfen«, sagte sie, »und nun kannst du deiner Wege
ziehen.« Er bedankte sich bei der Alten für die Hilfe
in der Not, verließ die Hölle und war vergnügt, daß
ihm alles so wohl geglückt war. Als er zu dem
Fährmann kam, sollte er ihm die versprochene
Antwort geben. »Fahr mich erst hinüber«, sprach das
Glückskind, »so will ich dir sagen, wie du erlöst
wirst«, und als er auf dem jenseitigen Ufer angelangt
war, gab er ihm des Teufels Rat: »Wenn wieder
einer kommt und will übergefahren sein, so gib ihm
nur die Stange in die Hand.« Er ging weiter und
kam zu der Stadt, worin der unfruchtbare Baum
stand und wo der Wächter auch Antwort haben
wollte. Da sagte er ihm, wie er vom Teufel gehört
hatte: »Tötet die Maus, die an seiner Wurzel nagt,
so wird er wieder goldene Äpfel tragen.« Da dankte
ihm der Wächter und gab ihm zur Belohnung zwei

mit Gold beladene Esel, die mußten ihm nachfolgen. Zuletzt kam er zu der Stadt, deren Brunnen versiegt war. Da sprach er zu dem Wächter, wie der Teufel gesprochen hatte: »Es sitzt eine Kröte im Brunnen unter einem Stein, die müßt ihr aufsuchen und töten, so wird er wieder reichlich Wein geben.« Der Wächter dankte und gab ihm ebenfalls zwei mit Gold beladene Esel.

Die Ellermutter gibt dem Glückskind – hier wird der junge Mann nun wieder ausdrücklich Glückskind genannt – die goldenen Haare und vergewissert sich, daß er die Antworten des Teufels auch gehört hat. Er bedankt sich für die Hilfe in der Not, verläßt die Hölle und ist vergnügt, daß ihm alles so wohl geglückt ist.

Jetzt nimmt er wahr, daß er etwas Wesentliches ausgehalten und mitgenommen hat, er stolpert nicht mehr einfach in sein Glück hinein wie bei der Heirat mit der Königstochter, jetzt hat er für sein Glück auch etwas getan und kann sich darüber freuen. Das selbstverständliche Glück, das er bisher immer hatte und das ihm auch nicht besonders Eindruck machte – wie soll einem schon etwas Eindruck machen, das einem selbstverständlich ist –, ist nun einem sehr wachen Bezug zum Glück gewichen: Er kann sich freuen an seinem Glück.

Das scheint mir eine typische Entwicklung zu sein bei einem Menschen mit positivem Bezug zu sich selbst, mit positivem Narzißmus: Glück gehört einfach dazu, ist ihm sozusagen vom Leben versprochen. Vieles, was diesem Menschen im Leben glückt, wird ebenso selbstverständlich hingenommen, auch wenn er sich einige Mühe dafür gegeben hat. Es ist nun einmal das Gesetz, nach dem er angetreten ist. Erst, wenn eine Durststrecke des Lebens ihn einholt und er zäh und unbeirrt – im geheimen Wissen um sein letztliches Glück – aushält und seinen Weg geht, auch eine Phase der großen Ratlosigkeit und Unlebendigkeit aushält, dann aber die Erlösung sich in neuer Belebung und in neuen Kenntnissen zeigt, bekommt er einen Sinn dafür, daß das, was ihm so glückhaft zufällt, auch erarbeitet wurde und Freude darüber durchaus angebracht ist.

Den Weg in die Hölle kann man auch verstehen als einen Weg, auf dem das Glückskind die weniger glückhaften Seiten dieses Lebens sehen mußte, an denen es natürlich auch Anteil hat. Das Wesentliche bei einem Menschen mit positivem Narzißmus besteht aber darin, daß er – trotz seiner schonungslosen Einsicht in die Probleme, die bei ihm meistens sogar noch schonungsloser ist als bei andern Menschen, weil er die Probleme auch zulassen kann – daß er sicher ist, sie meistern zu können. Denn letztlich weiß er eben doch alles.

Das Glückskind zeichnet sich auch durch Klugheit aus: Die Antwort auf die Frage des Fährmannes gibt er diesem erst, als er übergesetzt ist. Er verhindert damit, daß er selbst zum Fährmann wird, zwischen den Welten, in einem ewigen Hin und Her treibt, ohne wirklich etwas Neues ins Leben bringen zu können. Der Weg zurück ist ja der Weg, auf dem das, was er erfahren hat, ins Leben hineingebracht, inkarniert wird; dadurch entsteht auch die Wandlung.

Dieses ewige Hin- und Herfahren kennen wir dort, wo Menschen sich nie entscheiden können, ob sie in einer Traumwelt oder in einer von ihnen zu gestaltenden Welt leben möchten. Dieses Hin- und Herfahren muß offenbar auch sein, aber nicht das Glückskind ist dafür ausersehen, sondern letztlich dann der alte König.

Der Stadt mit dem unfruchtbaren Baum kann der Held den Grund dafür angeben: Eine Maus nagt an den Wurzeln, diese Maus muß getötet werden. Die Wurzeln des Lebens- und des Liebesbaumes sind also bedroht. Da, wo der Baum in einem Zusammenhang steht mit der Erde, wo er verwurzelt ist im chthonischen Bereich, nagt ein gefräßiges Tier. Die Gefräßigkeit und ihre große Fähigkeit zur Vermehrung ließen die Maus, besonders im Mittelalter, oft als Teufelstier oder als Hexentier erscheinen, als ein Tier, das den Menschen schadet. Insofern steht die Maus in engem Zusammenhang mit der verteufelten, verhexten Erdgöttin. Was hier so sehr verdrängt wurde, das nagt nun am Baum des Lebens und der Liebe – und muß getötet werden. Das Bedürfnis nach dem Weiblichen in seiner strahlenden Form, wie es sich im Eros (goldene Äpfel) zeigt, und in seiner inspirierenden Form (Marktbrunnen mit Wein) ist jetzt erkannt. Das Weibliche braucht sich nicht länger in nur destruktiver Form bemerkbar zu machen, in einem Nagen, das uns klarmacht, daß etwas mit uns nicht ganz stimmt, in Schuldgefühlen, die die Liebe nicht mehr wirklich zulassen wollen. Dieses Nagen kann jetzt geortet, gesehen und vernichtet werden.

Vor der Öffnung mit dem Wein sitzt eine Kröte. In Ägypten stellt die Kröte die Göttin Hiqit dar, die eine Göttin der Auferstehung ist, also auch eine Göttin, die in den Kreis der Frühlingsgöttin und der Todesgöttin gehört. In der mittelalterlichen Kunst stellt die Kröte den Hochmut und die Wollust dar, wie auch den Geiz. Sie wird oft symbolisch in einem Gegensatz zum Frosch gesehen: Ist der Frosch das Symbol der Auferstehung, so ist die Kröte das Symbol des Versinkens in der Finsternis und in der Hölle. Sie gilt also als die Kraft, die die Auferstehung gerade blockiert[15].

Die Wertung der Kröte als gut oder als böse hängt mit der Wertung der Muttergöttin zusammen. In Ägypten, wo die Muttergöttin über lange Zeit eine wesentliche Rolle spielte und auch geachtet war, sind die Tiere, die zu ihr gehören, auch nicht verteufelt worden. Wenn die Muttergöttin entwertet wird, dann werden auch die Tiere, die sie begleiten, damit aber auch unsere körperlichen, instinktiven, vitalen Kräfte, die mit ihr im Zusammenhang stehen, verteufelt oder verhext. Und deshalb kann der Wein in unserem Märchen gar nicht mehr fließen, er darf nicht fließen. Erst wenn die Kröte getötet ist, wenn das Weibliche gerade in der aufbrechenden Freude des Frühlings, des Wiederauferstehens, des Sich-neu-Einlassens aufs Leben, aber auch der Begeisterung durch das Emotionelle, das Ergriffen- und Gepacktsein nicht mehr verteufelt wird, dann kann der Wein wieder fließen.

Heute beklagen wir uns oft über unsere kühle, trockene Art, miteinander umzugehen. »Verkopft«

sein ist schon fast zum Schimpfwort geworden. Trotzdem wird »emotional« sein auch ganz schnell als Fehler abgelehnt, auch wenn wir wissen, daß unser Lebendigstes in unseren Emotionen steckt. Der Grund liegt wohl darin, daß wir Angst haben vor den Emotionen, Angst vor ihrem entgrenzenden, vor ihrem chaotischen Aspekt. Natürlich geht es nicht darum, sich ganz von den Emotionen wegtragen zu lassen, wir werden sie immer auch formen müssen; aber es geht auch nicht an, sie einfach zu verdrängen, unterkühlt zu leben und dafür von emotionellen Einbrüchen oder von nagenden Depressionen begleitet zu sein.

Auf dem Rückweg bringt das Glückskind das Leben zurück. Goldene Äpfel werden wieder in Aussicht gestellt: Die Gefühle des Eros und die damit empfundenen Gefühle der Unsterblichkeit können wieder aufbrechen, die inspirierende, verwandelnde Kraft der Emotionen wird wieder erfahrbar, die Quelle führt wieder Wein.

Der Reichtum, der nun als Lebensfülle erfahrbar wird, wird auch daran ersichtlich, daß das Glückskind jeweils zwei Esel, mit Gold beladen, bekommt. Das Glück wird sichtbar. Der Esel kann hier einfach als Lasttier gewählt sein, aber in ihm, dem Tier des Dionysos, wird auch sichtbar, daß hier nicht nur ewige Werte zu holen waren, sondern auch handfeste, menschliche, sexuelle, triebhafte, lebendige – daß also auch eine neue Beziehung zum Körper gefunden worden ist und damit auch zur Triebhaftigkeit im allgemeinen und zur Sexualität im besonderen.

Die Versetzung des Königs

Endlich langte das Glückskind daheim bei seiner
Frau an, die sich herzlich freute, als sie ihn wiedersah
und hörte, wie wohl ihm alles gelungen war.
Dem König brachte er, was er verlangt hatte, die
drei goldenen Haare des Teufels, und als dieser die
vier Esel mit dem Golde sah, ward er ganz vergnügt
und sprach: »Nun sind alle Bedingungen erfüllt, und
du kannst meine Tochter behalten. Aber, lieber
Schwiegersohn, sage mir doch, woher ist das viele
Gold? Das sind ja gewaltige Schätze!« – »Ich bin
über einen Fluß gefahren«, antwortete er, »und da
habe ich es mitgenommen, es liegt dort statt des
Sandes am Ufer.« – »Kann ich mir auch davon
holen?« sprach der König und war ganz begierig.
»Soviel Ihr nur wollt«, antwortete er, »es ist ein
Fährmann auf dem Fluß, von dem laßt Euch
überfahren, so könnt Ihr drüben Eure Säcke füllen.«
Der habsüchtige König machte sich in aller Eile auf
den Weg, und als er zu dem Fluß kam, so winkte
er dem Fährmann, der sollte ihn übersetzen.
Der Fährmann kam und hieß ihn einsteigen, und als
sie an das jenseitige Ufer kamen, gab er ihm die
Ruderstange in die Hand und sprang davon.
Der König aber mußte von nun an fahren zur Strafe
für seine Sünden.

*»Fährt er wohl noch?« – »Was denn? Es wird ihm
niemand die Stange abgenommen haben.«*

Die Frau des Glückskinds freut sich herzlich, als sie
ihn wiedersieht. Er war auf den Weg gegangen,
weil er seine Frau behalten wollte, wenn auch auf
Geheiß des Königs. Der hatte eigentlich sein Verderben im Kopf und hatte wohl niemals damit gerech-
net, daß das Glückskind ausgerechnet das befreit,
was von ihm verteufelt worden ist, daß es das Land
zur Lebendigkeit erlöst. Aber das merkt der König
gar nicht; er freut sich nur über das Geld. Er bleibt
gierig. Das aber macht sich das Glückskind zunutze
und erweist sich darin als guter Schüler des merkurialen Teufels; denn wenn einer im Märchen schon bei
so einem Teufel war, dann hat er auch Eigenschaften
von ihm übernommen. Das Glückskind überlistet
nicht nur den Fährmann, sondern auch den König und
zeigt damit, daß starke Kräfte, die keinesfalls daran
denken, von selbst abzutreten, nur durch List zu
bannen sind.

Man hätte erwarten können, daß der König von
selbst abtritt. Aber weit gefehlt: Er möchte wohl den
Reichtum seines Schwiegersohnes haben, gleichzeitig
aber sein Regime weiter aufrechterhalten. So, wie
wir oft, wenn wir eine Erfahrung gemacht haben, die
eigentlich unser Leben umkrempeln müßte, das alte
Leben weiterführen und zugleich das Neue mitnehmen möchten. Die radikale Veränderung des Lebens-
gefühls ist erst möglich, wenn dieser gierige König
abgesetzt ist.

Als Problem des Glückskindes verstanden, heißt

das, daß es selber von einer großen Gier beherrscht wird, die es gerade vom Glück wegführen könnte. Der König aber wird nun selber auf die Reise geschickt, er soll auch den Weg gehen, und jedermann weiß nun, daß er immer hin- und herfahren wird zwischen der Welt des Teufels und der Welt des Glückskindes. Er, der den Tod für sich nicht akzeptieren wollte, pendelt jetzt immer zwischen Tod und Leben – etwas, das er, bildhaft gesprochen, eigentlich schon immer getan hat.

Das Märchen stellt das als Strafe für seine Sünden hin und moralisiert dadurch in bekannter Grimmscher Weise. Man kann diese Szene aber auch so verstehen, daß sich nun die Prophezeiung wirklich erfüllt hat, die mit der Geburt des Glückskindes verbunden war: Ein lebendigeres Leben ist möglich geworden. Trotzdem kann aber das, was zuvor das lebendige Leben gehindert hat, nicht einfach überwunden werden, diese Haltung, die im König verkörpert ist, stirbt auch nicht einfach. Es geht wohl darum, zu wissen, daß diese Haltung immer auch mitlebt, auch wenn sie im Moment nicht bemerkbar ist und stört. Es ist durchaus möglich, daß wieder einmal einer übergesetzt wird, dann könnte der König ihm die Stange in die Hand drücken, und es besteht die Gefahr, daß er zurückkommt.

Gier, Habgier, Neid, die Versuchung, nichts Neues ins Leben hineinwachsen zu lassen, ist wohl eine menschliche Versuchung, die uns immer begleitet, die auch in unserer Psyche immer als Feind des Neuen erlebt wird. Es ist zu bedenken, daß diese Seite immer vorhanden ist, auch wenn das Glückskind modellhaft gezeigt hat, wie mit einem solchen Verhalten umzugehen ist.

Letztlich aber sagt uns dieses Märchen: Wenn einmal eine Weissagung gemacht worden ist, wenn jemand als Glückskind auf die Welt gekommen ist, dann kann nichts, aber auch gar nichts der Erfüllung dieses Glücks im Wege stehen. Dennoch verweilt das Märchen lange bei der Schilderung des Bedrohtseins durch den Tod, des drohenden Untergangs, des möglichen Scheiterns, als wolle es sagen: Wir leben immer gegen den Tod an, aber die Kräfte, die den Tod wollen, sind nicht stärker als die, die das Leben wollen – wenn wir Glückskinder sind. Es kommt bloß darauf an, daß wir diese Weissagung auch für uns in Anspruch nehmen, wissend, daß letztlich jeder sein ganz eigenes Schicksal hat, das sich erfüllen muß, und daß Leben dann geglückt ist, wenn wir unser Schicksal, wie schwer oder wie leicht es auch sein mag, wirklich leben, wenn wir das Problem auf uns nehmen, das wir zu lösen haben.

Das setzt aber voraus, daß wir recht gut hinhören, was das Leben, das innere Leben von uns will, denn die Sprache der Brunnen und der Bäume ist nicht die Sprache des Königs. Das macht letztlich das Glückhafte dieses Glückskindes aus: Es ist dieser weiblichen Welt des Ursprungs und des Urgrunds auf eine selbstverständliche Art verbunden, öffnet sich ihren Weisungen und nimmt das Risiko der gefährlichen Wege ohne zu zaudern auf sich. Es hat Vertrauen zum Leben, das sich ihm durchaus nicht von der einfachsten Seite zeigt.

Sind wir alle Glückskinder und merken es bloß nicht, oder wollen wir es nicht merken, damit wir nicht den Weg eines Glückskindes auf uns nehmen müssen?

ALI BABA UND DIE VIERZIG RÄUBER

Wie man wirklich reich wird

Sesam, öffne dich!

Auch wenn das Märchen von »Ali Baba und den vierzig Räubern« mit seinen grausamen Einzelheiten unserem Erinnerungsschatz schon fast entsunken wäre, die Öffnungsformel, die da so beschwörend angewendet wird, sie ist uns wohl gegenwärtig geblieben, angereichert mit Phantasien aus unserem Alltag.

»Sesam, öffne dich!« Wenn ich etwas beschwöre, wenn ich die richtige Formel weiß, dann kann sich sogar ein Fels öffnen. Ein Fels, der verschlossen, abweisend wirkt und von dem man gerade nicht annimmt, daß er sich öffnen könnte. In dieser beschwörenden Öffnungsformel steckt die ganze Faszination, die wir mit dem Öffnen von Verschlossenem in Verbindung bringen, von Verschlossenem, zu dem es keinen Schlüssel gibt, das sich nicht leicht öffnet. In dieser Formel steckt zunächst also eine Erwartung wider besseres Wissen: die Hoffnung darauf, daß etwas geschieht, was eigentlich gar nicht geschehen kann.

In diese hoffende Lebenshaltung nimmt uns das Märchen mit hinein, immer wieder, hier aber ganz besonders. Es gibt Veränderungen, mit denen wir eigentlich nicht rechnen können – und es gibt sie doch. Es gibt die Hoffnung auf das Unverhoffte.

Nicht nur die Faszination vom Sich-Öffnen von etwas, das bisher verschlossen war, steckt in diesem Märchenbild – dazu gehört dann weiter, daß die Öffnung eine Höhle voller Schätze freigibt, nicht sofort und auch nicht ohne Probleme, aber zunächst wird doch eine Höhle voller Schätze freigelegt. Das Erleben des Öffnens wird in Zusammenhang gebracht mit dem Anblick von großem Glanz, großer Schönheit, großem Reichtum.

Die Formel »Sesam, öffne dich!« fällt uns ein in Situationen der Armut, der Beschränktheit – in einem sehr weiten Sinne verstanden. Situationen, in denen wir uns so sehr wünschen, daß sich uns etwas, das verschlossen vor uns steht, eröffnen möchte, daß wir hinter ein Geheimnis kommen, daß sich uns eine Sicht eröffnet, die uns fehlt – und natürlich hoffen wir dann auf neue Fülle, sei diese nun materieller oder eher ideeller Art, neue Sinneserfahrungen oder Erlebnisse von Eros, Freude an den Schönheiten des Daseins, neue Energien, die uns Leben versprechen.

Wir reden in diesem Zusammenhang nicht davon, daß wir etwas öffnen, es ist nicht eine bewußte Handlung, sondern etwas öffnet sich uns, etwas eröffnet sich uns, etwas tut sich auf. Alle diese Ausdrücke und die damit verbundenen Bilder weisen darauf hin, daß von außen her etwas geschieht, uns der Blick freigegeben wird auf etwas Neues hin, daß eine Sicht, die uns verstellt war, nicht mehr verstellt ist. Es geschieht – wir machen es nicht. Aber damit es geschieht, brauchen wir eine Zauberformel – die hier einfacher nicht sein könnte: »Sesam, öffne dich! Sesam, öffne dein Tor!«

Und dennoch: Ganz so einfach ist es auch wieder nicht; dieser Fels, diese Höhle müssen sich in irgendeiner Form bemerkbar machen, sie müssen uns eigentlich auch suchen, zumindest muß man zur richtigen Zeit mit der richtigen Einstellung am richtigen Ort sein – und auch etwas dazu tun.

Dieses Märchen zeigt uns, welche Probleme mit einer solchen Schatzhöhle verbunden sein können, wieviel aber auch vollbracht werden muß, damit diese Schatzhöhle ihre Schätze auch freigibt.

Die Geschichte von Ali Baba und den vierzig Räubern

In dem Land Churaran in Persien lebten einst zwei Brüder. Der ältere, Kasim, war reich und geizig, der jüngere, Ali Baba, hatte ein armes Mädchen zum Weib genommen, und da er zudem nicht zu wirtschaften verstand, war aus dem wenigen, was er besessen hatte, noch weniger geworden, und sein ganzes Hab und Gut bestand schließlich nur noch aus einem Dach über dem Kopf, einem Esel und einer schwarzen Sklavin namens Mardschana, einem jungen Mädchen von angenehmem Aussehen und klugem Verstand.

Was sollte Ali Baba tun? Nach langem Überlegen beschloß er endlich, auch Mardschana zu verkaufen. Die aber bat ihn: »Verkaufe mich nicht, Herr. Das bißchen Geld, das du für mich bekommst, wird dir bald durch die Finger geronnen sein, und dann bist du noch schlimmer dran als jetzt. Du solltest lieber mit dem Esel ins Gebirge gehen, um dort Brennholz zu hacken und es dann auf dem Markt zu verkaufen.«

Diese Idee gefiel Ali Baba. Gleich am nächsten Morgen nahm er seine Axt und stieg mit dem Esel ins nahe Gebirge hinauf. Dort arbeitete er den ganzen Tag, lud das Holz auf den Esel, und der trug es dann in die Stadt auf den Basar, so daß am Abend ein paar Geldstücke in Ali Babas Beutel klimperten.

So verdiente sich denn Ali Baba von jenem Tag an solcherart den nötigsten Lebensunterhalt und hatte keine Sorgen mehr. Eines Tages, als er wieder beim Holzhacken war, stieg plötzlich in der Ferne eine Staubwolke auf, die sich schnell näherte und bald schon als eine Schar Reiter auszumachen war, wild und gefährlich aussehende Burschen, mit Säbeln und Dolchen, daß einem angst und bange werden konnte. Ali Baba trieb schnell seinen Esel ins Gebüsch und kletterte auf den nächsten Baum, dessen dichte Krone ihn vor den Blicken der wilden Kerle – es waren an die vierzig – versteckte.

Und gerade unter diesem Baum machten die Reiter halt, sprangen von den Pferden, warfen sich die Satteltaschen über die Schultern und lenkten ihre Schritte zu einer nahen Felswand, die von dichtem Gestrüpp verdeckt war.

Hier rief dann der eine von ihnen, der Kleidung und Gebaren nach ihr Anführer sein mußte: »Sesam, öffne dich!« Im selben Augenblick tat sich in dem Felsen ein Tor auf, ließ die Reiter ein und schloß sich wieder hinter ihnen.

Nach einer Weile traten die Männer wieder aus dem Felsen heraus, und Ali Baba hatte Gelegenheit, sie genauer zu betrachten: Aus ihrem verwilderten Aussehen, den bärtigen Gesichtern und den finsteren, nichts Gutes verheißenden Blicken schloß er, daß es sich um die schlimme Räuberbande handeln konnte, die schon geraume Zeit in der Gegend ihr Unwesen trieb. Hier also hatten sie ihre Höhle, wo sie ihre Beute versteckten!

Die Räuber befestigten die nun leeren Satteltaschen an den Sätteln, saßen auf und waren ebenso plötzlich wieder verschwunden, wie sie gekommen waren. Ali Baba atmete erleichtert auf. Aber statt sich nun schnell aus dem Staub zu machen, wollte er sich doch erst überzeugen, ob sich der Felsen auch auf sein Geheiß öffnen würde.

»Sesam, öffne dich!« rief er, wie er es von dem Räuberhauptmann gehört hatte. Und siehe da, das Tor tat sich lautlos auf, und er schritt hinein. In der Höhle gingen ihm schier die Augen über ob all der Schätze, die die Räuber hier angehäuft hatten: ganze Berge von Goldstücken, Edelsteine, groß wie eine Faust, Stoffe aus Indien und China, Perlen wie Sand am Meer ... Ali Baba schritt die ganze Höhle ab und staunte immer mehr. Ach, von solchen Schätzen hatte er ja nicht einmal zu träumen gewagt! Doch die Angst vor den Räubern ernüchterte ihn bald wieder, konnten sie doch jeden Augenblick zurückkommen; und wenn sie ihn hier fanden, so war es um ihn geschehen.

Schnell nahm er so viel Beutel mit Goldstücken, wie er nur tragen konnte, und gebot dem Felsen: »Sesam, öffne dich!« Draußen lud er die Geldbeutel auf den Esel und packte noch eine Schicht Brennholz darüber, damit niemand seine kostbare Last entdecken konnte. Dann eilte er nach Hause, wobei er hoffte, daß die Räuber gewiß nichts bemerken und ihn nicht verfolgen würden.

Zu Hause verriegelte er die Tür, um sicher zu

sein, daß nicht zufällig jemand hereinkam, und
schüttete dann vor den staunenden Augen seiner
Frau die Geldbeutel auf den Fußboden aus, daß es
nur so klimperte. Die Frau war außer sich vor
Freude, aber auch vor Angst. Erst als ihr Ali Baba
versicherte, den Räubern einen so geringen Teil
ihrer Beute genommen zu haben, daß sie bestimmt
nichts merken würden, beruhigte sie sich und
machte sich daran, die Dinare zu zählen.

»Auf diese Weise bist du bis heute abend noch
nicht fertig«, meinte Ali Baba. »Und wir müssen
das Geld doch noch verstecken. Das beste wird sein,
wir vergraben es im Garten.« Weil die Frau aber
unbedingt wissen wollte, wie reich sie eigentlich
seien, lief sie schnell zur Frau des reichen Kasim,
um sich von ihr ein Scheffelmaß zu borgen. »Was
für Korn die armen Hungerleider wohl messen
wollen?« dachte Kasims Frau bei sich, als die
Schwägerin ihr Anliegen vorbrachte. Und vor lauter Neugier tropfte sie heimlich etwas Wachs auf
den Boden des Maßes, ehe sie es ihr gab.

Während Ali Baba im Garten eine Grube aushob, maß die Frau volle zehn Scheffel Golddinare;
dann vergruben sie das Geld gemeinsam im
Garten.

Noch am gleichen Tag bekam Kasims Frau ihr
Maß zurück. Sie drehte es um, und siehe da, in dem
Wachs war ein Goldstück klebengeblieben.

»So ist das also!« rief sie und rannte sofort zu
ihrem Mann. »Dein Bruder tut, als sei er wunder
wie arm, und in Wirklichkeit mißt er das Gold mit
einem Scheffelmaß!«

Kasim, der schon von jeher von Geiz, Habgier und Neid besessen war, konnte in dieser Nacht kein Auge zutun und wälzte sich unruhig hin und her. Und er wußte, daß er nicht eher wieder Schlaf finden würde, bis er nicht herausgebracht hatte, wo sein Bruder das Geld herhatte.

Gleich nach dem Morgengebet klopfte er deshalb an Ali Babas Tür. Ali Baba empfing den älteren Bruder freundlich und mit der gebührenden Achtung, der aber legte gleich los und schimpfte ihn einen Heuchler und Lügner, der seine Armut nur vortäusche. »Ich weiß, daß du das Gold mit einem Scheffelmaß messen mußt, wenn du wissen willst, wieviel du überhaupt besitzt. Hier ist der Beweis!« Und er fuchtelte ihm mit dem Dinar, den seine Frau aus dem Wachs im Maß geklaubt hatte, vorm Gesicht herum. »Entweder du sagst auf der Stelle, wo du das Geld herhast, oder ich zeige dich beim Richter an!«

»Ich will dir gern alles erklären, Bruder«, sagte Ali Baba, der keinen anderen Ausweg wußte. Und er berichtete wahrheitsgemäß, was er am Vortage erlebt hatte. Ja, auf Kasims Drängen beschrieb er ihm sogar genau den Weg zu der Räuberhöhle. »Aber ich rate dir nicht, das Schicksal herauszufordern und dort hinzugehen«, warnte er. »Lieber will ich alles mit dir teilen, als daß ich dich in Gefahr weiß, den grausamen Räubern in die Hände zu fallen.« Doch Kasim lachte ihn lauthals aus: »Ja glaubst du denn im Ernst, daß ich mir die Gelegenheit entgehen lasse, hundertmal reicher zu werden, du Dummkopf?«

117

Mit diesen Worten lief er davon und hatte nichts Eiligeres zu tun, als in der Stadt alle Esel und Maultiere zu kaufen, deren er habhaft werden konnte, so daß die Leute schon meinten, er wolle die Eseltreiber um ihr Gewerbe bringen. Auch in dieser Nacht konnte er vor Aufregung keine Minute schlafen. Gleich im Morgengrauen zog er mit seiner ganzen Karawane ins Gebirge und hatte bald den Felsen gefunden, den Ali Baba ihm beschrieben hatte.

»Sesam, öffne dich!« rief er, und das Tor tat sich wirklich auf und ließ ihn ein. Als er sich in der Höhle umschaute und sah, wieviel hier herumlag, war er froh, so viele Esel gekauft zu haben, denn nicht einmal die würden alles auf einmal wegschaffen können. Doch was zuerst nehmen? Wie besessen legte er Säcke voll Gold und Edelsteine am Eingang bereit, schleppte ganze Truhen herbei, Lampen, kostbare Stoffe. In seiner Gier und Besessenheit vergaß er die ganze Welt um sich, raffte und raffte. Endlich meinte er, daß es für heute genug sei und an der Zeit, alles hinauszuschaffen und auf die Tiere zu laden.

Doch o weh, wie er die ganze Zeit nur an den Reichtum gedacht hatte, war ihm der Name des Felsens entfallen. Er wußte nur noch, daß es irgendein Korn war, und probierte alle durch, die ihm einfielen: »Hafer, öffne dich!« Dann: »Gerste, öffne dich! Weizen, öffne dich!«

Er nannte eine Kornfrucht nach der anderen, nur auf die eine kam er nicht – Sesam.

Der Felsen blieb geschlossen, und Kasim

begann verzweifelt um Hilfe zu schreien. Zu spät bereute er, nicht auf den Bruder gehört zu haben.

Noch größer wurde sein Entsetzen, als er von draußen Hufschläge hörte. Die Räuber waren zurückgekommen. Sie entdeckten vor der Höhle die Maultiere und errieten natürlich sofort, was los war.

»Sesam, öffne dich!« befahl der Räuberhauptmann grimmig. Der Felsen tat sich auf, und Kasim stürzte aus der Öffnung heraus, um sein Heil in der Flucht zu suchen. Aber er kam keine zwei Schritte weit, da streckten ihn die Räuber mit ihren Messern nieder und zerrten dann den Leichnam ins Innere der Höhle, direkt neben den Eingang, als Abschreckung für jeden, der den Versuch wagen sollte, es ihm nachzutun.

Dann trieben sie die Maultiere auseinander, trugen die Schätze an ihren Ort zurück und fügten ihnen die neue Beute zu. Bald darauf zeugte nur noch eine sich entfernende Staubwolke davon, daß die Räuber hiergewesen waren, und als diese sich gelegt hatte, war die Gegend so menschenleer und verlassen wie zuvor.

Zwei Tage wartete Ali Baba auf die Rückkehr seines Bruders, und je länger er wartete, um so größer wurde seine Befürchtung, die Räuber könnten Kasim bei der Höhle überrascht haben. Als der Vermißte auch am dritten Tag nicht heimkehrte, wurde seine böse Ahnung fast zur Gewißheit, und schließlich hielt es ihn nicht länger, und er machte sich auf zu der Räuberhöhle. Er schlich sich vorsichtig an, jedes Knacken eines Zweiges vermei-

dend, aber die Stille ringsum gab ihm schließlich
Sicherheit.

»Sesam, öffne dich!« rief er die Zauberformel.
Ach, welch Grauen! Direkt am Eingang der Höhle
lag der blutige Leichnam des Bruders als Beweis
dafür, daß die Räuber nicht mit sich spaßen ließen.

Ali Baba packte den toten Kasim auf seinen
Esel, um ihn wenigstens in Ehren zu begraben, und
zog auf Umwegen nach Hause, denn er wollte
niemandem begegnen.

Auch zu Hause verließ ihn die Angst nicht, die
Räuber könnten, sobald sie das Verschwinden des
Leichnams bemerkten, seine Spur verfolgen und
sich grausam rächen.

In seiner Not vertraute er sich seiner klugen
Sklavin Mardschana an. »Das ist wirklich eine
schlimme Sache, Herr!« sagte das Mädchen. »Du
darfst niemandem auch nur ein Sterbenswörtchen
verraten. Am besten läßt du verlauten, Kasim sei
an einer bösen Krankheit gestorben. Und um sicher
zu sein, machst du deine Schwägerin zu deiner
zweiten Frau, und wir ziehen alle in das Haus deines Bruders.«

Ali Baba befolgte Mardschanas Rat aufs Wort.
Er ließ sich in der Stadt nieder, übernahm das
Geschäft seines Bruders und war mit einem Schlag
ein wohlhabender Mann.

Doch auch die Räuber waren nicht untätig
geblieben. Daß der Leichnam verschwunden war,
bewies, daß es noch jemanden gab, der nicht nur
ihr Versteck, sondern auch die Öffnungsformel
kannte. Da zerstreuten sie sich über die ganze

Gegend, um dem ungerufenen Eindringling auf die
Spur zu kommen. Der tapferste von ihnen aber
übernahm die schwierigste Aufgabe: in der Stadt
nachzuforschen, die ja der Höhle am nächsten lag.
Der Hauptmann riet ihm, sich als Kaufmann zu
verkleiden, um in der Stadt kein Aufsehen zu erregen, wenn er geschickt die Leute ausfragen wollte.
Dieser Räuber galt als besonders listig, und er
brachte auch wirklich bald in Erfahrung, wer in
letzter Zeit gestorben war und wer es unerwartet
zu Reichtum gebracht hatte. Mehr brauchte er
nicht zu wissen.

Als er vor Ali Babas Haus stand, um es sich
genau einzuprägen, bemerkte er, daß alle Häuser
in dieser Stadt einander glichen wie ein Ei dem
anderen. Deshalb malte er, um es in der Nacht wiederzufinden, heimlich mit Kreide ein Kreuz an die
Tür und eilte dann zu seinem Hauptmann zurück,
diesem zu berichten, wie geschickt er alles eingefädelt hatte.

Mardschana aber war noch gewitzter als der
Räuber. Zwar verdächtigte sie, als sie das Kreuz
bemerkte, die Gassenjungen; aber sicherheitshalber
nahm sie doch lieber ein Stück Kreide und malte
an alle Häuser in der Straße ein gleiches Kreuz.

In der Dämmerung zogen die Räuber los, Ali
Babas Haus zu überfallen. Ihre scharfen Säbel und
Messer versteckten sie unter Kaufmannskleidern
und begaben sich derart verkleidet in die Stadt.
Das Haus aber konnten sie nicht finden, denn alle
Häuser in der Straße trugen das gleiche Kreide-
kreuz, und so mußten sie unverrichteterdinge wie-

der abziehen. In der Räuberhöhle saßen sie dann zu Gericht über den Kundschafter, der sich derart hatte überlisten lassen.

»Er soll nach unserem Brauch gerichtet werden«, sagte der Räuberhauptmann, und die übrigen Räuber stimmten ihm zu. Auch der Betroffene selbst, denn er wußte, daß er mit solcher Schande nicht länger unter den Räubern leben konnte. Er trat tapfer vor den Räuberhauptmann, und dieser schlug ihm mit einem einzigen Streich den Kopf ab. Denn seit eh und je war es bei den Räubern ungeschriebenes Gesetz, daß wer versagte, sein Leben verwirkt hatte.

Dann meldete sich Ahmed, der Stärkste der Bande, zu Wort: »Tapfere Männer! Nur ich bin geschaffen, einen solchen Auftrag auszuführen. Und wenn ich euch nicht an die richtige Stelle führe, so möge mich das gleiche Schicksal ereilen wie unseren Gefährten!« – »So ist es, Ahmed! Wenn es dir gelingt, so soll alle Beute aus dem Haus dir zufallen. Wenn nicht, verlierst du den Kopf!« antwortete der Räuberhauptmann mit ernster Miene.

Doch auch Ahmed erging es nicht besser als seinem Vorgänger. Er fand zwar das richtige Haus, schnitt sich in den Finger und machte mit einem Tropfen Blut an einer unauffälligen Stelle neben der Tür ein Zeichen, aber auch dieses entdeckte Mardschana am anderen Tage, als sie vom Markt zurückkkam, wo sie gerade erst getötete Fische gekauft hatte. Dieses zweite Zeichen bewies ihr, daß es sich um keinen Zufall handeln konnte, und so versah sie alle Häuser in der Straße mit dem gleichen Zeichen. Nur daß sie sich dazu nicht in den Finger schnitt, sondern einfach Fischblut nahm.

Die Räuber kamen wieder vergeblich in die Stadt; Ahmed wurde einen Kopf kürzer, und der Räuberhauptmann schäumte vor Wut. »Morgen gehe ich selbst in die Stadt, und mich wird niemand an der Nase herumführen! Ihr aber beschafft inzwischen zwanzig Maultiere und vierzig große Ölschläuche, von denen ihr aber nur zwei mit Öl füllen dürft. Und wehe, ihr macht etwas verkehrt, ihr Dummköpfe!« fügte er noch drohend hinzu.

Die Räuber schlichen wie geprügelte Hunde auf ihr Lager und schliefen unruhig bis zum Morgen.

Dem Räuberhauptmann fiel es gar nicht erst ein, irgendein Zeichen zu machen. Als er vor Ali Babas Haus stand, zählte er einfach, das wievielte Haus in der Straße es war, und noch vor Einbruch der Dunkelheit war er wieder bei seinen Gesellen.

Die hatten inzwischen alles ausgeführt, was er ihnen aufgetragen hatte. Neunzehn Maultiere standen mit leeren Ölschläuchen bereit, und nur das zwanzigste Tier trug zwei volle Schläuche.

»Nun hört mir gut zu!« gebot der Hauptmann mit leiser Stimme. »Vor dem Stadttor kriecht jeder von euch in einen Schlauch und rührt sich nicht eher, als bis ich das Zeichen gebe!«

Es wurde Nacht. Im blassen Schein des Mondes zog der als Kaufmann verkleidete Räuberhauptmann mit der Maultierkarawane durch die Straße, in der Ali Baba wohnte. Er zählte die Häuser und klopfte an das richtige Tor.

»Wer verlangt so spät noch Einlaß?« fragte eine

Männerstimme von drinnen, und der Räuberhauptmann antwortete: »Ich bin ein fremder Kaufmann und komme von weither. Ich bin eben in eurer Stadt angekommen, und da alle Basare und Chans bereits geschlossen sind, möchte ich dich bitten, wenn es dir möglich ist, mich und meine Maultiere für diese Nacht bei dir aufzunehmen.«

Ali Baba öffnete und sah vor der Tür einen fremden Kaufmann mit müden Tieren stehen.

»Sei mir gegrüßt, Bruder, und fühle dich bei mir wie zu Hause«, sagte er und geleitete den Gast in die inneren Gemächer, nachdem er einem Diener aufgetragen hatte, sich um die Tiere zu kümmern.

Was konnte sich der Hauptmann mehr wünschen? Dem arglosen Ali Baba wäre nicht im Traum eingefallen, in ihm den blutrünstigen Feind zu vermuten, um so mehr, als der Gast ihm verschiedene Waren anbot, die er angeblich in der Stadt hatte verkaufen wollen.

Sie speisten, tranken und unterhielten sich, bis die Sklavin zu später Stunde die herabgebrannten Lampen mit Öl auffüllen wollte und im ganzen Haus keinen Tropfen mehr fand. Da fiel ihr ein, daß der fremde Kaufmann ja gerade ihrem Herrn Öl zum Kauf angeboten hatte und ihnen gewiß mit Freuden ein paar Liter ablassen würde. Sie nahm einen Krug und eilte damit auf den Hof hinab, wo die Schläuche, die der Diener den Maultieren abgenommen hatte, an einer Mauer lehnten... Gerade wollte das Mädchen den ersten Schlauch aufbinden, da klang es hohl von drinnen: »Ist es schon an der Zeit, Hauptmann?«

Jede andere Sklavin wäre vor Schreck in Ohnmacht gefallen, nicht aber Mardschana, die sogleich erriet, was für ein Vogel da in dem prallen Schlauch steckte. Geistesgegenwärtig flüsterte sie mit verstellter Stimme: »Noch nicht, warte noch ein Weilchen!«

Dann ging sie von Schlauch zu Schlauch. Überall wiederholte sich das gleiche Spiel, und als sie an das Ende der Reihe kam, hatte sie achtunddreißig Räuber gezählt.

Erst in den letzten beiden Schläuchen fand sie tatsächlich Öl, und das gab ihr einen rettenden Einfall ein: Sie trug aus der Küche einen großen Kessel herbei, ließ das Öl aus den Schläuchen hinein und machte Feuer unter dem Kessel. Nun schürte sie das Feuer so lange, bis das Öl zu kochen begann, und goß dann das siedende Öl in die Schläuche, den Räubern direkt auf den Kopf, so daß die Banditen, die so lange die ganze Umgebung in Angst und Schrecken versetzt hatten, jämmerlich umkamen.

Nachdem sie derart die Räuber unschädlich gemacht hatte, ging sie, als sei nichts geschehen, wieder ins Haus zurück, füllte die Lampen auf, legte ein Tanzkleid an und trat, begleitet von dem Diener Abdallah, der eine Trommel in der Hand hielt, wieder in den Saal.

Ali Baba bewunderte ihren Einfallsreichtum und sagte zu seinem Gast: »Diese Sklavin ist wirklich eine Perle, Herr. Sie ist nicht nur eine vorzügliche Dienerin, sondern auch die anmutigste Tänzerin, die ich je gesehen habe. Und zudem ist sie

außerordentlich klug; denn eine andere wäre wohl
kaum von allein auf den lobenswerten Gedanken
gekommen, unser Wohlbehagen noch zu vergrößern
durch den Anblick ihres Tanzes.«

Der Hauptmann nickte nur, geschickt seine Wut
und Ungeduld verbergend. Er sehnte den Augenblick der Rache herbei – und nun mußte er noch
länger warten!

Abdallah rührte die Trommel, und Mardschana
wiegte sich im Tanz. Sie bewegte sich so leicht und
anmutig, als ob ihre Füße kaum den Boden berühr-
ten, und ihr jugendliches Antlitz strahlte dabei wie
eine eben erblühte Blume im Frühjahr.

Der Tanz war beendet. Das Mädchen nahm
Abdallah die Trommel aus der Hand und verneigte
sich vor Ali Baba, eine Belohnung von ihm erheischend. Sie erhielt einen Dinar und trat nun vor
den falschen Kaufmann mit dem gleichen Begehren. Auch der Räuberhauptmann wollte einen
Dinar aus seinem Brusttuch ziehen und enthüllte
dabei ungewollt den Dolch, den er dort griffbereit
aufbewahrte.

Da riß Mardschana den Dolch an sich und
stieß ihn dem Bösewicht direkt ins Herz, so daß
der auf der Stelle seine schwarze Seele aushauchte.

»Du Unglückselige! Was hast du getan!« rief
Ali Baba entrüstet. »Du wirst der gerechten Strafe
nicht entgehen!« – »Beruhige dich, mein Herr«,
erwiderte die Sklavin ruhig. »Dieser Mann war
kein fremder Kaufmann, sondern der Anführer der
schlimmen Räuberbande, die dir ans Leben wollte.
Komm mit und überzeuge dich selbst!«

Und sie führte ihn auf den Hof zu den Schläuchen, in denen zu Ali Babas Entsetzen kein Öl war, sondern achtunddreißig tote Räuber. Und dann erzählte sie ihm auch, wie sie die Zeichen gefunden und die Räuber zweimal getäuscht hatte.

Ali Baba konnte die Klugheit seiner Sklavin nicht genug loben, und zum Zeichen seiner Dankbarkeit entließ er Mardschana aus der Sklaverei und vermählte sie mit seinem Sohn, hatte er doch schon lange bemerkt, das sich die beiden jungen Leute nicht gleichgültig waren. Und eine klügere und treuere Schwiegertochter konnte er ja auch kaum bekommen.

Eines allerdings wußte auch Mardschana nicht zu sagen: wo die beiden fehlenden Räuber geblieben waren. Ali Baba hatte damals vor der Höhle ohne den Räuberhauptmann vierzig gezählt, und in den Schläuchen waren nur achtunddreißig gewesen. Sie konnte ja nicht wissen, daß der Hauptmann diese beiden eigenhändig vom Leben in den Tod befördert hatte.

Ein ganzes Jahr lang wagte sich deshalb Ali Baba nicht in die Höhle, und erst als er sich überzeugt hatte, daß die ganze Zeit über kein Mensch dort aufgetaucht war, fand er seine Ruhe wieder.

Bis zum Ende seiner Tage lebte er dann in Zufriedenheit und Wohlstand, aus der Räuberhöhle immer nur so viel holend, wie sie brauchten. Und zeit seines Lebens war Mardschana die einzige, die von dem Geheimnis wußte, denn Ali Baba hatte nur zu gut erkannt, was Neid und Habgier anrichten können.[1]

Geschichten gegen den Tod

Die Rahmenerzählung

Ali Baba und die vierzig Räuber« ist das Märchen, das Scheherezade dem Sultan Scheherban in der 270. Nacht erzählte. Mit den Märchen, die sie erzählte, brachte sie den Sultan davon ab, sie zu töten, denn der Sultan hatte sich zuvor jede Nacht mit einer Frau vergnügt, diese dann aber am Morgen getötet.

Dieses brutale Verhalten, das an Ritter Blaubart erinnert, hat natürlich eine Vorgeschichte: Diese Vorgeschichte, die die Rahmenerzählung zu den Märchen von Tausendundeiner Nacht bildet, ist sehr wichtig, weil wir »Ali Baba und die vierzig Räuber« auch im Zusammenhang mit der Problematik sehen müssen, die in der Rahmenerzählung genannt ist:

Im Namen Gottes, des Gütigen und Gnädigen, Friede sei mit unserm Herrn Mohammed, dem höchsten Gesandten Gottes, und über seiner Familie und seinen Freunden; Friede sei mit ihnen bis zum Jüngsten Tage! Die Geschicke der Früheren seien eine Lehre den Kommenden, damit sie daraus lernen und in der Vergangenheit fleißig lesen mögen. In diesen Erzählungen, die »Tausendundeinenacht« genannt sind, soll euch Belehrung und Weisung gegeben sein. So nämlich wird von dem

berichtet, was sich ehemals bei den Völkern zuge-
tragen hat:

Vor langer Zeit regierte ein König auf den
Inseln Indiens und Chinas, der war reich und hatte
viele Diener und Truppen. Seine Söhne hießen
Scheherban und Schahseman. Scheherban war der
ältere; Schahseman herrschte über Samarkand in
Persien und regierte zwanzig glückliche Jahre.
Einst nun erfaßte den älteren König innige Sehnsucht nach seinem jüngeren Bruder: Er rief seinen
Wesir und befahl ihm, zu Schahseman zu reisen
und ihn mitzubringen. Der jüngere Bruder
gehorchte alsbald der Aufforderung, ließ Kamele
und Maultiere rüsten und begab sich mit stattli-
chem Gefolge auf den Weg. Seinem Wesir übertrug
er die Regierung, solange er abwesend sei. Da
geschah es, daß er sich erinnerte, etwas in seinem
Schlosse vergessen zu haben; rasch eilte er dorthin
zurück und überraschte seine Frau in verbotener
Liebe zu einem schwarzen Sklaven. Heiße Wut
stieg in ihm empor, er zückte sein Schwert und
erstach beide; darauf reiste er weiter bis vor die
Hauptstadt seines Bruders. Er ließ durch einen
Boten seine Ankunft melden, und Scheherban zog
ihm mit Gepränge entgegen, umarmte und
begrüßte ihn voller Freude. Aber die Erinnerung an
die Untreue seiner Gemahlin nagte an der Seele
des Königs Schahseman, so daß die Farbe seines
Gesichtes verblich und die Kraft seines Körpers
abnahm. Kein Fest vermochte seinen umdüsterten
Sinn zu erheitern. Scheherban meinte, daß die
Sehnsucht nach der Heimat an ihm zehrte, und

fragte ihn eines Tages voll Sorge: »Lieber Bruder,
ich sehe, daß deine Wangen blaß werden und daß
ein heimlicher Kummer in deiner Seele wohnt.«
Jener entgegnete: »Mich quält eine innere Krankheit« und verheimlichte, was bei seiner Abreise
geschehen war. Er ließ seinen Bruder allein zur
Jagd reiten und blieb daheim voll Sorge und Ver-
druß. Es waren aber in dem Schlosse, das Schahseman bewohnte, einige Fenster, durch die er in den
Garten seines Bruders blicken konnte. Da sah er,
wie aus der Türe des Palastes zwanzig Sklaven
und Sklavinnen heraustraten, und in ihrer Mitte
schritt die Frau seines Bruders, die war von wunderbarer Schönheit und herrlichem Wuchs. Sie gingen zu einem Teiche, dort entkleideten sich die
Sklavinnen und setzten sich zu den Sklaven. Die
Königin rief Masud, einen schwarzen Sklaven,
umarmte ihn und koste mit ihm. Und die anderen
Sklaven und Sklavinnen taten desgleichen und verbrachten den Tag mit Küssen und in Liebe. Als
Schahseman das erblickte, sprach er zu sich:
»Wahrlich, meinem Bruder ist Härteres widerfah-
ren als mir.« Sorge und Kümmernis wichen von
ihm, und er aß und trank wieder.

Als der König Scheherban von der Jagd zurück-
kehrte und sah, daß sein Bruder die frühere Kraft
und Farbe wiedererlangt hatte und mit Freuden aß
und trank, sprach er zu ihm: »Lieber Bruder,
gestern noch warst du schwach und bleich, und
heute sehe ich dich in voller Gesundheit; wie ist es
zugegangen?« Da entgegnete ihm jener: »Wisse,
mein Bruder, als ich mit meinem Gefolge zu dir rei-

131

sen wollte und schon meine Hauptstadt verlassen hatte, da fiel mir ein, daß ich in meinem Schlosse etwas vergessen hatte; ich fand meine Frau in vertrautem Umgange bei einem Sklaven und erschlug sie beide voll Zorn. Weil ich immer dieses Vorfalles gedenken mußte, wurde ich blaß und schwach; warum ich aber mein früheres Aussehen wiedergewann, das möchte ich dir verschweigen.« Als jedoch Scheherban in seinen Bruder drang und mit Bitten nicht abließ, erzählte ihm jener, was er im Garten gewahrt hatte. Der Sultan rief voll Zorn und Ingrimm: »Ich will mit meinen eigenen Augen ihre Sünde sehen!« Schahseman gab ihm folgenden Rat: »Sag ihr, du wolltest zur Jagd reiten, und verbirg dich dann bei mir, damit du sie heimlich beobachten kannst.«

So ließ Scheherban bekanntmachen, daß er eine große Reise unternehmen wolle, und zog mit seinen Truppen zur Stadt hinaus. Im Lager sprach er zu seinem Pagen: »Laß niemanden zu mir herein«; dann verkleidete er sich und kehrte heimlich zu seinem Bruder zurück. Dort setzte er sich ans Fenster und blickte erwartungsvoll in den blühenden Garten hinaus. Nach einer Weile öffnete sich das Tor, und seine Frau trat mit den Sklavinnen und Sklaven heraus, und sie taten so, wie ihm Schahseman erzählt hatte, bis das Nachmittagsgebet gerufen wurde. Als Scheherban dieses sah, war er fassungslos vor Schmerz und rief: »Mein Bruder, laß uns gehen; ich mag nichts mehr mit der Regierung zu schaffen haben! Wir wollen wandern, bis wir jemanden finden, dem es ebenso wie uns ergeht;

wenn wir aber niemanden sehen, so möge uns der Tod von unserer Qual erlösen!«

Sie machten sich auf und gingen aus einer versteckten Türe des Palastes hinaus und reisten viele Tage und Nächte. Eines Tages fanden sie eine friedliche Ebene; dort rauschten dichtbelaubte Bäume, und eine süße Quelle rieselte neben dem Meere durchs Gebüsch. Da tranken sie und ruhten. Plötzlich aber erhob sich ein Toben, und das Meer rauschte, und eine schwarze Säule wand sich zum Himmel empor, durchfurchte die Wellen und näherte sich der Ebene. Als die beiden Brüder das sahen, fürchteten sie sich sehr und erstiegen einen hohen Baum.

Es kam aber ein Geist unseres Herrn Salomo (Friede sei mit ihm!), der war sehr lang und hatte einen großen Kopf und eine breite Brust. Auf seinem Haupte trug er einen Kasten aus Glas, der war mit vier Schlössern aus Stahl verschlossen. Der Geist setzte sich unter den Baum, auf den die beiden Brüder geklettert waren, nahm den Kasten vom Kopfe und öffnete die Schlösser mit vier Schlüsseln. Er zog aber ein wunderbares Mädchen heraus mit süßem Munde, schönem Busen und einem Gesichte, das dem Vollmond glich. Der Geist betrachtete sie liebevoll und sagte: »O Geliebte meiner Seele. Du schönste und vollkommenste aller Frauen, die ich entführt habe, ehe ein anderer dich kannte! Laß mich in deinem Schoße schlafen.« Er legte den Kopf auf ihre Knie, streckte sich aus und schnarchte alsbald, daß es klang wie fernes Donnerrollen. Da hob das Mädchen von ungefähr ihr

Haupt empor und erblickte *Scheherban* mit seinem Bruder auf dem Baume. Langsam legte sie den Kopf des Geistes auf die Erde und gab den beiden durch ein Zeichen zu verstehen, sie möchten doch zu ihr herabsteigen. Jene aber antworteten: »Herrin, entschuldige, wenn wir nicht kommen.« Da entgegnete sie: »Wenn ihr nicht herabkommt, so wecke ich den Geist, meinen Gemahl; er soll euch auffressen.« Als sie ihnen abermals freundlich winkte, kletterten die Brüder zu ihr herunter. Dann verlangte sie, daß ihr beide zu Willen sein möchten. Die Brüder aber sagten: »Beim Allmächtigen, verlange das nicht von uns, denn wir fürchten uns vor dem Geist.« Sie sprach: »Wenn ihr mir nicht zur Seite liegt, so schwöre ich, daß ich den Geist aufwecke, damit er euch töte!« Da taten die Brüder, was sie von ihnen forderte. Sie aber zog einen Beutel aus ihrem Gewande hervor und entnahm ihm achtundneunzig Silberringe und sagte: »Wißt ihr, was diese Ringe bedeuten? Sie stammen von achtundneunzig Männern, die mir willfährig waren. Nun gebt mir auch eure Ringe, damit ich weiß, daß es hundert Männer waren, mit denen ich diesen schrecklichen, häßlichen Geist hintergangen habe. Denn er hat mich in diesen Kasten gesetzt und läßt mich im tiefen Meere wohnen, damit ich nur ihm gehöre und tugendhaft bleibe. Dieses Scheusal weiß nicht, daß der Wille der Frauen sich von niemandem bestimmen läßt!«

Als die beiden Brüder dieses hörten, waren sie sehr verwundert und riefen: »Es gibt keinen Schutz, außer bei dem erhabenen Gotte! Deshalb wollen

wir bei ihm gegen die List der Frauen Hilfe suchen,
denn wahrlich, nichts kommt ihr gleich!« Das Mädchen aber sprach zu ihnen: »Gehet eures Weges!«

Als sie nun weiterschritten, sagte Scheherban:
»Sieh, lieber Bruder, dieses Abenteuer ist noch selt-
samer als unseres, denn hier ist ein Geist, der ein
Mädchen in der Hochzeitsnacht raubte und es in
einen gläsernen Kasten eingesperrt hat. Er hat sie
mit vier Schlössern eingeschlossen und in das
tobende Meer versenkt, damit er sie dem Schicksal
entreißen könnte, aber sie hat doch hundertmal
Verrat geübt. Wahrhaftig, es gibt keine treuen
Frauen! Wir wollen getrost in unser Königreich
zurückkehren und den festen Entschluß fassen, nie
mehr zu heiraten.« Also kehrten sie wieder um und
gingen, bis die Nacht hereindämmerte; am dritten
Tage aber trafen sie wieder in ihrer Heimat ein,
traten unter die Zelte, setzten sich auf den königli-
chen Thron, und alle Fürsten und Großen des Landes versammelten sich um sie. Der König befahl
nun, daß man in die Stadt zurückziehen möge; er
aber begab sich in sein Schloß, ließ seinen Wesir
kommen und befahl ihm, seine Gemahlin zu töten.
Und alsbald brachte der Wesir sie um. Darauf ging
der König zu den Sklavinnen und erschlug sie alle
mit seinem Schwerte. Dann ließ er sich andere
kommen und schwor, daß er sich jede Nacht eine
andere erwählen wolle und sie am folgenden Morgen hinrichten lassen würde, denn auf Erden gebe
es kein tugendhaftes Weib mehr. Sein Bruder
Schahseman reiste sogleich ab und kehrte in sein
Königreich zurück.

Sultan Scheherban gebot indessen seinem Wesir, ihm eine Sklavin für die Nacht zuzuführen; dieser brachte ihm eine der Fürstentöchter. Der König tat, wie er verheißen, und befahl dem Wesir, ihr am Morgen den Kopf abzuschlagen. Er gehorchte den Worten seines Herrn und brachte das Mädchen um. Darauf führte er ihm eine andere Tochter der Großen des Landes zu, und auch ihr wurde wieder am Morgen der Kopf vom Rumpfe getrennt. So ging es lange fort, bis es zuletzt keine Mädchen mehr gab; die Mütter und Väter klagten und weinten, verwünschten den König und erflehten vom Himmel Rache und Hilfe.

Nun hatte der oberste Wesir, der auf Geheiß des Sultans die Frauen ermorden mußte, zwei Töchter. Die ältere hieß Scheherezade und die jüngere Dinarsad. Scheherezade kannte viele Bücher und besaß ein erstaunliches Gedächtnis; sie hatte Gedichte auswendig gelernt und wußte Geschichten und Reden der Könige und Weisen. Eines Tages sagte sie zu ihrem Vater: »Lieber Vater, ich will dir ein Geheimnis anvertrauen: Ich verlange, daß du mich mit dem Sultan Scheherban verheiratest, denn ich möchte die Welt von seinen Greueltaten erlösen oder selber sterben, wie die anderen Mädchen.« Als der Vater diese Rede hörte, erschrak er sehr und rief: »Weißt du denn nicht, was der König geschworen hat, du Törin? Wenn ich dich zu ihm bringe, so wird er dich töten lassen!« Scheherezade entgegnete ihm: »Führe mich zu ihm; mag er mich auch ermorden lassen.« Da wurde der Vater zornig und rief: »Warum willst du dich so trotzig

in die Gefahr stürzen? Hast du den Verstand verloren? Wer nicht Klugheit in seinem Handeln wal-
ten läßt, der bringt sich ins Unglück, und wer nicht
das Ende seiner Taten bedenkt, hat auf Erden keinen Freund. Das Sprichwort sagt: Ich saß im Wohlbehagen, da hat mir der Übermut nicht Ruhe
gelassen.« Scheherezade aber antwortete: »Ich
werde meinen Entschluß nicht ändern. Wenn du
mich nicht zum König führst, werde ich allein zu
ihm gehen und Klage gegen dich erheben, weil du
mich einem so großen Manne verweigerst und ein
Mädchen wie mich ihm entziehen willst.«

Der Erzähler berichtet nun, daß der Wesir, nachdem er vergeblich gedroht und gebeten hatte, sich
entschloß und zum Sultan Scheerban ging, die Erde
küßte und zu ihm sagte:

»Mein Gebieter, ich werde dir in der nächsten
Nacht meine Tochter zuführen.« Der Sultan
erstaunte sehr und fragte: »Was bedeutet dies?
Habe ich nicht bei dem geschworen, der den Himmel droben gewölbt hat, daß ich sie morgen
umbringen lassen werde? Und wenn du nicht
gehorsam bist, so werde ich dich selbst ermorden
lassen.« Der Wesir antwortete: »O mein König, ich
habe ihr dies alles selbst gesagt und sie inständig
beschworen, aber sie hat mich nicht hören wollen
und wünscht nur, diese Nacht bei dir zu schlafen.«
Der Sultan sprach: »So gehe denn, bereite ihre
Ankunft vor und führe sie in dieser Nacht zu mir.«
Der Wesir ging in sein Haus zurück, überbrachte

seiner Tochter den Befehl des Herrn und sagte:
»Gott gebe, daß ich keine Sehnsucht nach dir
fühle.« Scheherezade war hocherfreut, machte ihre
Sachen zurecht und sprach zu ihrer jüngeren
Schwester Dinarsad: »Liebe Schwester, höre meinen Rat. Wenn ich bei dem Sultan weile, werde ich
nach dir schicken; wenn du dann kommst und
siehst, daß sich der Sultan nicht mehr mit mir
abgibt, sage zu mir: Liebe Schwester, wenn du
nicht schläfst, so erzähle uns doch einige deiner
schönen Geschichten, damit wir dabei die Nacht
durchwachen. Das allein kann meine und der Welt
Rettung sein, nur so wird der König von seinem
unseligen Beginnen lassen.« Dinarsad versprach
das.

Als die Nacht hereindunkelte, ging Scheherezade zu dem Sultan. Er empfing sie zärtlich und
scherzte mit ihr, sie aber begann zu weinen. Scheherban fragte: »Warum weinst du?« Sie antwortete: »O König der Zeit, zu Hause habe ich eine
Schwester; laß mich von ihr in dieser Nacht noch
Abschied nehmen.« Da befahl der Sultan, daß man
nach Dinarsad schicke. Sie kam und wartete, bis
der Sultan mit ihrer Schwester gekost und ein
wenig geruht hatte, dann stieß sie einen Seufzer
aus und sprach: »Wenn du nicht schläfst, liebe
Schwester, so erzähle uns einige von deinen schönen Geschichten, damit wir dabei die Nacht durchwachen. Wenn der Tag dämmert, will ich dir dann
Lebewohl sagen, denn ich weiß ja nicht, ob ich dich
morgen wiedersehen werde.«

Scheherezade erbat nun vom Sultan die Erlaub-

*nis, und als er sie erteilt hatte, freute sie sich gar
sehr und begann...*[2]

Scheherezade erzählt während tausendundeiner
Nacht Märchen, in dieser Zeit hat sie auch dem Sultan drei Knaben geboren – er weiß offenbar nichts
davon. Nachdem sie die letzte Geschichte erzählt hatte, zeigte sie ihm die drei Knaben und bat ihn um der
Kinder willen um ihr Leben – denn niemand könne so
gut für die Kinder sorgen wie sie.

Der Sultan sprach zu ihr: »O Scheherezade, bei
Allah, ich hatte dich schon freigesprochen, ehe diese
Kinder kamen...«[3]

Der Sultan ehrte auch den Wesir, indem er
sprach: »Allah schütze dich dafür, daß du mir deine
edle Tochter zur Gemahlin gegeben hast, sie, die der
Anlaß war, daß ich mich vom Töten der Töchter des
Volkes abgewandt habe. Ich habe sie als edel und
rein, keusch und tugendhaft erfunden...«[4]

Es ist Scheherezade gelungen, den Sultan zu heilen, ihn von seinem Zwang, Frauen töten zu müssen,
zu befreien. Diese Geschichten hatten heilende Kraft
– Scheherezade ist wohl die erste, die Märchen als
Therapie erfolgreich einsetzte.[5] Scheherezade konnte
dem Sultan ein anderes Frauenbild vermitteln, wohl
aber auch eine andere Lebenshaltung, zudem konnte
sie ihm auch nahebringen, daß er nur durch sie zu
den Knaben kommt, sich fortpflanzen kann. Er hätte
sie aber auch ohne die Kinder leben lassen und sie
geheiratet; das scheint mir wichtig zu sein, deutet es
doch darauf hin, daß er zu ihr als Frau eine neue
Beziehung gewonnen hat.

Der Zwang zu töten

Wir gehen beim Deuten von Märchen davon aus, daß in jedem Märchen ein typisches Lebensproblem ausgedrückt ist. Dieses Lebensproblem kann durch die Wege, die der Märchenheld/die Märchenheldin geht und die auch immer Entwicklungswege sind, überwachsen werden.[6]

In den Märchen aus Tausendundeiner Nacht ist in der Rahmenerzählung eine umfassende Problematik dargestellt, die durch das Erzählen und Anhören der Geschichten überwachsen wird. Die einzelnen Märchen können aber durchaus auch für sich selbst stehen, weisen jedes wieder auf eine andere menschliche Problematik hin, mit der umgegangen werden muß.[7]

Im Zentrum der Rahmenerzählung steht Scheherban, der sich schwört, niemals zu heiraten, nachdem es sich für ihn zwingend herausgestellt hat, daß es keine treuen Frauen gibt. Jede Nacht verbringt er dann mit einer jungen Frau, die er am Morgen töten läßt. Das ist die Rache – er unterliegt geradezu einem Rachezwang. Er meint, sich bloß zu rächen. Der Fortgang des Lebens indessen ist ernsthaft in Frage gestellt, wenn alle Töchter getötet werden. Scheherban gleicht nicht nur Ritter Blaubart, dem das Handwerk gelegt wird, nachdem er einige Frauen getötet hat[8], er gleicht auch den Drachen, die jedes Jahr eine Jungfrau für sich fordern und verschlingen.

Scheherban verbringt zwar jeweils eine Nacht mit den jungen Frauen, aber er läßt sich auf keine Beziehung mehr ein. Er nimmt die Frauen nur, raubt sie.

Bedenkt man, daß die Frauen wohl wissen, daß sie am anderen Morgen getötet werden, kann man sich kaum rauschende Liebesnächte vorstellen, schon eher sado-masochistische Praktiken, Quälerei – die Frauen dürften wohl kaum Lust empfunden haben.

Nun sind Märchen ja auch symbolische Geschichten, das heißt daß Erzählzüge, die sich auf konkretes Leben beziehen, immer zugleich auf etwas Sinnhaftes dahinter verweisen; konkrete Alltagsbeziehungen meinen auch innerseelische Beziehungen mit unseren verschiedenen Persönlichkeitsseiten. Eine solche Deutung nennen wir Deutung auf der Subjektstufe: Menschen, Situationen, die uns in der konkreten Außenwelt begegnen, können auch als innerseelische Persönlichkeitsszüge und Konstellationen gesehen werden. Der Sultan könnte also zu seiner innerseelischen weiblichen Seite nur eine quälerische, flüchtige Kontaktnahme pflegen. Da die Frauen nicht so sind, wie er sie sich vorstellt, müssen sie ausgerottet werden. Besonders ihre List stört ihn. Weibliche Eigenschaften, vor allem faszinierende weibliche Seiten, die ihn seiner Seele näher verbinden würden, dürfen nicht leben, müssen vernichtet werden. Er darf deshalb auch nicht eine nähere Beziehung zu einer konkreten Frau eingehen, er könnte sonst abhängig werden von ihr, und gerade das kann er nicht zulassen. Es würde ihm eine Einbuße an Selbstwert bringen. Deshalb muß er mit seinem Tötungsbefehl ständig zum Ausdruck bringen, daß er Herr über alle Frauen ist, innerseelisch Herr über alles Weibliche. Das Weibliche wird versklavt. Er kontrolliert destruktiv das ganze Leben. Er gibt den Frauen auch keine Chance, sich überhaupt zu zeigen. Ihm bleibt es versagt, »Sesam, öffne dich!« zu sagen und zu erleben, daß Sesam sich wirklich öffnet. Sesam darf sich gar nicht öffnen. So destruktiv wie Scheherban werden Menschen dann, wenn sie sich gekränkt fühlen und enttäuscht worden sind. Der Maßlosigkeit der Enttäuschung muß die Maßlosigkeit der Rache entsprechen.

Wir kennen den Grund: Sowohl Scheherbans Frau als auch die Frau seines Bruders Schahseman haben ihre Männer betrogen, indem sie sich, sobald diese außer Haus waren, mit schwarzen Sklaven verlustierten. Die Frauen sind also sexuell untreu, treiben es aber zudem noch mit Sklaven, mit Männern, die in einer sozial niedrigen Position sind. Ihre schwarze Hautfarbe, symbolisch verstanden, bringt sie mit dunklen Seiten in Beziehung, Seiten, die noch die ganze Faszination und die Gefahr, die die Dunkelheit in sich birgt, verkörpern. Die Frauen lassen sich also mit unterdrückten Anteilen ein – und es scheint dabei recht lebendig herzugehen. Deutet man diese Erzählung auf der Subjektstufe, so hieße das: Kaum hört der Sultan auf, Kontrolle über sein Seelenleben auszuüben, da findet sich seine weibliche Seite bereits in ein sexuelles Abenteuer verwickelt, werden dabei auch Seiten von ihm involviert, die er üblicherweise versklavt hat, die er unterdrückt.

Wenn plötzlich Eigenschaften von uns aufleben, die wir normalerweise gut unter Kontrolle haben, dann kann uns das sehr kränken. Gerade bei der Überwältigung durch eine Liebesleidenschaft kann es durchaus vorkommen, daß Seiten in uns zum Zuge kommen, von denen wir nicht wollen, daß sie offenbar werden, die wir gerne im Dunkel unserer Seele behalten hätten – unser Schatten macht sich bemerkbar. Und doch sind Erlebnisse, bei denen auch der Schatten aktiviert wird, von großer Lebendigkeit. Hinterher aber können wir uns gekränkt fühlen, wir suchen vielleicht sogar einen Schuldigen oder eine Schuldige dafür, daß wir uns so haben gehenlassen, wir versuchen dann auch, den Schuldigen/die Schuldige zu bestrafen.

Die problematische Beziehung zwischen den Geschlechtern – zunächst ganz konkret auf der Objektstufe verstanden – zeigt sich in der Geschichte des Geistes, der eine Frau in einem Glaskasten gefangenhält, den er auf dem Meeresboden abstellt, damit sie ihm nicht untreu wird. Er hat die Frau geraubt, bevor sie einem anderen gehörte, er hält sie gefangen – und doch betrügt sie ihn, um ihm deutlich zu machen, daß er sie nicht besitzen kann, daß diese räuberische Art, mit einer Frau umzugehen, letztlich nur zu List und Betrug führen kann.

In diesem Bild verdichtet sich die Problematik dieser Rahmenerzählung noch einmal: Der Geist der Zeit ist es, die Frau in einem Glaskasten als allenfalls geraubten Besitz mit sich zu führen. Da kann sie angesehen werden, da kann sie auch gezeigt werden, sie kann aber nicht autonom sein, sie kann nicht ihr Leben leben, ist gefangen. Diese Form des Bemächtigens kann aber wiederum nur Macht hervorrufen. Die Frau zwingt denn auch die beiden Sultane, ihr zu Willen zu sein, als der Geist schläft. Was vom Sultan aus wie Treulosigkeit aussieht, kann man auch als List sehen, als Versuch, überhaupt zu überleben.

Der Mann kann sich also einfallen lassen, was er will, letztlich kann er die Macht der Frau doch nicht brechen, ausgedrückt im Satz des gefangenen und vergewaltigten Mädchens: »Dieses Scheusal weiß nicht, daß der Wille der Frauen sich von niemandem bestimmen läßt.«[9]

Mit der Macht der Frauen ist also zu rechnen, und es wäre vorteilhaft, gegenseitige Bemächtigungsversuche, Überlistung, die Verpflichtung zu Treue, die nicht eingehalten wird, einzustellen und wirklich zu einer Beziehung zu kommen.

Zu einer ähnlichen Deutung kommen wir, wenn wir auf der Subjektstufe deuten, wenn wir die Geschichte auf innerseelisches Geschehen beziehen: Mag Scheherban noch so sehr versuchen, seine weibliche Seite unter Verschluß zu halten, mag er seine ganze innere Kraft – den Geist, der auch Dämon genannt wird – dazu einsetzen, das zu tun: Die Frau kommt doch immer wieder los und bringt ihn dazu, ihr zu Willen zu sein.

Sich eines anderen Menschen zu bemächtigen, ihn zu beherrschen, abzuschließen, einzuschließen – das weckt nur wieder Macht, Herrschsucht und List als Mittel, um diese Dominanz außer Kraft zu setzen. Dann reichen die Körperkräfte zu einer Auseinandersetzung nicht, und auch die soziale Position gibt keinen Schutz: List ist immer eine aussichtsreiche Methode, um stärkere Menschen oder Menschen in einer stärkeren Position außer Gefecht zu setzen. Daß diese Frauen alle listig sind, weist darauf hin, daß sie noch kämpfen und daß sie auch klug sind. Um listig sein zu können, muß man fähig sein, vorauszusehen, was ein anderer Mensch zu tun gedenkt, man muß seine Phantasie zur Verfügung haben, auch die Phantasie im Bösen. Man muß also seinen eigenen Schatten, seine dunklen Seiten kennen – und die Frauen der beiden Sultane vergnügten sich ja auch mit schwarzen Sklaven und Sklavinnen –, sie kannten wohl ihre eigene dunkle Seite.

Daß Scheherban und Schahseman in diesem Zusammenhang von der Untreue der Frau sprechen, ist, auf einer vordergründigen Ebene besehen, verständlich, aber eigentlich ist es nicht möglich, treu zu sein, das Vertrauen eines anderen Menschen nicht zu mißbrauchen, wenn gar kein Vertrauen da ist, sondern reines Kontrolldenken, das sich in dem Versuch äußert, einen Menschen in seiner Gewalt zu haben, sich seiner zu bemächtigen. Scheherban und Schahseman verstehen die Zeichen der Zeit nicht: Ihre Frauen werden nicht angehört, sondern getötet, die Krise wird nicht als Möglichkeit gesehen, daß sich in der Beziehung etwas verändern könnte, sondern es wird noch mehr Macht über die Frau ausgeübt – tödliche Macht. Das Verhalten, das schon die Probleme bewirkt hat, wird noch verstärkt; dadurch werden die Probleme aber nicht gelöst.

Solche Verhaltensmuster existieren selbstverständlich auch heute noch, und sie sind, auch wenn es nicht immer physisch Tote dabei gibt, nicht weniger brutal. Ich denke in diesem Zusammenhang an Menschen, deren Partner/Partnerin »untreu« geworden ist. Der/die »Schuldige« kommt überhaupt nicht dazu, zu erklären, was denn eigentlich vorgefallen ist und was diese Situation bedeutet. Er ist für alle Zu-

145

kunft gestempelt als ein Mensch, der »betrogen« hat, der unter Kontrolle gesetzt werden muß, Mißtrauen verdient, immer schuldig ist. Daß unter solchen Umständen die gegenseitige Kontrolle, die gegenseitige Machtausübung immer mehr, Vertrauen und Liebe immer weniger werden, leuchtet ein.

In der Rahmenerzählung wird dieser Zirkel durchbrochen durch das Auftreten der Scheherezade. Sie weiß um das Verhängnis, traut sich aber zu, es zu wenden. Sie durchbricht mit ihrem Mut und ihrem Vertrauen in ihre eigenen Fähigkeiten diesen tödlichen Machtzirkel. Sie stellt keine Bedingungen – das wäre ja schon wieder ein Machtmittel –, sie sagt nicht, wie es vielleicht eine konkrete Menschenfrau täte: »Wenn du dich besserst, dann gehe ich anders mit dir um«; sie geht anders mit ihm um, und dadurch kann er sich verändern. Scheherezade ist aber auch eine besondere Frau. Sie kennt viele Bücher, sie hat ein erstaunliches Gedächtnis und hat Gedichte auswendig gelernt. Sie gilt als gelehrt, weise, und sie ist auch sehr mutig.

Hier setzt nun eine neue Beziehung zwischen Frau und Mann an: Scheherezade erzählt, der König hört zu – Geschichten, aus denen man, wie die Einleitung zur Rahmenerzählung ausgedrückt hat, leben lernen soll, Nahrung für die Seele. Zwar bleibt Scheherezade unter der Todesdrohung, aber sie riskiert, einzubringen, was sie einzubringen hat – und sie hat letztlich Erfolg: nach tausendundeiner Nacht.

Sie hätte indessen nicht erfolgreich sein können, hätte der König nicht zugehört, sich ihr nicht ein wenig geöffnet. Auch von ihm her ist die zuerst nur dominierende Haltung der Frau gegenüber einer anderen Haltung gewichen, möglicherweise im Zusammenhang damit, daß Scheherezade freiwillig gekommen ist. Auch wird in dieser kurzen Passage deutlich, daß Scheherezade und ihr Vater, der Wesir, eine sehr besondere Beziehung zueinander haben, die Tochter kümmert sich um die Sorgen des Vaters, der Vater liebt die Tochter.

Haben Frauen auch vom Sultan aus keine Daseinsberechtigung, an anderer Stelle haben sie sie durchaus; der Wesir, mit der Regierung beauftragt, ist auch ein wichtiger männlicher Repräsentant des Regimes. Diese andere Beziehung betrifft aber die Vater-Tochter-Beziehung, nicht die von Partnern.

Scheherezade gelingt es, dem Sultan ein neues Frauenbild zu vermitteln: die Frau als ein weises, kluges, gelehrtes, hilfreiches Wesen. Es gelingt ihr aber auch, ihn in eine Beziehung zu verwickeln – darin besteht auch ihre List. Sie verkehren sexuell miteinander – und sie kommunizieren über Märchen. Diese Märchen aber bringen den Sultan davon ab, zu töten, destruktiv sein zu müssen.

Welchen Part in dieser Genesungsgeschichte – oder auch in dieser Geschichte der Öffnung zu neuem Leben hin – spielt nun das Märchen »Ali Baba und die vierzig Räuber«?

Ali Baba und die vierzig Räuber

Vom Umgang mit der Armut

In dem Land Churaran in Persien lebten einst zwei
Brüder. Der ältere, Kasim, war reich und geizig, der
jüngere, Ali Baba, hatte ein armes Mädchen zum
Weib genommen, und da er zudem nicht zu wirtschaften verstand, war aus dem wenigen, was er
besessen hatte, noch weniger geworden, und sein
ganzes Hab und Gut bestand schließlich nur noch
aus einem Dach über dem Kopf, einem Esel und
einer schwarzen Sklavin namens Mardschana,
einem jungen Mädchen von angenehmem Aussehen und klugem Verstand.

Was sollte Ali Baba tun? Nach langem Überlegen beschloß er endlich, auch Mardschana zu verkaufen. Die aber bat ihn: »Verkaufe mich nicht,
Herr. Das bißchen Geld, das du für mich
bekommst, wird dir bald durch die Finger geronnen
sein, und dann bist du noch schlimmer dran als
jetzt. Du solltest lieber mit dem Esel ins Gebirge
gehen, um dort Brennholz zu hacken und es dann
auf dem Markt zu verkaufen.«

Diese Idee gefiel Ali Baba. Gleich am nächsten
Morgen nahm er seine Axt und stieg mit dem Esel
ins nahe Gebirge hinauf. Dort arbeitete er den
ganzen Tag, lud das Holz auf den Esel, und der

trug es dann in die Stadt auf den Basar, so daß am Abend ein paar Geldstücke in Ali Babas Beutel klimperten.

So verdiente sich denn Ali Baba von jenem Tag an solcherart den nötigsten Lebensunterhalt und hatte keine Sorgen mehr.

Zwei Brüder treten uns in den Eingangsbildern des Märchens entgegen: der eine reich und geizig, der andere arm, weltfremd und edel. Das Märchen beschäftigt sich vor allem mit Ali Baba, der immer ärmer wird. Es wird im Märchen nun darum gehen, dieser Armut Einhalt zu gebieten, und auch darum, das Ungleichgewicht zwischen den zwei Brüdern in ein Gleichgewicht überzuführen.

Arm nennt das Märchen Menschen dann, wenn sie keine Energie mehr zum Leben haben; jeweils ausgedrückt durch fehlendes Geld oder auch zuweilen durch fehlende Lebensmittel. Wie hier wird oft darauf hingewiesen, daß sie nicht zu wirtschaften verstehen, daß sie mit den Schätzen, die die Natur bereitstellt, nicht umzugehen gelernt haben und ebensowenig sorgsam sind, was das Alltägliche anbetrifft.

Diese konkreten Mangelsituationen stehen zugleich für einen inneren Mangel: Es ist nicht mehr genug Energie da zum Leben, die Mittel zum Leben fehlen, alles wird immer weniger, die Lebenspraxis ist falsch.

Er war ratlos, was er tun sollte, er sah keinen
Weg mehr, seine Nahrung und seinen Lebensunter-
halt zu beschaffen; und doch war er ein Mann von
Wissen und Verstand, in Gelehrsamkeit und feiner
Bildung gewandt.

Sie sagen zu mir wohl: »Du bist in der Welt
durch dein Wissen gleich wie die mondhelle
Nacht.«

Ich sag: »Laßt mich mit euren Reden in Ruh;
Denn Wissen bedeutet doch nichts ohne Macht.
Verpfändet man mich und mein Wissen mit mir.
Dazu jedes Buch und das Tintengerät.
Um Brot eines Tages – das Pfand käm zurück,
Man würfs zum Papier, darauf Abweisung steht.
Der Arme – o sehet des Armen Geschick,
das Leben des Armen, wie trüb ist es doch!
Im Sommer, da fehlt ihm das tägliche Brot,
Im Winter wärmt er sich am Kohlentopf noch.
Die Hunde der Straße stehn auf gegen ihn,
Und jeder Gemeine schreit schimpfend ihn an;
Wenn er seine Lage bei jemand beklagt,
So tut ihn ein jeglich Geschöpf in den Bann.
Kommt nur solch ein Los auf den Armen herab,
So wär es das beste, er läge im Grab!«[10]

Ali Baba wird uns in diesem Originaltext auch als
ein Mann des Wissens vorgestellt, bei dem sich das
Wissen aber nicht auszahlt, weshalb er sich nach Arbeit mit den Händen umsieht, die ja bekanntlich den
Mann ernähren kann.

Möglicherweise weisen die zwei Brüder auf zwei
verschiedene Arten der Lebensbewältigung hin: Ali

Baba, der sich um Wissen bemüht, Kasim um konkreten Reichtum. Auf diese Unterscheidung könnte auch der Name »Ali Baba« hinweisen. Obwohl das Märchen ursprünglich aus Syrien stammt, ist der Name »Ali Baba« türkisch.[11]

In der islamischen Mystik heißt es, daß die esoterische Weisheit von Muhammad, dem Propheten, auf seinen Vetter und Schwiegersohn Ali ibn Abi Talib weitergegeben wurde.[12] Im Bektashi-Orden, einer islamischen Bruderschaft von Mystikern der Türkei im 13. Jahrhundert, war »Baba« der Ausdruck für »geistiger Führer«, besonders von Soldaten. Der »Baba« war mit Predigt und Seelsorge vertraut.[13] Es könnte also durchaus sein, daß Ali Baba ein Mensch ist, der in diese geistig-mystische Tradition hineingehört, und daß er darüber verarmt ist. In diesem Zusammenhang würde das Verarmen darauf hinweisen, daß ihm sowohl das Alltägliche fehlt, aber auch, daß seine geistige Schau nicht mehr »nährend« ist.

Betrachtet man seinen Bruder Kasim als den Mann von Welt, dann wäre der eine nur der Welt, der andere nur dem Geist zugewandt, jeder wäre einseitig, zumindest vom heutigen Standpunkt aus.

Was bleibt Ali Baba noch: ein Dach über dem Kopf, ein Esel – ein bescheidenes Trag- und Reittier –, eine junge schwarze Sklavin von angenehmem Aussehen und klugem Verstand. (In der Originalausgabe gehört Mardschana allerdings seinem Bruder, dort genügt es, daß Ali Baba ein Gedicht verfaßte über sein Elend, anschließend über sich nachdachte und dann selbst auf die Idee mit dem Holzhacken kam.)

Die Kurzfassung folgt hier einem sehr bekannten Märchenzug: Wenn du mich verschonst, dann werde ich dir von großer Hilfe sein... (zum Beispiel im Märchen »Der Goldene Vogel«[14]). Psychologisch steckt dahinter die Aussage, daß man Menschen – und in anderen, vergleichbaren Märchen auch Tiere –, zu denen man bereits in Beziehung getreten ist, nicht verkaufen oder töten, sondern daß man ihre Hilfe annehmen soll. Man könnte, subjektstufig verstanden, diesen Sachverhalt dahingehend deuten, daß man Seiten von sich selbst nicht vorschnell verdrängen und/oder abspalten soll in der Hoffnung, daß das Leben dann vorübergehend einfacher wäre, sondern sich vielmehr fragen, wozu diese Seiten gut sein könnten.

Mardschana, die schwarze Sklavin, wird von Beginn des Märchens an als schön und klug bezeichnet. Im Gegensatz zu den Frauen der Rahmenerzählung ist hier die versklavte Frau treu, schön und zugleich sehr klug – das Frauenbild hat sich schon etwas gewandelt.

Mardschana ist das einzige, das Ali Baba noch besitzt, was er veräußern könnte. Mardschana aber sagt ihm, daß es jetzt Schluß sei mit den vorschnellen Lösungen, das Geld würde ihm eh wieder zwischen den Fingern zerrinnen.

Mit dieser Aussage hat Mardschana eine wichtige Veränderung im Leben von Ali Baba eingeleitet. Sie macht ihm deutlich, daß sie nicht einfach eine Ware ist, sondern ihm nützlich sein kann. Sie gibt ihm zu verstehen, daß sie eigentlich schon keine Sklavin mehr ist, die man einfach verkauft. Sie spricht ihre

Beziehung an. Zudem weist sie ihn darauf hin, daß er künftig nicht mehr einfach die schnellen Lösungen suchen solle, wodurch zwar kurzfristig ein Problem gelöst, längerfristig aber gerade ein noch größeres Problem geschaffen werden könnte: Er solle vielmehr sein Problem wirklich angehen. Wie Ali Baba versuchen auch wir so oft ein Problem so zu lösen, daß wir immer gerade noch Abhilfe schaffen, dabei aber uns und unsere Lebensumstände nicht verändern, so daß das alte Problem immer wieder auftritt.

Ich denke in diesem Zusammenhang an ein Paar, das wenig Gemeinsames mehr hatte und das in beträchtlichen Beziehungsschwierigkeiten steckte. Diese grundsätzlichen Probleme entzündeten sich jeweils an aktuellen Alltagsproblemen. So störte es die Frau, daß ihr Mann verschiedenen Freizeitbeschäftigungen mit großer Regelmäßigkeit nachging und dadurch die Zeit für gemeinsames Leben »aufbrauchte«. Im Zuge der sich jeweils anschließenden Diskussion war der Ehemann, der eine grundsätzliche Auseinandersetzung scheute, jeweils sehr schnell bereit, auf eine seiner Unternehmungen zu verzichten. Er tat es dann auch, fühlte sich dadurch aber deprimiert, lustlos, die »gemeinsame Zeit« wurde eine Tortur. Er überlegte sich, was er denn noch aufgeben könnte, um wieder besserer Stimmung zu werden...

In solchen Situationen, und auch in der Situation von Ali Baba, geht es aber nicht darum, noch mehr loszulassen, um sich kurzfristig über Wasser zu halten, es geht darum, sich umzubesinnen, eine Veränderung herbeizuführen.

Er soll Holz hacken und es verkaufen, Holz, mit

dem dann Feuer gemacht, Wärme erzielt, Nahrung zubereitet werden kann. Es geht beim Holzhacken bestimmt nicht nur darum, daß er eigenhändig etwas für seinen Lebensunterhalt tut, eine anstrengende Arbeit auf sich nimmt, die mit einem Schlag seine Sorgen beendet. So lernt er auch zu wirtschaften. Es geht bestimmt auch darum, daß er in der Natur arbeitet, daß er sich ins Gebirge begibt, in unwegsames Gelände, neue Wege ausprobiert und daß er ein Material herbeischafft, mit dem man Kälte in Wärme, Rohes in Gekochtes verwandeln kann. Damit setzt auch die Wandlung in seinem Leben ein.

In der Kurzfassung gibt ihm Mardschana diesen Rat, in der Originalfassung kommt er selbst darauf, nachdem er in einem Gedicht seine Situation bedacht hat, sich dabei auch klargeworden ist über seine Qualitäten, die sich aber nicht in Nahrung verwandeln lassen, und er zum Schluß ausdrückt, daß er doch recht lebensmüde sei.

Was hier zunächst als Widerspruch erscheinen mag, ist keiner.

Versteht man Mardschana als eine seelische Seite von Ali Baba, dann verkörpert sie eine tatkräftige weibliche Anima, die an den Fortgang des Lebens glaubt, die Ideen hat. Diese Seite könnte geweckt werden durch ein Gespräch mit einer Frau, die diese Wesenszüge in etwa auch hat, sie kann aber auch dadurch geweckt werden, daß sich Ali Baba mit seiner Situation ungeschminkt auseinandersetzt, die verzweiflungsvollen Gefühle ganz zuläßt, wie er es in seinem Gedicht auch tut.

Mardschana ist eine Frau, die einer versklavten

Schicht angehört, aber klug ist. Eindrücklich ist, daß Ali Baba so viel Vertrauen zu ihr hat, sich von ihr überhaupt raten zu lassen. Vielleicht ist er auch schon so sehr verzweifelt, daß ihm jeder Rat recht ist. Es ist aber auch denkbar, daß Mardschana schon öfter gute Ratschläge gegeben und ihre Lebensklugheit unter Beweis gestellt hat. Sie jedenfalls kennt sich mit dem alltäglichen Leben aus, sie kennt auch die Menschen. Seine eigene Frau versteht sich ja auch nicht auf die Wirtschaft, sie kann ihm hier nicht raten, durch die Beziehung zu ihr kommen ihm keine neuen Ideen. Der Rat der Mardschana kann als Rat von einer Frau verstanden werden, die in anderen Lebenszusammenhängen steht und die Auffassung verkörpert, daß Leben erst dann verlorengegeben werden muß, wenn es wirklich verloren ist. Sie verkörpert einen Hoffnungsaspekt, sie glaubt daran, daß Leben gestaltet werden kann, daß Leben auch verändert werden kann, zum Besseren hin.

Die Wirkung jedenfalls ist die, daß das Lebensnotwendige wieder herbeigeschafft werden kann, daß Leben wieder möglich ist, aber auch die, daß Ali Baba nun zwischen dem Gebirge und dem Basar hin- und herpendelt.

Ihr Rat bringt ihn außer Haus, außerhalb der gesicherten Stadt, in ein wildes, wohl auch unerschlossenes Gebirge, psychisch gesehen in eine Lebenssituation, die neu ist, hart und von wilden Gefühlen bestimmt.

Das Gebirge gilt als ein Ort des Unvorhersehbaren, es ist ein Ort, wo die Menschen wohnen, die sich aus verschiedenen Gründen aus den Städten zurückgezogen haben, ein ungeschützter Ort. Hier begegnet man Gefahren und Leuten, die vom Alltagsleben ausgegrenzt sind.

Hört Ali Baba auf den Rat der dienenden Sklavin, dann erweitert er seinen Horizont auch sozial, dann läßt er sich – sieht man es psychologisch – mit Seiten ein, die als »niedrig« eingestuft werden, als unter seinem Niveau – nur die Klugheit Mardschanas stellt sie über eine gewöhnliche Sklavin.

Neues Verhalten bewirkt, daß wir uns neue Lebensräume erschließen können, und diese Lebensräume sind besonders dann meistens ungeschützt, wenn der Impuls, sich zu ihnen aufzumachen, aus den versklavten Seiten unserer Seele kommt. Entwicklung und Risiko bedingen einander. Wenn geordnetes Leben das Gefühl von Armut und Ungenügen schafft, dann müssen wir uns unseren versklavten Seiten zuwenden, unseren Schattenseiten. Dabei wird dann deutlich, welche Bereiche des Lebens bisher ausgegrenzt worden und dafür verantwortlich sind, daß wir in Gewohnheiten ersticken. Aber nicht immer benehmen sich unsere versklavten Seiten so freundlich wie Mardschana hier im Märchen. Sie ist ausgesprochen hilfsbereit.

Der räuberische Schatten

Eines Tages, als er wieder beim Holzhacken war, stieg plötzlich in der Ferne eine Staubwolke auf, die sich schnell näherte und bald schon als eine Schar Reiter auszumachen war, wild und gefährlich aussehende Burschen, mit Säbeln und Dolchen, daß einem angst und bange werden konnte.

Ali Baba trieb schnell seinen Esel ins Gebüsch und kletterte auf den nächsten Baum, dessen dichte Krone ihn vor den Blicken der wilden Kerle – es waren an die vierzig – versteckte.

Und gerade unter diesem Baum machten die Reiter halt, sprangen von den Pferden, warfen sich die Satteltaschen über die Schultern und lenkten ihre Schritte zu einer nahen Felswand, die von dichtem Gestrüpp verdeckt war. Hier rief dann der eine von ihnen, der Kleidung und Gebaren nach ihr Anführer sein mußte: »Sesam, öffne dich!« Im selben Augenblick tat sich in dem Felsen ein Tor auf, ließ die Reiter ein und schloß sich wieder hinter ihnen. Nach einer Weile traten die Männer wieder aus dem Felsen heraus, und Ali Baba hatte Gelegenheit, sie genauer zu betrachten: Aus ihrem verwilderten Aussehen, den bärtigen Gesichtern und den finsteren, nichts Gutes verheißenden Blicken schloß er, daß es sich um die schlimme Räuberbande handeln konnte, die schon geraume Zeit in der Gegend ihr Unwesen trieb. Hier also hatten sie ihre Höhle, wo sie ihre Beute versteckten!

*Die Räuber befestigten die nun leeren Sattel-
taschen an den Sätteln, saßen auf und waren
ebenso plötzlich wieder verschwunden, wie sie
gekommen waren.*

Wenn Menschen intrapsychisch immer ärmer werden,
dann liegt es meistens nicht nur daran, daß sie sich in
einer falschen Einstellung gegenüber dem Leben befinden; irgendwo sind dann fast immer auch räuberische Kräfte zu finden, die wegnehmen, was ihnen
nicht gehört.

Haben wir den Eindruck, daß uns immer weniger
Energien bleiben, um unser Leben zu bestehen, daß
uns immer weniger Freude bleibt an dem, was wir
tun und was uns früher durchaus auszufüllen vermochte, dann ist es Zeit, sich auf die Suche nach den Räubern zu machen, nach räuberischen Seiten in uns, die
existieren und Wirkungen haben, die der Kontrolle
unseres Bewußtseins entzogen sind.

Sie tauchen dann auch auf, die vierzig Räuber!

Hört man den Titel dieses Märchens, dann ist es
jedem deutlich, daß Ali Baba sich in irgendeiner
Form mit vierzig Räubern auseinandersetzen muß.
Das ist wahrlich keine Kleinigkeit, sind diese Räuber
doch einmal schon bedrohlich durch ihre Überzahl,
dann aber auch dadurch, daß sie wild und gefährlich
aussehen.

Sie lösen Angst aus – ein Zeichen dafür, daß sich
Ali Baba von einer großen Gefahr bedroht fühlt, der
er nicht begegnen kann. Ihm bleibt vorerst nur die
Flucht auf den Baum. So geschützt, kann er das Geheimnis der Räuber ausspionieren, er kann sie beob-

achten, ohne daß sie sich beobachtet fühlen, ohne daß sie eine Gegenwehr zu inszenieren sich veranlaßt fühlen.

Hatte das Hacken von Brennholz Ali Baba zunächst der größten Sorgen enthoben, so gibt ihm nun der Baum selbst Schutz. Der Baum zeigt sich hier in seiner bergenden, mütterlichen Funktion. Angesichts der bedrohlichen Situation zieht sich Ali Baba an einen Ort zurück, wo er geschützt ist und Überblick hat. (Er könnte sich auch einfach hinter einem Stein verbergen.)

Was bedeutet das, fassen wir die Geschichte als eine symbolische Geschichte auf? Man stellt sich nicht dem Kampf mit diesen überlegen-räuberischen Seiten. Man flieht, flieht auf einen Baum.

Man fühlt sich bedroht, sieht ein erstes Mal, wodurch man bedroht ist und es wohl schon länger war – jetzt aber hat sich dies zu einem deutlichen Bild verdichtet. Man hat nun nicht mehr unbestimmbare, namenlose Angst, sondern Furcht vor diesen Räubern, wohl auch Furcht, das Leben zu verlieren, werden doch Säbel und Dolche genannt als Attribute, die diese Männer so besonders furchterregend erscheinen lassen.

Die Flucht auf den Baum könnte dann das Bild dafür sein, daß wir uns schleunigst zurückziehen in eine Situation, die uns Schutz gibt – vielleicht zu einem Menschen, der uns unerschütterlich zu sein scheint wie ein Baum, vielleicht auch in die Selbstbesinnung über unser Leben: das Leben nun verstanden wie ein Baum, der bis jetzt gewachsen ist. Wir erinnern uns daran, daß Leben ähnlich wie ein Baum seine Wurzeln hat, daß wir in gewissen Situationen bisher immer geschützt waren – wie vom Dach eines Hauses, so hier durch das Dach, durch die Krone eines Baumes. Vielleicht erinnern wir uns auch daran, daß ein Baum in guten und in schlechten Zeiten zu wachsen vermag.

Diese Vorstellung vom Baum als Symbol auch für das menschliche Wachsen in Sonnenschein und in Stürmen, auch die Idee, daß es immer auch Schützendes gibt, Bergendes in unserem Leben, der Gedanke etwa, daß ein Baum wächst, wie er wächst, könnte ein bergender Gedanke sein für Menschen in einer Situation, in der ihr Ich bedroht ist. Diese Vorstellungen und Gedanken vermitteln, daß das Leben nicht nur von uns selbst abhängt. Und dieser Gedanke vermag uns zu schützen.

Wir können uns schützen, indem wir uns einfach verbergen, nichts mehr sehen, nichts mehr hören wollen. Auch diese Art von Schutz mag notwendig sein, gelegentlich. Eine geschützte Position aber, aus der heraus wir auch noch einen Überblick haben, läßt spätere Auseinandersetzung zu.

Wenn wir uns aus Angst vor etwas zurückziehen, die Situationen vermeiden, die uns angst machen, dann werden wir immer ängstlicher, wir kennen die Situationen auch gar nicht mehr genau, die uns ängstigen. Wir phantasieren sie dann in unserer Angst als sehr gefährlich und bewirken damit, daß die uns ängstigende Situation immer noch ängstigender wird. Indem Ali Baba aber auf einen Baum klettert, sichert er sich zwar, behält aber die Räuber im Auge.

Gerade unter diesem Baum nun machen die Räuber halt: Durch das Bild wird deutlich, daß die Räuber auch zu Ali Baba gehören, zumindest mit zu dem Baum, den er als seinen Baum erwählt hat. Sie kommen nahe, er kann sie daher auch ins Auge fassen.

An die vierzig Räuber sind es. In der Vierzig drückt sich zunächst die Überzahl der Räuber aus. Die Zahl Vierzig ist in der islamischen Mystik oft »identisch mit ›Vielzahl‹ und scheint auf eine unbegrenzte Menge hinzudeuten«[15]. Vierzig gilt aber auch als Zahl der Geduld. Vierzig Tage sind auch bei den Sufis, wie bei Jesus in der Wüste, eine Vorbereitungszeit, eine Zeit der Auseinandersetzung, die dann von einer neuen Lebenssituation abgelöst wird, vom Übernehmen der eigentlichen Lebensaufgabe. Die Wüstenwanderung der Israeliten dauerte vierzig Jahre, dann kamen sie in das gelobte Land. Vierzig gilt als heilige Zahl, das heißt als Zahl, die anzeigt, daß ein inneres Ziel erreicht worden ist. Nach Annemarie Schimmel nehmen bei den europäischen Sufis der Türkei die »Vierzig« unter den Gruppen der Heiligen eine besondere Stellung ein.[16] In der Türkei wurden sogar Ortsnamen mit ihrer Gegenwart verbunden.

Wäre es denkbar, daß hinter den vierzig Räubern ursprünglich vierzig Heilige verborgen sind – und falls sie es wären, was könnte denn geschehen sein, daß aus Heiligen Räuber werden? Auch wenn wir diesen letzten Gedanken zunächst nicht aufnehmen wollen, soll er uns doch begleiten.

Die vierzig Räuber würden zunächst auf eine Vielzahl hinweisen, aber auch darauf, daß diese Gruppe eine in sich abgeschlossene Ganzheit bildet. Für Ali Baba bedeutet das – nun wieder subjektstufig betrachtet –, daß er sich dringend mit seinen räuberischen Anteilen auseinandersetzen muß, aber auch auseinandersetzen kann: Es ist jetzt der gute Zeitpunkt dafür, dies zu erledigen, damit er nachher seine Lebensaufgabe erfüllen kann.

Die Räuber

Räuber stellen die räuberischen Seiten innerhalb einer Gesellschaft, aber auch in uns dar. Diese räuberischen Seiten zeigen wir meistens nicht offen, wir fürchten uns auch vor ihnen, versuchen, sie in Schach zu halten, also nicht offen räuberisch zu handeln. Räuberische Seiten sind für die meisten Menschen solche, die sie nicht mit ihrem Bild von sich selbst vereinbaren können. Wir verleugnen sie also, oder wir projizieren sie auf andere Menschen, sehen bei anderen die räuberischen Seiten wesentlich genauer und besser als bei uns selbst. Unsere räuberischen Seiten liegen meistens »im Schatten«, aber sie wirken auch dann in unser Leben herein, wenn wir versuchen, sie nicht zu sehen. Die räuberischen Seiten sind zupakkende, aggressive, auch destruktive Seiten. In der Figur des Räubers sind Aggression, Gier und List vereint. Räuber überlegen nicht lange, sie versuchen zu bekommen, was sie wollen – und sie wollen sich bereichern. Sie töten, was sich ihnen in den Weg stellt, sie rechnen mit der Dummheit der Menschen, etwa mit deren übermäßigem naiven Vertrauen, und überlisten, wenn man überlisten kann.

Unser räuberischer Schatten ist dann am Werk, wenn wir uns auf Kosten anderer bereichern, bewußt

163

uns aber als Wohltäter hinstellen – oder zumindest nicht zu unseren Bereicherungsabsichten stehen. Dabei muß es nicht immer um materielle Vorteile gehen: Man kann auch Ideen anderer Menschen als die eigenen ausgeben und mit der Zeit vergessen, daß es nicht die eigenen sind. Der Räuberschatten wirkt aber auch dort, wo wir heimlich Menschen durch feine herabmindernde Bemerkungen entwerten. Meistens erklären wir dabei bewußt, daß es uns fernliegt, diesen Menschen etwa nahezutreten, sie zu beurteilen, aber . . .

Auch in der Beziehung zu uns selbst kann der Räuberschatten eine Rolle spielen: Da berauben wir uns selbst um viele unserer Lebensmöglichkeiten, weil andere Lebensmöglichkeiten uns besser erscheinen, um Macht, Ansehen, Geld zu erwerben. Ob sie es auch wirklich sind, ist eine andere Sache. Aber auch dann kann ein Räuberschatten am Werk sein, wenn wir nicht zu geben vermögen, wenn wir ängstlich darauf bedacht sind, alles für uns zu behalten, wenn wir so ganz und gar im Prinzip »Haben« gefangen sind. Der Räuberschatten spielt in vielen Lebensbereichen eine Rolle, auch wenn wir das nicht gerne zugeben.

Zu den Räubern im Märchen haben die meisten Menschen eine doppelte Einstellung: Natürlich werden sie als unmoralische Unholde dargestellt, natürlich ist man immer froh, wenn man am Ende des Märchens weiß, daß die Räuber besiegt worden sind, daß man ihnen das Handwerk gelegt hat. Insgeheim bewundert man sie aber auch. Diese verschworene Gemeinschaft, die durchaus auch wieder ihre Gesetze hat – wie es sich im Verlaufe des Märchens herausstellen wird –, Männer, die es wagen, einfach zuzupacken, zu ihrer Gier stehen, die nehmen, was sie haben wollen, faszinieren auch. Unsere eigenen räuberischen Seiten können in der Identifikation mit den Märchenräubern etwas aufleben, besonders deshalb, weil wir ja wissen, daß sie am Ende besiegt werden, wir also keine Angst haben müssen, daß wir diese räuberischen Seiten nicht wieder loswerden.

Ali Baba begegnet also seinem räuberischen Schatten. Da es so viele Räuber sind, ist anzunehmen, daß dieser räuberische Schatten ein kollektives Problem ist – worauf uns ja schon die Rahmenerzählung hinweist – und daß Ali Baba, wie alle Märchenhelden und -heldinnen, nicht nur sein persönliches Problem löst, sondern daß er, indem er sich dem persönlichen Problem stellt, auch an einem Problem arbeitet, das alle Menschen zu einem gewissen Zeitpunkt betrifft.

Diese Räuber also sind es, die in der Gegend ihr Unwesen treiben, sie sind es, die in der Umgebung von Ali Baba Probleme machen. Jetzt aber hat er sie er-kannt, er weiß jetzt um das Problem, und es ängstigt ihn. Aber er wundert sich auch, daß er das Tor in der Felswand noch nie bemerkt hat, das von dichtem Gestrüpp gedeckt war. Er kennt jetzt auch ein aufregendes Geheimnis – daß sich nämlich hier die Höhle der Räuber befindet, das Versteck für ihre Schätze. Und daß das Tor auf die Formel »Sesam, öffne dich!« sich auch wirklich öffnet.

Ali Baba geschieht, was uns allen geschieht, wenn wir mit Schattenseiten von uns konfrontiert werden:

Wir ängstigen uns, wir spüren aber auch, daß sich etwas Neues auftun könnte. Als die Räuber verschwunden sind, atmet Ali Baba auf, so wie wir auch aufatmen, wenn eine akute Bedrohung vorbei ist.

Der verborgene Reichtum

Ali Baba atmete erleichtert auf. Aber statt sich nun schnell aus dem Staub zu machen, wollte er sich doch erst überzeugen, ob sich der Felsen auch auf sein Geheiß öffnen würde.

»Sesam, öffne dich!« rief er, wie er es von dem Räuberhauptmann gehört hatte. Und siehe da, das Tor tat sich lautlos auf, und er schritt hinein. In der Höhle gingen ihm schier die Augen über ob all der Schätze, die die Räuber hier angehäuft hatten: ganze Berge von Goldstücken, Edelsteine, groß wie eine Faust, Stoffe aus Indien und China, Perlen wie Sand am Meer... Ali Baba schritt die ganze Höhle ab und staunte immer mehr. Ach, von solchen Schätzen hatte er ja nicht einmal zu träumen gewagt!

Ali Baba zeigt nun Mut. Durch die Begegnung mit den vierzig Räubern ist in ihm selbst mutiges Räuberisches erwacht: Er will wissen, ob auch er das Tor öffnen kann – und er kann es.

Damit wir uns diese Schätze, die Ali Baba entdeckt, auch vorstellen können und damit auch wir im Reichtum und der Sinnenfülle dieses Märchens schwelgen können, füge ich hier den Originaltext an:

Wie nun Ali Baba die Tür offen sah, ging er hindurch; aber kaum hatte er die Schwelle überschritten, da schloß sich das Tor hinter ihm...Und als er dann wieder an die Worte »Sesam, öffne dein Tor!« dachte, legten sich Furcht und Schrecken, die über ihn gekommen waren; denn er sagte sich: »Es geht mich nichts an, wenn die Tür sich schließt, da ich ja das Geheimnis kenne, durch das ich sie wieder öffnen kann!« Nun ging er etwas weiter, und da er der Meinung war, die Höhle wäre ein dunkler Raum, so geriet er in größte Verwunderung, als er dort eine aus Marmor erbaute weite, helle Halle schaute, die war mit hohen Säulen geziert und in prächtiger Weise ausgeführt, und in ihr war alles aufgespeichert, was das Herz an Speisen und Getränken wünschen konnte. Von dort aus schritt er in eine zweite Halle weiter, die noch größer und geräumiger war als die erste; in ihr sah er Güter von wundersamer Art, mit den seltensten Kleinodien gepaart, deren Glanz die Augen entzückt und deren Beschreibung keinem Menschen glückt. Dort lag eine Menge Barren von Gold, echt und rein, und anderer Dinge von Silber fein; gemünzte Dinare und Dirhems, unübersehbar; all das in Haufen wie von Kieseln und Sand, bei denen jede Zahl und Berechnung schwand. Nachdem er sich eine Weile in dieser wunderbaren Halle umgeschaut hatte, tat sich vor ihm noch ein anderes Tor auf; er ging hinein und kam in eine dritte Halle, die war noch herrlicher und schöner als die zweite, und die war angefüllt mit den feinsten Gewändern aus allen irdischen Gebieten und Ländern; in ihr

167

fanden sich Stoffe, aus kostbarer feiner Baumwolle
hergestellt, und Kleider aus Seide und den präch-
tigsten Brokaten der Welt; ja es gab keine einzige
Art von Stoffen, die sich nicht in diesem Raume
gefunden hätte: sie stammten von Syriens Auen
und aus Afrikas fernsten Gauen, aus China und
dem Industal, aus Nubien und Hinterindien zumal.
Und weiter schritt er in die Halle der edelen Steine,
das war die größte und wunderbarste von allen; sie
enthielt Perlen und Juwelen, die konnte man weder
erfassen noch zählen, Hyazinthe und Smaragde,
Türkise und Topase; Berge von Perlen lagen dort,
und Achate sah man neben Korallen am selben
Ort. Schließlich ging er in die Halle der Spezereien
und des Weihrauchs und der Wohlgerüche, und das
war die letzte jener Hallen. Dort fanden sich von
diesen Dingen Sorten so zart und von jeder feinsten Art. Der Duft von Aloeholz und Moschus
wallte dort empor; Ambra und Zibet strahlten in
ihrer vollen Schönheit hervor; der Zauber von
Rosenwasser und Nadd (ein Parfüm aus Ambra,
Moschus und Aloeholz) erfüllte die Luft; von
Weihrauch und Safran stieg auf ein köstlicher
Duft; wie Scheite zum Brennen lag Sandelholz dort
umher; aromatische Wurzeln waren wie Reisig
fortgeworfen, als brauchte man sie nicht mehr. Ali
Baba ward durch den Anblick dieser unermeßlichen
Schätze geblendet, seine Sinne schwindelten ihm,
und sein Verstand war ratlos; er stand eine Weile
da, vollkommen überwältigt und hingerissen . . .

Überläßt man sich den Bildern, die sich darbieten, dann vergißt man zunächst, daß man sich in einer Räuberhöhle befindet. Viel eher bekommt man den Eindruck, im Schlaraffenland zu sein, in einem orientalischen Basar, wo die schönsten Dinge der Welt zusammengetragen sind. Alles, was auf der Welt kostbar ist, scheint hier zu lagern, ein Abbild der Schönheit der Welt. Die Gegenstände sprechen die Sinne an: Die Speisen möchte man kosten, Gold und Edelsteine bestaunen, die Stoffe berühren, den Duft der Gewürze einatmen.

Ein wunderbarer Schatz tritt uns entgegen, allerdings von den Räubern verwaltet. Im Originaltext heißt es aber: »Dieser Schatz mußte schon vorhanden gewesen sein, bevor die Räuber darauf gestoßen waren.«[18] Dieser ganze Schatz wäre also irgendwann und irgendwie in die Hände der Räuber gefallen.

War Ali Baba zuvor von Angst gelähmt gewesen, so ist er jetzt »vollkommen überwältigt und hingerissen« von dem Schatz, der sich ihm offenbart. Das Tor hat sich für ihn geöffnet. Eine Welt voller Glanz, Duft, Reichtum und Schönheit tut sich ihm auf, ergreift ihn ganz und gar.

Diese räuberische Seite in ihm erschließt ihm einen überwältigenden Reichtum. Die Gier, die Begierde nach Macht, nach Reichtum, eine ganz egozentrische Regung also, ein aggressives Zugreifen ohne Überlegung, welche Folgen das für andere Menschen haben könnte, schließt ihm einen Schatz auf.

Ali Baba erinnert da an Menschen, die sich im Alltag sehr bescheiden geben, auch wenig »erreichen«, unbewußt aber von einer großen Gier nach

Reichtum, Geltung und Macht getrieben sind. Natürlich würden sie, daraufhin befragt, diese Züge als verachtungswert darstellen. Begegnen sie dann aber einmal ihrem räuberischen Schatten, der ihnen bis dahin wohl selbst am meisten gestohlen hat, werden sie sich bewußt über ihre räuberischen Tendenzen, gehen sogar selbst den Weg der Räuber, dann tun sich ihnen verborgene Schätze von Lebensmöglichkeiten auf. Gestehen sie sich ihren Ehrgeiz, ihre Machtgefühle ein, dann sehen sie plötzlich, welche Potenzen in ihrem Leben liegen könnten; sie können ergriffen werden vom Reichtum, der auch ihnen zugänglich wäre.

Ich erinnere mich in diesem Zusammenhang an eine Frau, die ausgesprochen aggressionsgehemmt wirkte, kaum einen Wunsch äußerte, nicht zuzugreifen wagte, wenn ihr etwas angeboten wurde. Sie hielt alle anderen Menschen für primitiv ehrgeizig, nur sich selbst nicht, sie hielt andere Menschen für gierig und verurteilte das. In ihrer so betonten Unaggressivität wirkte sie aber sehr anspruchlich, fühlte sich doch jeder, der mit dieser so depressiv wirkenden Frau in Kontakt kam, bemüßigt, ihr irgendeinen Wunsch von den Augen abzulesen, die Entscheidungen, die sie selbst nicht fällte, so zu fällen, daß nicht zu viel unausgesprochene – aber in der Körperhaltung leicht zu registrierende – Mißbilligung erfolgte. Sie wirkte anspruchlich, weckte Aggressionen und gab den Menschen um sie herum immer das Gefühl, eher »gewöhnlich« zu sein. Besonders dann, wenn diese räuberischen Seiten so ganz und gar nicht vorhanden zu sein scheinen, können sie durchaus wirksam werden, stellen sie gleichwohl ein Problem dar, mit dem man sich auseinandersetzen muß. Diese Frau träumte dann den folgenden Traum:

»Ich habe ein Seeräuberschiff zur Verfügung. Mit diesem Piratenschiff fahre ich die Côte d'Azur entlang und raube alles, was mir gefällt. Ich fühle mich sehr gut dabei.«

Durch diesen Traum wurde der Frau bewußt, daß sie auch Wünsche und Sehnsüchte hat und sich diese ohne große Anstrengung erfüllen möchte.

Es gibt Menschen, die aus egozentrischen Motiven, etwa um sich Macht und Ansehen zu erwerben, auf Weisheitssuche gehen. Sie üben Meditation, um erfolgreicher zu werden als andere, bedeutender als andere, und nicht etwa, um mit etwas in Kontakt zu kommen, das über sie hinausgeht und in dem sie doch auch gründen. In der Märchensprache ausgedrückt, handeln sie in räuberischer Absicht. Aber irgendwann auf diesen räuberischen Pfaden können sie doch auch ergriffen werden, können von dem, was sie »haben« wollten, ergriffen sein – und dann geht es nicht mehr nur darum, etwas zu haben, zu horten, um damit Macht auszuüben, es geht dann darum, das, was als Vision, als Utopie vor einem steht, ins alltägliche Leben einzubringen. Sonst bliebe man ja ein Räuber.

Die Angst vor dem, was die Räuber furchterregend macht, ernüchtert denn auch Ali Baba; sie holt ihn aus seinem Rausch, in dem er sich offenbar befand, zurück.

Faszination durch Schönheit

Was aber haben die räuberischen Seiten, einmal in ihrer Gefährlichkeit erkannt, dem Ali Baba erschlossen?

Einmal vermitteln sie ihm die Formel »Sesam, öffne dich!«, das Lebensgefühl, daß auch scheinbar verschlossene Türen sich öffnen können. In der Originalfassung heißt es: »Sesam, öffne dein Tor!« Dazu wird eine Erklärung angeführt: »Die Sesam-Pflanze wird bereits in babylonisch-assyrischen Beschwörungsformeln, die zum Lösen eines Zaubers dienen sollen, genannt. Bei den Arabern gelten noch heute die Sesamölpressen als Wohnstätten von Geistern. In der Formel: ›Sesam, öffne dein Tor!‹ ist Sesam (arabisch = sumsum) wohl nur ein magisches oder kabbalistisches Wort. ›Öffne dein Tor!‹ soll heißen: ›Öffne das Tor, für das du wirksam bist.‹«[19]

Nach dieser Erklärung wäre nicht der Sesam wichtig, sondern die Verbindung der Räuber oder zumindest des Räuberhauptmanns mit dem Geist, der fähig ist, dieses Tor zu öffnen. Das würde wiederum auf die große Macht hindeuten, die in diesen Räubern enthalten ist, nicht nur Macht über Menschen, sondern auch Macht über Geister.

Aus Sesam und Honig werden in der griechischen Mythologie auch die sogenannten mülloi[20] hergestellt, Bilder des weiblichen Geschlechtsteils, wobei der Honig als »reinste Mutternahrung« aufgefaßt wird.[21] Diese Assoziation legt die Deutung nahe, daß dieses Tor in dem Fels durchaus etwas mit »Sesam« zu tun haben könnte, daß es also durchaus der Schoß eines weiblichen, mütterlichen Gefäßes sein könnte, das die Höhle natürlich auch ist.

Die Höhle im Berg hat den Charakter eines Gefäßes, kann etwas bergen. Die bergende Höhle als Teil des Berges ist die Naturform der Kulturform Tempel und dann auch des Hauses[22], vergleichbar dem Mutterbauch, der auch die erste Behausung eines Kindes ist. Die Höhle, als im Berg liegend, gehört nach Neumann aber auch zum dunklen Territorium der Erd-Unterwelt. Die Höhle kann nicht nur Schutz geben, große Reichtümer enthalten, sie kann diese auch zurückhalten. Dann gibt sie keine Schätze mehr frei, sondern sie wird zu einem Ort des Todes.

Zusammen mit der Höhle ist der Eingang, das Tor überhaupt, eines der Hauptsymbole der Großen Göttin. Und darauf, meine ich, weist dieses »Sesam, öffne dich!« auch hin. Die Räuber haben Zugang zum Großen Mütterlichen, ihnen kann sich die Fülle des Lebens, das sich im Großen Mütterlichen ausdrückt, erschließen. Sie haben einen Zugang zum Weiblichen, auch wenn sie rauben. Sie horten aber die Schätze bloß, sie können nicht den Geburtsvorgang in die Wege leiten. Das würde wiederum darauf hindeuten, daß die räuberischen Seiten im Dienste des Festhaltens arbeiten, der anderen Seite des Enthaltens, das birgt, um zu geben.

Wenn wir die Bilder einmal nebeneinander betrachten, dann wären die Schätze im Berg mit der gefangenen Frau im Glaskasten zu vergleichen.

Die Schätze zeichnen sich zunächst durch große Schönheit aus. Betrachtet man sie näher, stellt man fest, daß viele von ihnen aus dem weiblichen Lebensbereich stammen – die Speisen, die Stoffe, die Edelsteine, die Wohlgerüche, die Gewürze – und mit der Welt der Sinnenfreude zu tun haben. All diese Schätze, die an Eros, an das Erlebnis von Schönheit erinnern, sind aber in der Höhle gehortet, noch können sie nicht ins reale Leben überführt werden. Das dürfte der Grund sein, weshalb Ali Baba so arm ist und weshalb die Räuber eine so große Bedeutung gewonnen haben: Die weiblichen Werte sind gehortet, die Räuber sind machtvoll, reich, aber die angesammelte Schönheit kann nicht unter die Menschen gebracht werden; die Fülle des Lebens kann unter diesen Bedingungen nicht erlebt werden. Es wird nichts Neues geboren.

Schönheit aber ist dem Sufi Abbild der ewigen Schönheit Gottes und löst Liebe aus, denn Schönheit ohne Kontemplation – und die Kontemplation stammt aus der Liebe – wäre sinnlos.[23] Der Ausdruck »Ali Baba ward durch den Anblick dieser unermeßlichen Schätze geblendet, seine Sinne schwindelten ihm, und sein Verstand war ratlos; er stand eine Weile da, vollkommen überwältigt und hingerissen ...« weist auf mystische Ergriffenheit hin.

So ist denn durchaus denkbar, daß Ali Baba von einer Fülle von Lebensmöglichkeiten ergriffen wurde, daß er neue Hoffnung schöpft und dadurch auch neue Energien fühlt. Diese neuen Lebensmöglichkeiten dürften im Zusammenhang mit Eros und Sinnenfülle stehen, in seiner Ergriffenheit durch die Schönheit könnte er aber auch ein mystisches Erlebnis gehabt haben.

Die vierzig Räuber aber könnten insofern pervertierte Heilige sein, als sie Gegenstände, die auf die Schönheit Gottes hinweisen sollen, für sich behalten, sie nicht mehr unter die Menschen bringen, sie horten, statt sie auf sich und andere wirken zu lassen. Das wäre dann das Räuberische in dieser religiösen Haltung: das Ansammeln anstelle des Sich-ergreifen-Lassens.

Verändertes Leben

Doch die Angst vor den Räubern ernüchterte ihn bald wieder, konnten sie doch jeden Augenblick zurückkommen; und wenn sie ihn hier fanden, so war es um ihn geschehen.

Schnell nahm er so viel Beutel mit Goldstücken, wie er nur tragen konnte, und gebot dem Felsen: »Sesam, öffne dich!« Draußen lud er die Geldbeutel auf den Esel und packte noch eine Schicht Brennholz darüber, damit niemand seine kostbare Last entdecken konnte. Dann eilte er nach Hause, wobei er hoffte, daß die Räuber gewiß nichts bemerken und ihn nicht verfolgen würden.

Zu Hause verriegelte er die Tür, um sicher zu sein, daß nicht zufällig jemand hereinkam, und schüttete dann vor den staunenden Augen seiner Frau die Geldbeutel auf den Fußboden aus, daß es nur so klimperte. Die Frau war außer sich vor Freude, aber auch vor Angst. Erst als ihr Ali Baba versicherte, den Räubern einen so geringen Teil ihrer Beute genommen zu haben, daß sie bestimmt

175

nichts merken würden, beruhigte sie sich und
machte sich daran, die Dinare zu zählen.

»Auf diese Weise bist du bis heute abend noch
nicht fertig«, meinte Ali Baba. »Und wir müssen
das Geld doch noch verstecken. Das beste wird sein,
wir vergraben es im Garten.«

Die Angst vor den Räubern bringt Ali Baba wieder
auf den Boden der Realität – er weiß sich gefährdet.
Ganz besonnen weiß er noch immer die Formel, vorsichtig versteckt er die Beutel mit den Schätzen, damit nichts auffällt. Er ist achtsam geworden, weiß nun
um räuberische Seiten – auch in anderen Menschen.
Die Angst treibt ihn auch nach Hause.

Indem er aber die Golddinare nach Hause bringt,
werden sichtbare Zeichen der geschehenen Veränderung ins Leben gebracht. Ein solches Erlebnis kann
nicht verheimlicht werden.

Wenn Menschen sich die Phantasien, die mit
Schattenseiten verbunden sind, gestatten, plötzlich
spüren, welche Sehnsüchte in ihnen stecken, welche
Lebensmöglichkeiten, zumindest als Utopie, dann
verwandeln diese Phantasien die Lebensenergie – die
Menschen werden lebendiger, energievoller. Sie
fürchten sich zwar vor den Möglichkeiten, die sie
schauen, fürchten sich vor der Gier, die über sie kommen kann und die ihnen keine ruhige Stunde mehr
läßt; aber ungeschehen machen kann man solche Erlebnisse nicht, verstecken auch nicht.

So bringt denn Ali Baba, als Beweisstücke dafür,
daß etwas Entscheidendes geschehen ist, Golddinare
nach Hause. Geld, neue Energien, die erlauben, bes-

ser zu leben. Gold, das darauf hinweist, daß diese Energie sehr kostbar ist. Denn Gold ist das Symbol für das Ewige, Unzerstörbare und weist darauf hin, daß dieser Zuwachs an Reichtum mit einem Erlebnis von Ewigem, Unzerstörbarem zusammenhängt.

Seine Frau, die hier die Vermittlerrolle zur Welt übernimmt, die also dafür sorgt, daß das große Erlebnis auch wirklich Folgen hat, die damit verbundenen Probleme auch aufgearbeitet werden können, ist außer sich vor Freude und auch vor Angst.

Freude und Angst sind die Emotionen, die wir dann spüren, wenn ein Schattenbereich uns bewußt wird: Wir fürchten diese Seiten, sonst hätten wir sie nicht so lange verdrängt, spüren aber auch, daß Lebendiges aufbricht, daß Wichtiges geschieht, wenn diese Seiten wieder entdeckt werden – und darüber freuen wir uns.

Die Angst vor den Räubern wird von Ali Baba heruntergespielt, sie würden bestimmt nichts merken, sagt er seiner Frau. Noch denkt er, er könne alles verbergen, das Gold in seinem Garten vergraben. Versteht man den Garten als den Bereich, der, wie die symbolische Überlieferung sagt, »die persönliche Kultivierung der erotischen Beziehungen« betrifft, dann könnte man sich vorstellen, daß das Erlebnis mit dem Fels zunächst die Beziehung zu seiner Frau neu belebt hätte – und daß das Ali Baba eigentlich genügen würde.

Das Prinzip Haben –
oder: der Neid

Weil die Frau aber unbedingt wissen wollte, wie reich sie eigentlich seien, lief sie schnell zur Frau des reichen Kasim, um sich von ihr ein Scheffelmaß zu borgen. »Was für Korn die armen Hungerleider wohl messen wollen?« dachte Kasims Frau bei sich, als die Schwägerin ihr Anliegen vorbrachte. Und vor lauter Neugier tropfte sie heimlich etwas Wachs auf den Boden des Maßes, ehe sie es ihr gab. Während Ali Baba im Garten eine Grube aushob, maß die Frau volle zehn Scheffel Golddinare; dann vergruben sie das Geld gemeinsam im Garten.

Noch am gleichen Tag bekam Kasims Frau ihr Maß zurück. Sie drehte es um, und siehe da, in dem Wachs war ein Goldstück klebengeblieben.

»So ist das also!« rief sie und rannte sofort zu ihrem Mann. »Dein Bruder tut, als sei er wunder wie arm, und in Wirklichkeit mißt er das Gold mit einem Scheffelmaß!«

Kasim, der schon von jeher von Geiz, Habgier und Neid besessen war, konnte in dieser Nacht kein Auge zutun und wälzte sich unruhig hin und her. Und er wußte, daß er nicht eher wieder Schlaf finden würde, bis er nicht herausgebracht hatte, wo sein Bruder das Geld herhatte.

Gleich nach dem Morgengebet klopfte er deshalb an Ali Babas Tür. Ali Baba empfing den älteren Bruder freundlich und mit der gebührenden Achtung, der aber legte gleich los und schimpfte ihn einen Heuchler und Lügner, der seine Armut nur vortäusche.»Ich weiß, daß du das Gold mit einem Scheffelmaß messen mußt, wenn du wissen willst, wieviel du überhaupt besitzt. Hier ist der Beweis!« Und er fuchtelte ihm mit dem Dinar, den seine Frau aus dem Wachs im Maß geklaubt hatte, vorm Gesicht herum.»Entweder du sagst auf der Stelle, wo du das Geld herhast, oder ich zeige dich beim Richter an!«

»Ich will dir gern alles erklären, Bruder«, sagte Ali Baba, der keinen anderen Ausweg wußte. Und er berichtete wahrheitsgemäß, was er am Vortage erlebt hatte. Ja, auf Kasims Drängen beschrieb er ihm sogar genau den Weg zu der Räuberhöhle. »Aber ich rate dir nicht, das Schicksal herauszufordern und dort hinzugehen«, warnte er.»Lieber will ich alles mit dir teilen, als daß ich dich in Gefahr weiß, den grausamen Räubern in die Hände zu fallen.« Doch Kasim lachte ihn lauthals aus: »Ja glaubst du denn im Ernst, daß ich mir die Gelegenheit entgehen lasse, hundertmal reicher zu werden, du Dummkopf?«

Mit diesen Worten lief er davon und hatte nichts Eiligeres zu tun, als in der Stadt alle Esel und Maultiere zu kaufen, deren er habhaft werden konnte, so daß die Leute schon meinten, er wolle die Eseltreiber um ihr Gewerbe bringen. Auch in dieser Nacht konnte er vor Aufregung keine Minute schlafen. Gleich im Morgengrauen zog er mit seiner ganzen Karawane ins Gebirge und hatte bald den Felsen gefunden, den Ali Baba ihm beschrieben hatte.

179

»Sesam, öffne dich!« rief er, und das Tor tat sich wirklich auf und ließ ihn ein. Als er sich in der Höhle umschaute und sah, wieviel hier herumlag, war er froh, so viele Esel gekauft zu haben, denn nicht einmal die würden alles auf einmal wegschaffen können. Doch was zuerst nehmen? Wie besessen legte er Säcke voll Gold und Edelsteine am Eingang bereit, schleppte ganze Truhen herbei, Lampen, kostbare Stoffe. In seiner Gier und Besessenheit vergaß er die ganze Welt um sich, raffte und raffte. Endlich meinte er, daß es für heute genug sei und an der Zeit, alles hinauszuschaffen und auf die Tiere zu laden.

Doch o weh, wie er die ganze Zeit nur an den Reichtum gedacht hatte, war ihm der Name des Felsens entfallen. Er wußte nur noch, daß es irgendein Korn war, und probierte alle durch, die ihm einfielen: »Hafer, öffne dich!« Dann: »Gerste, öffne dich! Weizen, öffne dich!«

Er nannte eine Kornfrucht nach der anderen, nur auf die eine kam er nicht – Sesam.

Der Felsen blieb geschlossen, und Kasim begann verzweifelt um Hilfe zu schreien. Zu spät bereute er, nicht auf den Bruder gehört zu haben.

Noch größer wurde sein Entsetzen, als er von draußen Hufschläge hörte. Die Räuber waren zurückgekommen. Sie entdeckten vor der Höhle die Maultiere und errieten natürlich sofort, was los war.

»Sesam, öffne dich!« befahl der Räuberhauptmann grimmig. Der Felsen tat sich auf, und Kasim stürzte aus der Öffnung heraus, um sein Heil in der Flucht zu suchen. Aber er kam keine zwei Schritte weit, da streckten ihn die Räuber mit ihren Messern nieder und zerrten dann den Leichnam ins Innere der Höhle, direkt neben den Eingang, als Abschreckung für jeden, der den Versuch wagen sollte, es ihm nachzutun.

Dann trieben sie die Maultiere auseinander, trugen die Schätze an ihren Ort zurück und fügten ihnen die neue Beute zu. Bald darauf zeugte nur noch eine sich entfernende Staubwolke davon, daß die Räuber hiergewesen waren, und als diese sich gelegt hatte, war die Gegend so menschenleer und verlassen wie zuvor.

Das Prinzip Haben – im Märchen in seiner wohl extremsten Form durch die Räuber verkörpert – beginnt nun zu wirken: Ali Babas Frau will genau wissen, wie reich sie sind, wohl um sich dann noch mehr freuen zu können. Die Frau von Kasim argwöhnt sogleich, ihre arme Schwägerin könnte vielleicht doch etwas besitzen, das sie nicht hat.

Dieses Prinzip Haben ist nicht nur bei den deklarierten Räubern anzusiedeln, es ist schon recht weit verbreitet. Am eindrücklichsten wird das nun bei Kasim geschildert, der seinerseits im Grunde ein richtiger Räuber ist. Er ist von »Geiz, Habgier und Neid« besessen. Er ist vom Gedanken der Rivalität beherrscht – er will es sich nicht entgehen lassen, hundertmal reicher zu werden als sein Bruder.

Erinnern wir uns daran, daß Kasim zu Beginn des Märchens als der Bruder geschildert wurde, der immer reicher wurde, und Ali Baba als der Arme, der immer ärmer wird. Zu Beginn des Märchens war nicht deutlich, ob Kasim einfach der Glücklichere ist oder ob eine Rivalitätssituation existiert. Unterdessen ist es deutlich: Kasim ist neidisch und geizig, ihm war es recht, wenn er als der Reiche galt, Ali Baba aber kaum mehr etwas zum Leben hatte. Die Beziehung unter Brüdern in einer Lebenssituation, in der das Räuberische so sehr Oberhand gewonnen hat, wird auch räuberisch: Sie ist nicht von Hilfsbereitschaft geprägt, sondern von dem Wunsch, den Bruder zu übertreffen, zu übervorteilen. Die Gier, mehr zu haben, mehr zu besitzen, steht im Vordergrund; Werte der Beziehung werden nicht gepflegt, sind unwichtig. Nicht nur die Räuberbande macht das Land unsicher, Kasim, der Bruder des Ali Baba, ist von diesem räuberischen Verhalten ebenfalls geprägt. Er verkörpert aber als Bruder von Ali Baba eine räuberische Seite, die dem Bewußtsein von Ali Baba viel näher steht, als die Räuberbande dies tut.

An Kasim wird uns noch einmal verdeutlicht, wie ein räuberischer Schatten wirken kann. Kasim ist von Neid zerfressen, der Schlaf flieht ihn, er ist ungeduldig, kann kaum den Morgen erwarten. Im Originaltext heißt es darüber hinaus, daß seine Frau und er die ganze Nacht »in elender Verfassung verbrachten, so schwer war ihr Leid, so bitter ihre Traurigkeit«[24]. Sie benehmen sich, als hätten sie einen schweren Verlust erlitten, und dieses große Leid muß am anderen Morgen abgewendet werden, sofort, koste es, was es wolle. Verlorengegangen ist die Überzeugung, von zwei Brüdern der Mensch zu sein, der mehr hat – und deshalb wohl auch der wertvollere ist.

Es drängt sich ein Vergleich mit der Reaktion des Sultans in der Rahmenerzählung auf, als er sieht, daß seine Frau einen Sklaven liebt: Oder damit, daß beide Sultane einen Menschen suchen, dem es mit den Frauen noch schlimmer ergangen ist als ihnen, damit sie sich wieder gut fühlen können. Auch das ist eine Räuberhaltung: Das gute Selbstwertgefühl wird daraus bezogen, daß es Menschen gibt, denen es schlechter geht als einem selbst. Deshalb muß man dann auch immer dafür sorgen, daß es jemandem schlechter geht als einem selbst. Neid wäre dann so besehen die Emotion, die uns signalisiert, daß wir eine solche defiziente Form der Bestätigung unseres Selbstwertes leben. Ein geiziger, habgieriger, neidischer Mensch aber wäre nach unserem Märchen ein Mensch, der einem abgeschlossenen Felsen entspricht: Bei ihm werden allenfalls Schätze gestapelt, aber sie kommen nicht unter die Menschen, sie spielen keine Rolle in den Beziehungen. Ihm wäre dringend zu wünschen, daß sich Sesam öffnet – in einem guten Sinne.

Kasim will sich des Schatzes bemächtigen, in einem räuberischen Sinn. Schon die Eile, mit der er zum Aufbruch treibt, die Umsicht, mit der er so viele Esel zusammenkauft, lassen Böses ahnen. Ihm fehlt – im Unterschied zum Erleben von Ali Baba – die Angst vor den Räubern. Er ist selber Räuber, identifiziert mit dieser Räuberseite – weshalb also sollte er vor ihr Angst haben?

Ihm fehlt, einmal in der Höhle, auch das Staunen, das Wahrnehmen des Schatzes in seiner Schönheit. »In seiner Gier und Besessenheit vergaß er die ganze Welt um sich, raffte und raffte...« Nicht die Schönheit der Dinge ist ihm wichtig, sondern allein der zukünftige Reichtum, den sie ermöglichen. Er ist ganz mit sich selbst beschäftigt, mit seinem Reichtum. Er hat auch keinen Sinn für das Wunder, daß sich dieses Tor geöffnet hat, sonst wäre er nicht so leichtfertig mit der Formel umgegangen, die er so schnell vergessen hat. Wir vergessen wichtige Dinge dann, wenn Phantasien, Ideen, die eine große Bedeutung für uns haben, uns besetzt halten. Hier ist es deutlich die fixe Idee des Haben-Wollens, die Idee des Mehr-haben-Wollens als andere, die sein ganzes Denken bestimmt. Er ist besessen von dieser Idee, es gibt keinen Raum für andere Gedanken. Und so ist denn auch folgerichtig, daß er selbst in der Höhle als ein Gefangener bleibt, ist er doch schon zuvor so sehr vom Prinzip des Habens besessen, gefangen.

Die Höhle erweist sich für ihn nicht als der Ort, der einen großen Schatz birgt, sondern als der Ort, der für ihn den Tod bringt. In dieser Haltung, die Kasim verkörpert, kann man nicht an diesen inneren Reichtum herankommen. Man kann ihn nicht einfach rauben.

Wenn erst durch die räuberische Haltung viele Werte nicht mehr im täglichen Umgang erlebbar sind, weil sie im Leben eines Individuums oder im Leben des Kollektivs unbewußt geworden sind, dann kann man in der gleichen Haltung, die diese Verdrängung und Abspaltung bewirkte, die verborgenen Reichtümer nicht wieder ins Leben integrieren, dazu braucht es eine grundsätzlich andere Haltung.

Diese andere Haltung wird zum Teil in Ali Baba verkörpert. Wir haben Kasim nun behandelt, als sei er ein leibhaftiger Bruder von Ali Baba. Betrachten wir das Märchen nun wieder auf der Symbolebene, dann verkörpert Kasim zugleich einen »Schattenbruder«, eine dem Ich von Ali Baba sehr nahestehende Seite, der er sich verwandt fühlt, von der er sich aber wohl etwas abgegrenzt hat. Ali Baba hätte also, so betrachtet, selbst eine solche habgierige, geizige, neidische Seite. Auch er könnte und kann in dieser Haltung dem Leben gegenübertreten.

Nachdem es ihm zum Bewußtsein gekommen ist, welcher Schatz, welche Werte da in der Höhle liegen, könnte er plötzlich den wilden Wunsch verspürt haben, da wesentlich mehr herauszuholen. Das Gespräch zwischen Ali Baba und Kasim wäre dann ein Selbstgespräch, bei dem das bessere Ich (Ali Baba) versucht, mit seinem räuberischen Ich zurechtzukommen, dieses zu warnen. Aber es nützt nichts.

Wenn Menschen ein belebendes Erlebnis gehabt haben, eine erfüllende Erfahrung, sich ihnen eine Tür geöffnet hat, die zuvor verschlossen war, dann kann die Gier nach diesem Lebensgefühl überhandnehmen, man will es wieder haben, koste es, was es wolle. Man verfällt dann unversehens in die räuberische Haltung. Damit aber wird man auch angreifbar für die Räuber.

Geht im Märchen ein Bruder auf den Weg, dann heißt das immer auch, daß man ein Problem einmal auf eine bestimmte Weise zu lösen versucht. Stirbt er dabei, dann stirbt auch die Haltung, die er verkörpert. Hier wird unmißverständlich klar, daß die Haltung von Neid, Geiz und Habgier nicht bestehen kann, zum Tode führt.

Weibliche Lösungen

Zwei Tage wartete Ali Baba auf die Rückkehr seines Bruders, und je länger er wartete, um so größer wurde seine Befürchtung, die Räuber könnten Kasim bei der Höhle überrascht haben. Als der Vermißte auch am dritten Tag nicht heimkehrte, wurde seine böse Ahnung fast zur Gewißheit, und schließlich hielt es ihn nicht länger, und er machte sich auf zu der Räuberhöhle. Er schlich sich vorsichtig an, jedes Knacken eines Zweiges vermeidend, aber die Stille ringsum gab ihm schließlich Sicherheit.

»Sesam, öffne dich!« rief er die Zauberformel. Ach, welch Grauen! Direkt am Eingang der Höhle lag der blutige Leichnam des Bruders als Beweis dafür, daß die Räuber nicht mit sich spaßen ließen.

Ali Baba packte den toten Kasim auf seinen Esel, um ihn wenigstens in Ehren zu begraben, und zog auf Umwegen nach Hause, denn er wollte niemandem begegnen.

Auch zu Hause verließ ihn die Angst nicht, die Räuber könnten, sobald sie das Verschwinden des Leichnams bemerkten, seine Spur verfolgen und sich grausam rächen.

In seiner Not vertraute er sich seiner klugen Sklavin Mardschana an. »Das ist wirklich eine schlimme Sache, Herr!« sagte das Mädchen. »Du darfst niemandem auch nur ein Sterbenswörtchen verraten. Am besten läßt du verlauten, Kasim sei an einer bösen Krankheit gestorben. Und um sicher zu sein, machst du deine Schwägerin zu deiner zweiten Frau, und wir ziehen alle in das Haus deines Bruders.«

Ali Baba befolgte Mardschanas Rat aufs Wort. Er ließ sich in der Stadt nieder, übernahm das Geschäft seines Bruders und war mit einem Schlag ein wohlhabender Mann.

Ali Baba muß bewußt zur Kenntnis nehmen, daß das Unterfangen seines Bruders gescheitert ist. Wenn wir in einer falschen Haltung eine Sache angehen, dann müssen wir uns nachher auch bewußt darüber werden, daß wir in einer falschen Haltung waren, und akzeptieren, daß diese Haltung nun nicht mehr wiederzubeleben ist. Sie muß wirklich begraben werden.

Natürlich zeigt das Märchen hier auch die Erzählzüge des Märchentypus vom reichen und vom armen Bruder, wo der reiche immer habgierig und geizig ist, der arme immer sehr edel und hilfsbereit. Das Leben nimmt dann aber seinen Fortgang immer vom armen Bruder aus. Diese Thematik spielt auch bei diesem Märchen eine Rolle. Ali Baba denkt an seinen Bruder, nicht nur an seinen Reichtum. Wäre auch er geizig und neidisch – er könnte sich jetzt eine gewisse Schadenfreude erlauben: Er hatte es doch seinem Bruder gesagt, der ist jetzt bestraft, ohne daß er einen Finger dazu rühren mußte, er müßte also nicht einmal ein schlechtes Gewissen dabei haben. Diese Gedanken liegen Ali Baba fern. Er ist ein Mann, der neben den räuberischen Seiten auch schon Beziehungsseiten entwickelt hat, die sich auch darin ausdrücken, daß er bereit war, seinem Bruder die Hälfte von seinem Geld abzugeben. Er bezieht seinen Selbstwert nicht daraus, daß er mehr haben will als der Bruder, sondern daraus, daß er mit dem Bruder zu teilen bereit ist, brüderlich ist.

Was seinem Bruder zugestoßen ist, löst aber auch Angst bei ihm aus, Angst vor den Räubern. War er zunächst der Ansicht, die Räuber hätten schon nichts gemerkt, so wird ihm jetzt bewußt, daß diese räuberischen Seiten nicht mit sich spaßen lassen, er gerät in große Not und vertraut sich seiner Sklavin Mardschana an; das heißt, er versucht erst, die Gefährlichkeit der eigenen räuberischen Seiten herunterzuspielen, bekommt dann aber solche Angst vor ihnen, daß er nur noch bei seiner Sklavin, oder subjektstufig betrachtet: bei seiner weiblichen, seiner Gefühlsseite, Zuflucht suchen kann.

Er selbst kann mit der Gefahr, die ihm von diesen Räubern her droht, nicht fertig werden. Jetzt, da er die Angst nicht mehr verdrängt, gerät er in große Bedrängnis – und wenn wir in große Bedrängnis geraten, dann suchen wir einen Menschen, dem wir unsere Not erzählen können, der einen Rat weiß. Der Rat kommt – schon wie zu Beginn des Märchens – von der schwarzen Sklavin Mardschana.

Ihr Rat ist zunächst wiederum ein Rat des Verbergens: Kasim soll eines natürlichen Todes gestorben sein, und Ali Baba heiratet sogar die Frau von Kasim, übernimmt alles, was Kasim gehört hat.

Psychologisch ist die Aussage von Mardschana richtig: Kasim ist eines natürlichen Todes gestorben. Ist einmal eine Haltung, wie sie in Kasim verkörpert wurde, als ganz und gar untauglich erkannt, dann kann man sie auch sterben lassen. Daß dann der ganze Besitz von Kasim auf Ali Baba übergehen kann, hat damit zu tun, daß unser Schattenbruder ja letztlich auch zu uns gehört, unsere andere Seite verkörpert. Sehr oft fehlen uns Phantasien oder Energien, weil sie an einen Schattenaspekt gebunden sind, wir diesen aber nicht mitleben lassen.

Können wir unsere Schattenseiten ansehen und das Dilemma, in das sie uns stürzen, die Widersprüche, in die sie uns verwickeln, aushalten, dann haben wir auch Zugang zu Energien und Phantasien, die mit diesen Seiten verbunden sind. Natürlich rät Mardschana dem Ali Baba, sich auch so zu verhalten, wie sich ein orientalischer Bruder zu seiner Zeit im besten Falle verhalten hätte.

Wesentlich scheint mir der Satz: »Ali Baba befolgte Mardschanas Rat aufs Wort.« Mardschana ist es denn auch, die die Regie im Kampf mit den Räubern übernimmt.

Ali Baba läßt sich helfen, vertraut aber Mardschana auch. Nehmen wir einmal an, daß es sich bei Mardschana wirklich um eine konkrete Dienerin gehandelt hat, mit der zusammen Ali Baba nun die Zeit der Gefahr besteht. Natürlich könnte sie auch eine innere hilfreiche, wenn auch versklavte Anima-Gestalt sein. Da diese aber auch durch irgendeine Beziehung belebt werden muß, ziehe ich es vor, Mardschana hier als real existente Beziehungsperson zu deuten – und immer auch darauf hinzuweisen, daß sie auch Symbol für eine seelische Wesensseite sein kann, die fasziniert.

Die Überlistung des Räuberischen

Doch auch die Räuber waren nicht untätig geblieben. Daß der Leichnam verschwunden war, bewies, daß es noch jemanden gab, der nicht nur ihr Versteck, sondern auch die Öffnungsformel kannte. Da zerstreuten sie sich über die ganze Gegend, um dem ungerufenen Eindringling auf die Spur zu kommen. Der tapferste von ihnen aber übernahm die schwierigste Aufgabe: in der Stadt nachzuforschen, die ja der Höhle am nächsten lag. Der Hauptmann riet ihm, sich als Kaufmann zu verkleiden, um in der Stadt kein Aufsehen zu erregen, wenn er geschickt die Leute ausfragen wollte. Dieser Räuber galt als besonders listig, und er brachte auch wirklich bald in Erfahrung, wer in letzter Zeit gestorben war und wer es unerwartet zu Reichtum gebracht hatte. Mehr brauchte er nicht zu wissen.

Als er vor Ali Babas Haus stand, um es sich genau einzuprägen, bemerkte er, daß alle Häuser in dieser Stadt einander glichen wie ein Ei dem anderen. Deshalb malte er, um es in der Nacht wiederzufinden, heimlich mit Kreide ein Kreuz an die Tür und eilte dann zu seinem Hauptmann zurück, diesem zu berichten, wie geschickt er alles eingefädelt hatte.

Mardschana aber war noch gewitzter als der Räuber. Zwar verdächtigte sie, als sie das Kreuz bemerkte, die Gassenjungen; aber sicherheitshalber nahm sie doch lieber ein Stück Kreide und malte an alle Häuser in der Straße ein gleiches Kreuz.

In der Dämmerung zogen die Räuber los, Ali Babas Haus zu überfallen. Ihre scharfen Säbel und Messer versteckten sie unter Kaufmannskleidern und begaben sich derart verkleidet in die Stadt. Das Haus aber konnten sie nicht finden, denn alle Häuser in der Straße trugen das gleiche Kreidekreuz, und so mußten sie unverrichteterdinge wieder abziehen. In der Räuberhöhle saßen sie dann zu Gericht über den Kundschafter, der sich derart hatte überlisten lassen.

»Er soll nach unserem Brauch gerichtet werden«, sagte der Räuberhauptmann, und die übrigen Räuber stimmten ihm zu. Auch der Betroffene selbst, denn er wußte, daß er mit solcher Schande nicht länger unter den Räubern leben konnte. Er trat tapfer vor den Räuberhauptmann, und dieser schlug ihm mit einem einzigen Streich den Kopf ab. Denn seit eh und je war es bei den Räubern ungeschriebenes Gesetz, daß wer versagte, sein Leben verwirkt hatte.

Dann meldete sich Ahmed, der Stärkste der Bande, zu Wort: »Tapfere Männer! Nur ich bin geschaffen, einen solchen Auftrag auszuführen. Und wenn ich euch nicht an die richtige Stelle führe, so möge mich das gleiche Schicksal ereilen wie unseren Gefährten!« – »So ist es, Ahmed! Wenn es dir gelingt, so soll alle Beute aus dem Haus dir zufallen. Wenn nicht, verlierst du den Kopf!« antwortete der Räuberhauptmann mit ernster Miene.

Doch auch Ahmed erging es nicht besser als seinem Vorgänger. Er fand zwar das richtige Haus, schnitt sich in den Finger und machte mit einem

Tropfen Blut an einer unauffälligen Stelle neben der Tür ein Zeichen, aber auch dieses entdeckte Mardschana am anderen Tage, als sie vom Markt zurückkam, wo sie gerade erst getötete Fische gekauft hatte. Dieses zweite Zeichen bewies ihr, daß es sich um keinen Zufall handeln konnte, und so versah sie alle Häuser in der Straße mit dem gleichen Zeichen. Nur daß sie sich dazu nicht erst in den Finger schnitt, sondern einfach Fischblut nahm.

Die Räuber kamen wieder vergeblich in die Stadt; Ahmed wurde einen Kopf kürzer, und der Räuberhauptmann schäumte vor Wut.

Auch wenn Kasim, als der persönliche räuberische Schatten, nicht mehr lebendig ist und von Ali Baba auch gesehen wurde, in welche Gefahr diese gierige, besessene, rivalisierende Haltung führen kann, sind die Räuber, die erst recht diesen räuberischen Schatten verkörpern, einen kollektiven räuberischen Schatten, noch vorhanden. Sie kontrollieren die Höhle mit dem Schatz, und soll es möglich werden, die Schätze aus der Höhle ins alltägliche Leben zu integrieren und die Lebensmöglichkeiten, die einem gegeben sind, wirklich auszuschöpfen, müssen diese Räuber besiegt werden.

Dieser Kampf läßt sich zunächst als ein Wettstreit der List an. Wer ist listiger, wer kann die Beweggründe, die Absichten der anderen Partei besser durchschauen? Es wird deutlich: Mardschana weiß besser mit Räubern umzugehen als Ali Baba, sie weiß, welche Absichten sie haben, sie ist vor allem mit den bösen Absichten der Räuber durchaus vertraut.

Daß es um einen Wettstreit des listigen Verhaltens geht, wundert nicht, sind doch Räuber unter anderem auch Meisterdiebe.

Hermes, der auch der Gott der Diebe ist, hatte die Gabe, den Menschen zu zeigen, wie sie zu Meisterdieben werden konnten. Auch er selbst wird als Meisterdieb bezeichnet, weil er, kaum geboren, seinem Bruder Apollo schon die Rinderherde stahl.

Hermes war ein Gott, der ständig unterwegs war, er war nicht nur der Gott der Reisenden und Wanderer. Als Götterbote verband er den Himmel mit der Erde, als Totengeleiter die Erde mit der Unterwelt. Schlauheit ist ein wesentlicher Aspekt seines Charakters. Glückliche Funde und das An-sich-Nehmen dieser Funde gehören in seinen Zuständigkeitsbereich. Er findet, er macht auch sehr viele Er-Findungen. Er ist auch zuständig für das Finden auf geistigem Gebiet, für das Auslegen und Erklären (Hermeneutik). Er soll auch das Würfelspiel und die Kunst der Weissagung aus dem Würfelspiel erfunden haben. So ist er Schutzpatron der Erfinder, der Intellektuellen, der Redner, der Diebe, der Kaufleute.[25] Gerade bei Hermes geht es darum, daß die Welten miteinander in Beziehung bleiben, daß der Himmel der Erde, die Erde der Unterwelt verbunden sind und sich dadurch das Leben in ständiger Wandlung, in einem ständigen Prozeß der Veränderung befindet. Die Räuber in unserem Märchen verhindern nun aber gerade, daß die Welt in Bewegung bleibt, daß der Austausch wirklich auch geschieht: Das Leben stagniert.

List, Schlauheit gehört zu den Dieben, zu den Räubern; sie können nur wiederum mit Schlauheit und List bekämpft werden. Schlau im Sinn einer guten Kenntnis des Lebens ist aber Mardschana.

List als Methode der Auseinandersetzung wird in den Märchen dann angewendet, wenn man es mit einem übermächtigen Gegner zu tun hat und es um Leben und Tod geht. Darum geht es auch. Die Frage ist nur, ob die Räuber überleben oder Ali Baba, eine andere Möglichkeit der Auseinandersetzung oder gar eine Versöhnung scheint es nicht zu geben.

Eine entsprechende Situation ist in einem menschlichen Entwicklungsprozeß schwierig zu ertragen. Menschen in dieser Situation fühlen sich bedroht, ziehen sich zurück – oder tun so, als könnten sie die Bedrohung übersehen. Sie spüren aber, daß sie sich in einer Lebenssituation befinden, in der sich alles neu entscheidet, in der alles verlorengehen, in der aber auch alles gewonnen werden kann. Würden in diesem Märchen die Räuber gewinnen, dann wäre in der Auseinandersetzung mit dem räuberischen Schatten – kollektiv gesehen – nichts geschehen. Ali Baba aber – als Modell für einen Menschen, der sich diesem kollektiven Problem stellen muß – hätte seine wesentlichste Lebensaufgabe nicht erfüllt.

Ali Babas Angst scheint sich allerdings zunehmend in Grenzen zu halten, denn er hat ja das Lösen des Problems an Mardschana delegiert. Mardschana kennt die räuberischen Seiten, sie muß sich schon mit ihnen auseinandergesetzt haben.

Wenn eine Frau in einer Gesellschaft lebt, die von räuberischen Männern geprägt ist, dann lernt sie damit umzugehen. Auch ihr inneres Bild des Mannes ist aber von dieser Haltung des Räuberischen geprägt.

Für sie ist es deshalb ebenso wichtig, sich damit auseinanderzusetzen. Verfiele sie diesen männlichen räuberischen Seiten, würde sie ihre weibliche Identität verlieren. Mardschana scheint diese Auseinandersetzung geleistet zu haben. Sie kann als Symbol für eine Frau gelten, die nicht mehr bereit ist, sich von diesem Räuberschatten bestimmen zu lassen, weder in der Außenwelt noch intrapsychisch. Daraus erfolgt auch ihre natürliche Hilfsbereitschaft. Sie hat gelernt, nicht alle Männer als Räuber zu sehen, sondern zu unterscheiden. Sie benimmt sich in der Beziehung zu Ali Baba nicht »räuberisch«, sie schlägt kein Kapital aus seiner Verzweiflung, sondern steht bei. Mit den Räubern aber geht sie konsequent um – brutal sogar, erscheint es uns.

In unserer Kurzfassung findet der tapferste Räuber sehr schnell das Haus von Ali Baba und kennzeichnet es mit einem Kreuz. Dieses Finden bedeutet, daß der räuberische Schatten, jetzt wiederum in der Vereinzelung und daher auch persönlicher, Ali Baba wieder heimsucht, diese Seite wird also wieder erlebbar. Es wäre sinnvoll, wachsam zu sein. Der Räuber hat das Haus angekreuzt, vielleicht darf man hier das Symbol des Kreuzes in seiner allgemeinsten Bedeutung als »Integrationszeichen für spannungsvolle Gegensätze«[26] zum weiteren Verständnis beiziehen: als Ankündigung, daß hier spannungsvolle Gegensätze – die Räuber und Ali Baba – zusammengebracht werden sollen. Vom Räuber her ist natürlich keine Integration angestrebt, Ali Baba soll sterben, damit wäre das Problem aus der Welt geschafft, ohne daß Veränderung notwendig ist. Im Markierungszeichen, das er unbewußt anwendet, scheint mir aber eine zukünftige Integrationsmöglichkeit angedeutet. Dieses Integrieren von spannungsreichen Gegensätzen ist allerdings immer mit Leiden verbunden. Das Zeichen bleibt zunächst auch nur Anzeichen einer neuen Entwicklung; solche Annäherungen erfolgen schrittweise.

Mardschana zeigt Aufmerksamkeit. Sie weiß um das Problem, sie ist achtsam. Nicht besonders beunruhigt, vermutet sie die Gassenjungen hinter dem Kreuz – aber sicher ist sicher: Indem sie allen Häusern ein Kreuz anmalt, macht sie das Haus unkenntlich, symbolisch drückt sie aber damit aus, daß alle Menschen hier in dieser Straße etwas von Ali Baba haben, daß alle mit diesem Räuberschatten zu tun haben.

Daß alle Menschen hier einander ähnlich sind, zeigt sich auch in den Häusern, die sich wie ein Ei dem anderen gleichen. Mardschana, so könnte man ihr Verhalten auch deuten, vermutet, daß der räuberische Schatten in Ali Baba aktiv werden könnte, sagt diesem aber nichts davon, entschuldigt ihn vielleicht auch damit, daß alle Menschen die helle und dunkle Seite in sich haben und durch die ausgelösten Spannungen auch aushalten müssen.

Die Räuber aber, die Ali Babas Haus überfallen wollten, konnten dieses nicht finden. Der Kundschafter verliert deshalb sein Leben, streng nach dem Gesetz der Räuber, daß wer versagt, sein Leben verwirkt hat. Ein Gesetz, das keine Schwäche zuläßt. Hier zeigen die Räuber beiläufig noch einen Zug, der auch den räuberischen Schatten auszeichnen könnte:

Es gibt für ihn nur Gelingen, Scheitern bedeutet Tod.
Normalerweise ist das Leben ein Geflecht von Scheitern und Gelingen. Hat in unserem Leben nur das
Gelingen einen Platz, dann überfordern wir uns, dann
ist jedes Scheitern in der Tat so etwas wie eine tödliche Niederlage. Auch daraus können Neid, Gier, Begierde entstehen: In dieser räuberischen Lebenshaltung wird sehr schnell etwas zur Niederlage, kann der
Erfolg des andern bereits das eigene Scheitern bedeuten. Wenn sie aber scheitern, dann fühlen sich
solche Menschen vernichtet.

Ein weiterer Räuber versucht, Ali Baba zu finden
– auch ihm geht es nicht besser, er markiert das Haus
mit Blut und schneidet sich dazu in den Finger. Dieses zweite Zeichen gibt Mardschana Gewißheit, daß
Unheilvolles sich naht. Wiederum wendet sie dieselbe List an: Sie versieht alle Häuser mit dem Zeichen –
nimmt allerdings Fischblut. Sie schneidet sich dafür
nicht in den Finger, ihre List schädigt sie nicht selbst.
Blut als »Lebenssaft« gilt als Sitz der Lebenskraft,
daher auch als Sitz der Seele. Blut symbolisiert aber
auch, daß ein Problem ein »blutiges« Problem werden kann, daß es eine Problematik ist, die auch »ans
Leben« gehen könnte. Obwohl der aktivierte Räuberschatten nicht weiter kommt als vorher, so scheint es
mir doch, daß er sich – symbolisiert durch dieses
Blutzeichen – mehr annähert. Weder der tapferste
noch der stärkste Räuber hatte die Aufgabe gelöst, der
Räuberhauptmann, der schlaueste von ihnen, muß sie
selbst lösen.

Dem Zentrum des Schattens begegnen

»Morgen gehe ich selbst in die Stadt, und mich wird niemand an der Nase herumführen! Ihr aber beschafft inzwischen zwanzig Maultiere und vierzig große Ölschläuche, von denen ihr aber nur zwei mit Öl füllen dürft. Und wehe, ihr macht etwas verkehrt, ihr Dummköpfe!« fügte er noch drohend hinzu.

Die Räuber schlichen wie geprügelte Hunde auf ihr Lager und schliefen unruhig bis zum Morgen.

Dem Räuberhauptmann fiel es gar nicht erst ein, irgendein Zeichen zu machen. Als er vor Ali Babas Haus stand, zählte er einfach, das wievielte Haus in der Straße es war, und noch vor Einbruch der Dunkelheit war er wieder bei seinen Gesellen.

Die hatten inzwischen alles ausgeführt, was er ihnen aufgetragen hatte. Neunzehn Maultiere standen mit leeren Ölschläuchen bereit, und nur das zwanzigste Tier trug zwei volle Schläuche.

»Nun hört mir gut zu!« gebot der Hauptmann mit leiser Stimme. »Vor dem Stadttor kriecht jeder von euch in einen Schlauch und rührt sich nicht eher, als bis ich das Zeichen gebe!«

Es wurde Nacht. Im blassen Schein des Mondes zog der als Kaufmann verkleidete Räuberhauptmann mit der Maultierkarawane durch die Straße, in der Ali Baba wohnte. Er zählte die Häuser und klopfte an das richtige Tor.

»Wer verlangt so spät noch Einlaß?« fragte eine Männerstimme von drinnen, und der Räuberhauptmann antwortete: »Ich bin ein fremder Kaufmann und komme von weither. Ich bin eben in eurer Stadt angekommen, und da alle Basare und Chans bereits geschlossen sind, möchte ich dich bitten, wenn es dir möglich ist, mich und meine Maultiere für diese Nacht bei dir aufzunehmen.«

Ali Baba öffnete und sah vor der Tür einen fremden Kaufmann mit müden Tieren stehen.

»Sei mir gegrüßt, Bruder, und fühle dich bei mir wie zu Hause«, sagte er und geleitete den Gast in die inneren Gemächer, nachdem er einem Diener aufgetragen hatte, sich um die Tiere zu kümmern.

Was konnte sich der Hauptmann mehr wünschen? Dem arglosen Ali Baba wäre nicht im Traum eingefallen, in ihm den blutrünstigen Feind zu vermuten, um so mehr, als der Gast ihm verschiedene Waren anbot, die er angeblich in der Stadt hatte verkaufen wollen.

Sie speisten, tranken und unterhielten sich, bis die Sklavin zu später Stunde die herabgebrannten Lampen mit Öl auffüllen wollte und im ganzen Haus keinen Tropfen mehr fand. Da fiel ihr ein, daß der fremde Kaufmann ja gerade ihrem Herrn Öl zum Kauf angeboten hatte und ihnen gewiß mit Freuden ein paar Liter ablassen würde. Sie nahm einen Krug und eilte damit auf den Hof hinab, wo die Schläuche, die der Diener den Maultieren abgenommen hatte, an einer Mauer lehnten... Gerade wollte das Mädchen den ersten Schlauch aufbinden, da klang es hohl von drinnen: »Ist es schon an der Zeit, Hauptmann?«

Jede andere Sklavin wäre vor Schreck in Ohnmacht gefallen, nicht aber Mardschana, die sogleich erriet, was für ein Vogel da in dem prallen Schlauch steckte. Geistesgegenwärtig flüsterte sie mit verstellter Stimme: »Noch nicht, warte noch ein Weilchen!«

Dann ging sie von Schlauch zu Schlauch. Überall wiederholte sich das gleiche Spiel, und als sie an das Ende der Reihe kam, hatte sie achtunddreißig Räuber gezählt.

Erst in den letzten beiden Schläuchen fand sie tatsächlich Öl, und das gab ihr einen rettenden Einfall ein: Sie trug aus der Küche einen großen Kessel herbei, ließ das Öl aus den Schläuchen hinein und machte Feuer unter dem Kessel. Nun schürte sie das Feuer so lange, bis das Öl zu kochen begann, und goß dann das siedende Öl in die Schläuche, den Räubern direkt auf den Kopf, so daß die Banditen, die so lange die ganze Umgebung in Angst und Schrecken versetzt hatten, jämmerlich umkamen.

Der Räuberhauptmann ist der Anführer der Räuber, symbolisch gesehen, konzentriert sich in ihm alles, was auch kollektiv räuberisch ist, er ist es, der über die Beziehung zur Welt entscheidet. Sprechen wir von einem räuberischen Schatten, der in einem Räuber-Komplex gründet, dann drückt sich dieser Schatten im Räuberhauptmann aus, mit ihm muß man Kontakt aufnehmen, will man diesen Schattenbereich bearbeiten. Oder er selbst nimmt Kontakt mit einem auf, wenn dieser Schattenbereich im Seelenhaushalt viel Energie beansprucht und sich des Ichs bemächtigen will, wenn Menschen in Gefahr geraten, sich immer wieder wie Räuber benehmen zu müssen.

Verkörperte Kasim den persönlichen Schatten von Ali Baba, so ist der Räuberhauptmann der Repräsentant des kollektiven Schattens. Damit ist ausgedrückt, daß eine ganze Zeitsituation im Zeichen eines räuberischen Schattens stehen kann. Die Auseinandersetzung damit kann von den Menschen geleistet werden, deren persönlicher Schatten davon angesteckt ist. Daß aber ein kollektiver Schatten auch besteht, bewirkt, daß man immer wieder von außen in seiner Schattenhaltung angesteckt wird, sich oft auch in seiner Schattenhaltung als »dazugehörig« erlebt zu anderen Menschen, die in derselben Haltung leben. In diesem Märchen ist deutlich ausgedrückt, daß der kollektive Schatten, an dem jeder und jede von uns jeweils auch Anteil haben, den Schatz unter Kontrolle hält – er muß daher bekämpft werden.

Zwanzig Maultiere sollen beschafft werden, vierzig Ölschläuche. Zuvor waren die Räuber auf Pferden geritten, Ali Baba und sein Bruder benützten Esel, das übliche Trag- und Lasttier. Das Maultier ist eine Kreuzung zwischen einem Pferd und einem Esel. In der Wahl des Tragtieres zeigt es sich, daß die Räuber schon etwas vom hohen Roß heruntergekommen sind, daß die Kreuzung zwischen Pferd und Esel schon stattgefunden hat. Diese Kreuzung steht als Symbol für die Verbindung der Gegensätze zwischen Ali Baba und den Räubern.

Welche List wendet er an? Er sieht aus wie ein Ölhändler, er bringt Öl, damit Lampen brennen können, damit mehr Licht werden kann. Was profan Beleuchtung ist, kann symbolisch gesehen als Erleuchtung verstanden werden, als Erfaßtwerden von einem göttlichen Licht. In der Sufi-Mystik spielt das Licht eine große Rolle, ist »Gott doch auch Licht«.[27] Lampen aus Ton, deren Öl brennt, werden oft als Symbol des Menschen gesehen, der aus Lehm gemacht ist und dessen Lebensflamme noch brennt oder eben nicht mehr brennt. Insofern wird das Öl auch mit Lebenskraft gleichgesetzt. Die Licht-Symbolik verbindet das Öl, das immer aus Pflanzen gewonnen ist, dem Himmel, dem Bereich der Sonne. Die Verbindung von Erde und Himmel, die wir auch schon in der Symbolik des Baumes fanden, wird hier wiederum betont – und darum geht es letztlich auch in diesem Märchen: daß die Erde ihr Recht bekommt und der Himmel auch, daß Frauen keine Sklavinnen sind und Männer keine Räuber, daß Frauen und Männer einander nicht überlisten müssen, sondern die List zur Überwindung gemeinsamer Gefahren einsetzen können – und sich lieben können.

Der Räuberhauptmann gibt sich also als Händler aus, der im Dienste des Lichtes steht. Wir wissen allerdings, daß er achtunddreißig Schläuche mit Räubern und nur zwei Schläuche mit Öl mit sich führt. Noch hat sich im Bereich des Räuberkomplexes wenig geändert. Überlisten aber will der Räuberhauptmann die Menschen, indem er das, was er verkörpert, ins Gegenteil verkehrt.

Der Räuberhauptmann kommt spät abends. In der Nacht sind wir unseren dunklen Seiten mehr ausgeliefert, da haben wir sie weniger gut unter Kontrolle, deshalb lösen sie dann auch Angst aus: Ist es dann wieder Tag, dann beurteilen wir manches, was nachts so beängstigend war, als wesentlich weniger beängstigend.

Deshalb klopft der Räuberhauptmann nachts an.

Ali Baba nimmt ihn arglos auf – ein Gebot der orientalischen Gastfreundschaft wohl, aber auch typisch für ihn, seine Naivität, seine Schatten-Unbewußtheit.

Sehen wir die Szene symbolisch, dann können wir sie dahingehend deuten, daß er jetzt seinem räuberischen Schatten gegenübersteht, ohne sich dessen bewußt zu sein. Dieser hat Eingang in sein Haus gefunden – jetzt kommt die entscheidende Konfrontation. Aber Ali Baba weiß nicht, daß er mit dem Räuberhauptmann im Gespräch ist. Auch wir sind uns oft nicht bewußt darüber, daß wir bereits im Gespräch mit unserem Räuberschatten sind, besonders, wenn er maskiert auftritt wie hier. Solange unsere Schattenseiten keine Maske tragen, sich als das geben, was sie sind, so lange können wir sie auch erkennen. Aber wie soll man hinter einem Händler, der müde zu sein scheint, einen Räuber vermuten?

Gerade die Maske zeigt uns aber, in welcher Verkleidung sich unsere wesentlichsten Schattenseiten offenbaren. Nicht selten tritt er auch bei uns in seinem Gegenteil auf, der räuberische Schatten gibt sich besonders bescheiden. Darin liegt neben der Irritation natürlich auch ein tiefer Sinn: Durch seinen Gegenpol, der auch erlebbar ist, wird der Schatten relativiert, kann besser akzeptiert werden, und dadurch kann man sich viel besser mit ihm auseinandersetzen.

Hier bei Ali Baba ist anzunehmen, daß sein räuberischer Schatten in seinem Handeln als Kaufmann bei ihm Einlaß gefunden hat. Vermutlich ist er auch ein wenig zu räuberisch auf Profit aus. Der kollektive Räuberschatten gibt sich harmlos, »händlerisch«, etwa im Sinne: Das steht mir doch zu, das brauche ich doch, da ist doch nichts dabei...

Ali Baba wird als arglos geschildert: Er hat seine Angst vor diesen Räubern offenbar schon weitgehend verloren, wohl auch deshalb, weil er die Bewältigung des Problems an Mardschana delegiert hat. Wenn Menschen einen ihr Bewußtsein bedrohenden Schattenbereich erleben, dann müssen sie sich selbst gegenüber immer auf der Hut sein, so wie es Mardschana ist. Sonst besteht die Gefahr, daß sie aus diesem Schattenkomplex heraus handeln und nicht aus der Verantwortlichkeit des Ichs. Ali Baba aber ist arglos geworden – und wenn wir arglos werden, dann sind wir nicht mehr wachsam.

Zu später Stunde sind die Lampen heruntergebrannt, sie müssen mit Öl nachgefüllt werden. Die Beleuchtung wird schwächer, die Wachsamkeit läßt nach. Es könnte dunkel werden. Nehmen wir das Licht der Lampe als Lebenslicht, dann sehen wir, daß das Leben bedroht ist, vielleicht auch das Leben, wie es bis jetzt gelebt worden ist.

Die Sklavin – und das ist wohl auch ihre Aufgabe – ist wachsam und will Öl nachgießen, aber es gibt kein Öl mehr im ganzen Haus. Eigenartiges Zusammentreffen: In einem so reichen Haus, bei einer so umsichtigen Sklavin, ist das Öl ausgegangen. Man bekommt den Eindruck, daß das Öl ausgehen *mußte*. Man könnte jetzt hier eine Deutung des neutesta-

mentlichen Gleichnisses von den klugen und den törichten Jungfrauen anschließen – in dem Sinne, daß
sich auch hier im Märchen eine große Hoffnungslosigkeit – wie bei den törichten Jungfrauen, denen das Öl
ausging – breitgemacht hätte.

Es ist auch möglich, daß das Märchen ausdrücken
will, daß jetzt neues Öl gebraucht wird, andere Lebenskraft, neue Lebenskraft, neue Substanz, aus der
das Neue leuchten kann – das heißt auch, daß eine
gründliche Wandlung notwendig ist und nun wirklich
mit diesen Schattenseiten entschieden anders umgegangen werden muß als bisher.

Jedenfalls bringt das Fehlen des Öls den Kontakt
zwischen Mardschana und den Räubern zustande, es
verweist symbolisch wieder auf die Räuber als dieje-
nigen, die hinter der Problematik stehen.

Die Räuber in den Ölschläuchen – Hüllen, die an
das intrauterine Leben erinnern – stecken nun in einer Höhle, in der sie es bedeutend weniger bequem
haben als in der Räuberhöhle. War es die List des
Räuberhauptmanns, seine Räuber als »Öl« erscheinen
zu lassen, so ist es die List der Mardschana, sich als
Räuberhauptmann auszugeben und das Öl zur un-
barmherzigen Vernichtung der Bande umzufunktio-
nieren. Hier wird noch einmal deutlich, weshalb sie
sich mit diesen räuberischen Seiten so gut auseinandersetzen kann: Sie kennt sie gut – sie kann auch zur
Not als Räuberhauptmann durchgehen, ohne einer zu
sein.

In einem Kessel wärmt sie das Öl – und gießt das
heiße Öl in die Schläuche. Der Kessel, ein Gefäß, das
im Gegensatz zum Ölschlauch eine große Öffnung

hat, ist der Ort, wo sich Speisen wandeln können, um genießbar oder genießbarer zu werden. Symbolisch ist damit auch die Wandlung des Menschen angedeutet und die Tatsache, daß sich letztlich alles wandeln kann und auch wandeln muß. Auch der weibliche Schoß wird als Kessel für die Menschwerdung angesehen.[28] Daher sind die Kessel ursprünglich immer in den Händen einer Priesterin oder einer Hexe. Sie mischt die Tränke, die Leben spenden oder Tod bringen. Dieses Herdfeuer ist auch ein mehr weibliches Feuer, das die Wandlung zum Ziele hat, im Gegensatz zum Licht, das die Erleuchtung zum Ziele hat.

Heißes Öl brennt, verbrennt. Durch das Feuer wird das Öl, das selbst Grundstoff für Feuer sein kann, heiß – tödlich. Die Feuermetaphern stehen hier auch für inneres Feuer. Es mag sich hier um ein leidenschaftliches Feuer der Liebe zum Leben, es kann sich auch um eine leidenschaftliche Wut gegen dieses Räuberische handeln, die bewirkt, daß diese räuberischen Seiten nun endgültig eliminiert werden, nicht mehr weiterleben und von nun an auch nicht mehr bedrohlich sind. Spätestens hier wird deutlich, daß sich Mardschana mit diesen räuberischen Seiten auseinandersetzt, als wären es ihre eigenen Seiten, und das sind sie wohl auch. Mit den Mitteln, die der Räuberhauptmann selbst ihr in die Hand gegeben hat, kämpft sie gegen die Räuber. Das ist eine Gesetzmäßigkeit, die wir im Alltag in der Auseinandersetzung mit unseren Schatten erleben können: Unseren Schattenseiten entsprechen auch bestimmte Haltungen und Verhaltensweisen. Solange unser Schatten verdrängt ist, verdrängen wir auch, daß wir solche

Verhaltensweisen haben. Unseren Mitmenschen sind diese wohlbekannt, nur wir selbst wollen sie vor uns nicht wahrhaben. Aber gerade diese Verhaltensweisen, die nicht unserem Ideal des Verhaltens entsprechen, sind sehr tauglich im Umgang mit den Schattenseiten. Mit unseren räuberischen Seiten erfassen wir rasch, was Vorteile verspricht, packen wir schnell zu, bevor andere uns zuvorkommen. Gerade diese Fähigkeiten können wir einsetzen, um unseren räuberischen Schatten in uns selbst zu entdecken, um ihn bewußt erlebbar werden zu lassen.

Der räuberische Schatten drückt sich unter anderem auch durch Brutalität aus. Geht es darum, wie hier, daß durch den räuberischen Schatten die Fortdauer des Lebens bedroht ist, muß man wiederum brutal mit ihm umgehen. Wäre man weniger bedroht, könnte man vielleicht verhandeln, milder sein.

Tanzend den Schatten entlarven

Nachdem sie derart die Räuber unschädlich gemacht hatte, ging sie, als sei nichts geschehen, wieder ins Haus zurück, füllte die Lampen auf, legte ein Tanzkleid an und trat, begleitet von dem Diener Abdallah, der eine Trommel in der Hand hielt, wieder in den Saal.

Ali Baba bewunderte ihren Einfallsreichtum und sagte zu seinem Gast: »Diese Sklavin ist wirklich eine Perle, Herr. Sie ist nicht nur eine vorzügliche Dienerin, sondern auch die anmutigste Tänze-

rin, die ich je gesehen habe. Und zudem ist sie
außerordentlich klug; denn eine andere wäre wohl
kaum von allein auf den lobenswerten Gedanken
gekommen, unser Wohlbehagen noch zu vergrößern
durch den Anblick ihres Tanzes.«

Der Hauptmann nickte nur, geschickt seine Wut
und Ungeduld verbergend. Er sehnte den Augenblick der Rache herbei – und nun mußte er noch
länger warten!

Abdallah rührte die Trommel, und Mardschana
wiegte sich im Tanz. Sie bewegte sich so leicht und
anmutig, als ob ihre Füße kaum den Boden berühr-
ten, und ihr jugendliches Antlitz strahlte dabei wie
eine eben erblühte Blume im Frühjahr. Der Tanz
war beendet. Das Mädchen nahm Abdallah die
Trommel aus der Hand und verneigte sich vor Ali
Baba, eine Belohnung von ihm erheischend. Sie
erhielt einen Dinar und trat nun vor den falschen
Kaufmann mit dem gleichen Begehren. Auch der
Räuberhauptmann wollte einen Dinar aus seinem
Brusttuch ziehen und enthüllte dabei ungewollt
den Dolch, den er dort griffbereit aufbewahrte.

Da riß Mardschana den Dolch an sich und
stieß ihn dem Bösewicht direkt ins Herz, so daß
der auf der Stelle seine schwarze Seele aushauchte.

»Du Unglückselige! Was hast du getan!« rief
Ali Baba entrüstet.»Du wirst der gerechten Strafe
nicht entgehen!« – »Beruhige dich, mein Herr«,
erwiderte die Sklavin ruhig.»Dieser Mann war
kein fremder Kaufmann, sondern der Anführer der
schlimmen Räuberbande, die dir ans Leben wollte.
Komm mit und überzeuge dich selbst!«

Und sie führte ihn auf den Hof zu den Schläu-
chen, in denen zu Ali Babas Entsetzen kein Öl
war, sondern achtunddreißig tote Räuber. Und
dann erzählte sie ihm auch, wie sie die Zeichen
gefunden und die Räuber zweimal getäuscht hatte.

In der Originalfassung wird an dieser Stelle noch eine
Szene geschildert, die in unserer Fassung fehlt: Dort
wirft der Räuberhauptmann, als er sicher ist, daß niemand mehr wach ist, Kieselsteine auf die Ölschläuche; das ist das verabredete Zeichen, auf das hin die
Räuber die Schläuche aufschneiden und herauskom-
men sollen. Als sich niemand regte auf den Kiesel-
wurf hin, »beschlich Furcht sein Herz«[29], er schaute
nach, aber schon aus dem ersten Schlauch schlug ihm
der Geruch verbrannten Öls entgegen. Er ging an den
Schläuchen entlang und versuchte, die Räuber darin
anzusprechen, aber sie »verharrten in ihrem eisigen
Schweigen ... Da kam wildes Weh über ihn, und er
weinte bitterlich über den Verlust der Gefährten«[30].
Da er Angst hatte, selbst gefaßt zu werden, floh er.
Mardschana aber hatte alles beobachtet und schloß
hinter ihm die Gartentür.

Später wird dann erzählt, daß der Räuberhauptmann, als er die Schatzhöhle wieder betreten hatte,
weinte, weil er so verlassen war. »Er setzte sich nieder und trauerte schmerzlich, daß ihm nur Enttäuschung beschert und daß sein Tun sich gegen ihn gekehrt. Er sehnte sich nach seinen Leuten und hatte
keine Lust mehr zu leben; ja, er sehnte den Tod
herbei ...«[31]

Endlich schwor er sich Rache, er wollte die

Schande tilgen. Als Kaufmann ließ er sich im Basar nieder, dem Laden gegenüber, den Mohammed, der junge Sohn Ali Babas, betrieb. Er verstand es, dessen Freund zu werden, und kam so in das Haus von Ali Baba.

Die Kurzfassung übergeht diesen Teil, in dem noch einmal deutlich wird, wie sehr Rachedenken eine Rolle spielt bei diesem räuberischen Verhalten und wie aber auch jedes Mittel des Truges recht ist, um zum Ziel der Rache zu gelangen. Noch einmal wird deutlich, wie Beziehung ausgenützt wird, um Rachepläne auszuführen, und wie man sich an den Werten der Beziehung dadurch in räuberischer Weise vergeht.

Durch die Beschreibung des trauernden Räuberhauptmanns bekommt man fast ein wenig Mitleid mit ihm, der so sehr unter dem Verlust leidet. Hier scheint auch bei ihm ein wenig menschliches Rühren aufzukommen, die Gefährten sind in dem Moment mehr als reine Machtinstrumente für ihn. Doch gerade das ist eine Gefahr, die sich uns auch beim Umgang mit unseren Schattenseiten stellt: Plötzlich finden wir sie gar nicht mehr so schlimm, fast kokettierend hätschelt man dann noch den letzten Rest vergangener schwieriger Verhaltensweisen. Ist der Schatten aber so gefährlich, wie es dieser räuberische Schatten ist, kommt solche Koketterie teuer zu stehen.

Es ist der Verlust, der den Räuberhauptmann auf seine ruchlosen Rachepläne bringt. Das ist der Grund, warum ich diesen Teil ergänzend hier eingefügt habe: Ist hier doch wiederum eine deutliche Parallele zur Rahmenerzählung zu finden: Der Sultan Scheherban tötet die Frauen, weil eine ihm untreu geworden ist, weil sie ihn innerlich verlassen hat. Eine räuberische Haltung duldet keine Trennung, duldet kein Versagen, kann nicht umgehen mit Verlust. Verluste hinnehmen sollen die anderen. Die räuberische Haltung beantwortet sie hier mit Rache, sucht den Schuldigen und sucht ihn heim. Wiederum wird deutlich, daß eine räuberische Haltung nicht Bindung und Verlust akzeptieren kann, sondern nur Bindung. Verlust ist bedrohlich. Trennungen sind eine große Kränkung, die mit Rachegedanken und -plänen ungeschehen gemacht werden sollen.

In der Kurzfassung des Märchens zieht Mardschana, nachdem sie die Räuber getötet hat, das Tanzkleid an und tanzt vor Ali Baba und dem Räuberhauptmann – zum Vergnügen Ali Babas, zum Mißvergnügen des Gastes. Das gibt Ali Baba Gelegenheit, die Vorzüge dieser Sklavin hervorzuheben: Sie ist eine vorzügliche Dienerin, eine Perle, außerordentlich klug und die anmutigste Tänzerin. Anmut, Schönheit, Verläßlichkeit und Klugheit vereinen sich in ihr. Beim Töten der Räuber erwies sie sich zudem als außerordentlich mutig und auch als sehr entschlossen. Beim Tanze zeigt sie eine ganz andere Seite, die Seite der Beschwingtheit; dadurch wirkt sie als Inbegriff der erblühenden Schönheit.

Auch wenn Ali Baba diesen Tanz als Mittel sieht, das Wohlbehagen zu vergrößern, und wenn das auch im Orient üblich ist, daß nach einem guten Essen getanzt wird, so steckt in diesem Tanz doch noch ein tieferer Sinn.

Im Tanz setzen sich Körper und Seele des Menschen in Bewegung, fühlt er eine Beschwingtheit und eine Leichtigkeit, die ihm sonst nicht eignet. Im Tanz fühlt sich der Mensch ganz und gar bewegt, ergriffen von einem Lebensgefühl, das über ihn kommt und ihn über sich hinausträgt. Dieses Lebensgefühl kann bis zur Ekstase gesteigert werden.

Mardschana drückt mit diesem Tanz ein Lebensgefühl der Ganzheit aus: Auf dem Boden stehend, zeigt sie die Leichtigkeit des Seins, ist dabei ganz sie selbst, bewegt durch einen Rhythmus, der ihr entspricht. Sie legt damit eine »natürliche Ergriffenheit«[32] an den Tag und überträgt diese Ergriffenheit auch auf Ali Baba. Da ist nichts Räuberisches, da ist Lust am Dasein, Lust an sich selbst – der Erde und dem Himmel sich zugehörig wissend. Da ist Schönheit – und das ist auch ein Erlebnis von Ganzheit, der Stimmigkeit mit sich selbst.

Im Tanzen hat der Modus des Habens nichts zu suchen, da sind wir im Modus des Seins, ganz dem Erlebnis und dem Augenblick hingegeben. Der räuberische Schatten müßte vergleichen, wer schöner tanzt, müßte signalisieren, ob man neidisch zu sein hat – dann wäre man aber schon nicht mehr ein tanzender Mensch, sondern allenfalls noch ein sich bewegender.

Was hier am Beispiel des Tanzes gesagt wird, gilt durchwegs für Lebenspraxis: Auch Leben kann ein Tanz sein – zumindest zwischendurch –, und wir verlieren diese bewegte Ergriffenheit, wenn unser räuberischer Schatten zu sehr das Haben betont.

Aber ganz ohne das Haben geht es doch nicht:

Mardschana will eine Belohnung, bekommt von Ali Baba einen Dinar, vom Räuberhauptmann den Dolch, mit dem sie ihn erdolchen kann.

Erst als dieses Ganzheitserlebnis, das im Tanz seinen Ausdruck fand, für Mardschana direkt, für Ali Baba in der liebenden Kontemplation, erlebt worden ist, kann der räuberische Schatten ganz verschwinden, muß er seine Seele aushauchen. Erst wenn der Zusammenhang von erotischem Erleben, Schönheit und Ergriffenheit erlebbar wird, ist der räuberische Schatten überflüssig.

Von Ali Baba aus kommt dazu, daß er sich angesichts des Tanzes Mardschanas klar darüber wird, welche Werte diese Sklavin besitzt, wie sehr sie ihm auch Werte, die nicht zu den Werten des Habens gehören, vermitteln kann.

Auch wenn ich Mardschana im wesentlichen immer als Beziehungsperson von Ali Baba gedeutet habe, die ihm sogar in einer recht mütterlichen Weise seine Probleme abnimmt, wird spätestens in dieser Szene deutlich, daß sie auch ein Bild seines eigenen unbewußt-seelischen Weiblichen ist. In der Faszination durch ihren Tanz, ihre Anmut, aber auch durch ihre Klugheit drückt sich sein eigenes seelisches Bewegtsein durch diese Seiten des Lebens aus. Dieses Bewegtsein wird ihm durch sie vermittelt; in seiner Seele aber wurden diese Werte dadurch auch zum Leben erweckt und lösen in ihm ein Gefühl der Ganzheit, des Staunens und der Liebe aus. Durch Mardschana wird ihm letztlich der Schatz in der Höhle erschlossen; seelisch-erotische Lebendigkeit muß nichts horten: Der Räuberhauptmann kann abtreten.

Aber noch immer ahnt Ali Baba die Zusammenhänge nicht, er ist sofort bereit, in Mardschana eine Übeltäterin zu sehen! Doch hat er rasch ein Einsehen, als Mardschana ihm die wahren Zusammenhänge aufdecken kann. Ali Baba kann zuhören.

Die Befreiung weiblicher Klugheit – oder: der erschlossene Reichtum

Ali Baba konnte die Klugheit seiner Sklavin nicht genug loben, und zum Zeichen seiner Dankbarkeit entließ er Mardschana aus der Sklaverei und vermählte sie mit seinem Sohn, hatte er doch schon lange bemerkt, das sich die beiden jungen Leute nicht gleichgültig waren. Und eine klügere und treuere Schwiegertochter konnte er ja auch kaum bekommen.

Eines allerdings wußte auch Mardschana nicht zu sagen: wo die beiden fehlenden Räuber geblieben waren. Ali Baba hatte damals vor der Höhle ohne den Räuberhauptmann vierzig gezählt, und in den Schläuchen waren nur achtunddreißig gewesen. Sie konnte ja nicht wissen, daß der Hauptmann diese beiden eigenhändig vom Leben in den Tod befördert hatte.

Ein ganzes Jahr lang wagte sich deshalb Ali Baba nicht in die Höhle, und erst als er sich überzeugt hatte, daß die ganze Zeit über kein Mensch dort aufgetaucht war, fand er seine Ruhe wieder.

Bis zum Ende seiner Tage lebte er dann in Zufriedenheit und Wohlstand, aus der Räuberhöhle immer nur so viel holend, wie sie brauchten.

Und zeit seines Lebens war Mardschana die ein-
zige, die von dem Geheimnis wußte, denn Ali Baba
hatte nur zu gut erkannt, was Neid und Habgier
anrichten können.[1]

Mardschana wird frei, wird aus ihrem Sklaven-Status
entlassen und wird mit Mohammed, Ali Babas eige-
nem Sohn, vermählt. Ali Baba wußte, daß die beiden
jungen Leute einander gefielen. Sie werden zwar
vom Vater miteinander vermählt, aber es ist doch so,
daß er damit einer Neigung der beiden entspricht.
Zwischen den beiden ist Liebe.

Ali Baba ist der Sklavin dankbar, und er zeigt sich
auch erkenntlich – sie soll nicht länger Sklavin sein –,
und zugleich ist er sicher, daß er keine klügere und
treuere Schwiegertochter bekommen kann. Er vertraut auf die Treue der Frau, die diese aus freien
Stücken zu geben bereit ist, und er erkennt ihre Klugheit an.

Beziehen wir uns wieder auf die Rahmenge-
schichte, dann fällt auf, wie sehr die Stellung der Frau
sich seither verändert hat: Dort waren die Frauen eigentlich alle Sklavinnen, jetzt aber ist in Mardschana
die Frau frei. Mardschana wird ähnlich wie Scheherezade freigesprochen.

Die List, die in der Rahmenerzählung von den
Frauen eingesetzt worden ist, um sich gegen die Ge-
fangenschaft, in die sie die Männer gebracht haben,
zu wehren, wird jetzt eingesetzt, um gegen das Räuberische, das sich in dieser Haltung der Männer zeigte, zu kämpfen. Dabei werden klare Unterschiede
zwischen Ali Baba und den Räubern gemacht. Damit

aber nähert sich die List der Mardschana der Weisheit der Scheherezade an.

Es fällt allerdings auf, daß Mardschana sich sehr gut auskennt mit den Gepflogenheiten der Räuber. Indem sie bei der endgültigen Bekämpfung der Räuber zugleich auch gegen das Räuberische in ihrer Seele kämpft, wird auch Ali Baba von seiner Gefährdung durch die Räuber befreit. Wenn das Räuberische so sehr in einer Zeitsituation dominiert wie hier, so werden selbstverständlich Männer und Frauen davon berührt. Wirklich in Gefahr, von den Räubern überwältigt zu werden, war Mardschana aber nie.

In diesem Märchen und in der Rahmenerzählung wird deutlich, daß die Beziehung zwischen Männern und Frauen von diesem Räuberischen geprägt ist, daß so besehen Frauen sehr leicht zu Sklavinnen der räuberischen Männer werden können. Das kann auch symbolisch aufgefaßt werden als Versuch des Männlichen, das Weibliche unter Kontrolle, in den Griff zu bekommen. Dahinter steckt die Phantasie, alles haben zu wollen und zu können – in einer Höhle sozusagen ein Schlaraffenland, ein Paradies zu errichten.

Meint man aber, diesen Schatz in Besitz nehmen zu können, dann vermittelt sich das Lebensgefühl der Fülle gerade nicht, zeigt das Leben gerade nicht seinen unermeßlichen Reichtum, sondern die schroffe Abweisung, wie sie im Fels symbolisiert ist.

Das Märchen »Ali Baba und die vierzig Räuber« zeigt eine Situation zwischen Mann und Frau, wie sie in der Rahmenerzählung ausgedrückt ist, und ihre Folgen: Ali Baba ist bereits sehr arm, die Schatzhöhle an weiblichen Werten, angefüllt mit Schönheit, mit

Sinnesfülle, die den Menschen zu erfreuen, anzuregen und zu erregen vermag, ist in den Händen der Räuber. Dadurch aber, daß Ali Baba den Räubern begegnete, sich seiner räuberischen Seiten bewußt wurde – und dadurch, daß er zu seiner Angst vor den Räubern stand und deshalb die Hilfe der klugen Sklavin Mardschana in Anspruch nahm, hat sich die Situation letztlich so sehr verbessert, daß der Zugang zur Höhle gewährleistet, ein ganz wesentlicher Lebensbereich wiederum dem alltäglichen Leben zugänglich geworden ist. Von Mardschana aus kam die uneigennützige Hilfe – und ihre überlegene Klugheit. Immer wieder wird betont, wie klug Mardschana ist. Darin, wie auch in ihrer hilfsbereiten Haltung, die das Wohl des Ganzen im Auge hat, gleicht sie Scheherezade, die dem Sultan Geschichten erzählt, damit er endlich aufhört, junge Frauen zu töten.

Die Klugheit Mardschanas besteht vor allem darin, daß sie die List dazu einsetzt, das Störende zu überwältigen. Ali Baba weiß von Anfang an um die Klugheit der Frau – und er vertraut sich dieser Klugheit an, als er nicht mehr ein noch aus weiß. Insofern ist er viel weiter als der Sultan Scheherban. Wir können annehmen, daß in der Gestalt des Ali Baba eine Entwicklungsstufe von Scheherban personifiziert ist, die durch das Erzählen der Geschichten möglich wurde.

Noch aber sind Ali Baba und Mardschana auf der Hut vor den Räubern, können sie doch nicht wissen, daß wirklich alle vierzig tot sind. Und das ist auch gut so: Werden solche räuberischen Seiten bekämpft, sei es im Leben eines einzelnen oder im Leben eines

Kollektivs, dann ist immer damit zu rechnen, daß einige dieser Seiten wieder auftreten. So sauber, so endgültig wie im Märchen ist dieses Problem normalerweise nicht zu lösen.

Der Zugang zur Höhle aber ist nun möglich, aus der Höhle kann geholt werden, was gefällt und was gebraucht wird.

Die gekürzte Fassung des Märchens unterscheidet sich dahingehend von der Originalfassung, daß Mardschana allein von dem Geheimnis weiß. In der Originalfassung geht Ali Baba mit seinem Sohn Mohammed in die Höhle, der ebenfalls von größtem Staunen ergriffen wird. Auch gibt sich die Kurzfassung moralischer, wenn sie noch einmal Neid und Habgier anspricht und Ali Baba als einen Menschen zeigt, der trotz seiner großen Reichtümer keinen Neid erregen, nicht die Habgier der anderen herausfordern will. In der Originalfassung holten Ali Baba und Mohammed immer wieder aus der Höhle, was sie sich nur wünschten, und führten ein herrliches und glückliches Leben bis zu ihrem Tod.

Auch wenn die Originalfassung etwas paradiesisch endet, so kommt doch in ihr mehr die Freude über diesen großen Schatz zum Ausdruck als in der Kurzfassung. Diese Freude scheint mir aber sehr wesentlich zu sein, und das Beschneiden der Freude, bloß damit niemand neidisch wird, ist schon wieder eine Abminderung des Erreichten.

Auch ist es kaum sinnvoll, daß dieser Schatz aufgespart wird, besonders dann, wenn dieser Schatz gesehen wird als eine Ansammlung von Dingen, die Eros und Sinnenfülle vermitteln, durch deren Glanz

man vielleicht auch einen Eindruck von der absoluten Schönheit bekommen kann, die in der islamischen
Mystik Ausdruck der Gottheit ist. Wenn dem so ist,
dann müssen diese schönen Dinge unter die Menschen
getragen werden, dann muß die Freude an diesem
Reichtum erlebbar werden. Im Leben eines Sufi-My-
stikers war es wesentlich, daß er das, was er geschaut
hatte, weitergab an Schüler.

Wenn mit dem Erleben dieser Höhle auch ein mystisches Erleben verbunden ist und Ali Baba auch
wirklich ein »Baba« ist, dann muß er unter die Menschen bringen, was er hier erlebt hat: den Umgang
mit dem räuberischen Schatten. Der räuberische
Schatten ist übrigens gerade in solchen Kulturen oft
sehr groß geworden, die auf Grund einer mystisch-
asketischen Tradition (wie im Christentum) den natürlichen Impuls, im Leben zuzugreifen und sich an
seinen Reichtümern zu freuen, hemmte. Da der
Schatten bekanntlich immer das ist, was wir mit unserem Ich-Ideal oder auch mit einem kollektiven Ideal
nicht vereinen können, haben wir es mit Schatten immer zu tun, jedes Ideal kreiert wiederum einen
Schatten; deshalb ist auch die Auseinandersetzung
mit dem Schatten eine nie endende Aufgabe.

In diesem Märchen verleitete der räuberische
Schatten zum Prinzip Haben, zu Gier und Neid, Rivalität in Beziehungen zu den gleichgeschlechtlichen
Menschen, dominierenden, ausbeuterischen Beziehungen zum Gegengeschlecht, aber auch zu den
Reichtümern der Erde. Mit diesem Räuberschatten
kann man nur fertig werden, wenn Männer ihre le-
benskluge mutige weibliche Seite, wie sie in Mard-

schana repräsentiert ist, zu Rate ziehen und sie in ihrem vollen Wert anerkennen, wenn Frauen andererseits sich ebenfalls mit dem Räuberschatten auseinandersetzen, auch eine Unterscheidung machen zwischen Männern und »Räubern«. Dann ist es möglich, anstelle des gegenseitigen Dominierens wirkliche Beziehungen zu pflegen, in die sich beide Beteiligten mit ihren Schätzen einbringen können.

Ist die Anima in dieser Art akzeptiert, dann kann sie sich als freie Frau dem Mohammed, dem Sohne Ali Babas, vermählen. Dem Paar Mardschana – Mohammed, sowohl als äußeres als auch als inneres Paar, gehört die Zukunft.

Als inneres Paar: Mardschana wäre einer männlichen Seite verbunden, die nichts Räuberisches mehr an sich hat, Mohammed wäre mit einer klugen Gefühls- und Beziehungsseite verbunden. Der Kampf zwischen den Geschlechtern könnte dann aufgehoben sein, wenigstens vorübergehend.

Analog dem Paar Mardschana – Mohammed lebt am Ende der Märchensammlung von Tausendundeiner Nacht das Paar Scheherezade – Scheherban. Die Geschichte von Ali Baba und den vierzig Räubern ist eine Geschichte auf dem Weg zur Beziehungsfähigkeit von Scheherban, der zuvor Frauen töten mußte, eine Geschichte, die zeigt, daß und wie mit dem Räuberschatten umgegangen werden muß, soll die Beziehungsfähigkeit auch wirklich erreicht werden.

Darüber hinaus zeigt das Märchen aber auch, daß das Akzeptieren der Lebensklugheit der Frauen ein wichtiger Aspekt im Akzeptieren eines neuen Frauenbildes ist. Scheherezade, die Weise, zeigt sich in Mardschana zunächst und zuerst in ihrer pragmatischen, klugen Seite – die gewiß auch ein Aspekt der Weisheit ist. Zu Klugheit und Weisheit gehört aber unabdingbar der Mut dieser Frauen: Sie machen keine Vorwürfe, sie tun, was im Dienste des Lebens getan werden muß.

Dieses Märchen, das scheinbar eine alte Problematik bearbeitet, scheint mir von großer Aktualität zu sein, ist doch unser Verhältnis zur Mutter Natur – und letztlich steckt auch diese im Schatz in der Höhle – vom Räuberischen geprägt. Auch viele unserer Beziehungen sind unter dem Gesetz von Beherrschung und Unterwerfung, wobei die Unterworfenen dann leicht wieder zu Beherrschern werden.

Das Gefühl für den Reichtum des Lebens, das Staunen darüber, scheint mir, kommt uns nur zu leicht abhanden, vielleicht, weil wir meinen, sowieso ein Anrecht auf alles und vielleicht noch viel mehr zu haben.

Eine Auseinandersetzung mit dem räuberischen Schatten steht wohl immer noch an – für Frauen wie für Männer.

SISYPHOS

Der alte Stein – der neue Weg

Sisyphosarbeit

Eines Tages, als ich wieder einmal daran war, einen Berg Geschirr wegzuräumen, und mir einfiel, wie bald der nächste Berg Geschirr wieder da stehen würde, wurde mir bewußt, wie viele Berge von Geschirr in meinem Leben diesem einen noch folgen werden, wie viele ich auch schon abgetragen hatte. Eine Arbeit, die sich in regelmäßiger Gleichförmigkeit immer wiederholt, immer nur für einen Moment abgeschlossen ist, eine Arbeit, die sich immer wiederholen wird. Eine richtige Sisyphosarbeit, dieses ewige Geschirraufräumen.

Als einmal das Stichwort gegeben war, fiel mir auf, wie die Nachrichten im Radio, seit ich mich entsinnen kann, einander gleichen: Immer die gleichen Probleme in der Welt, über die konferiert, debattiert wird, ohne daß sich Wesentliches ändert, aber auch immer die gleiche Art der Berichterstattung, die dem Unglück in der Welt so viel Raum zugesteht, glücklichen Ereignissen hingegen wenig Wichtigkeit beimißt.

Ich sah einen Zusammenhang zwischen meiner Arbeit, die nie wirklich zu Ende geführt werden kann, sich immer wiederholt, und den Problemen der Menschheit, an denen auch immer gearbeitet wird, die sich aber auch immer wiederholen. Natürlich hätte ich mein Augenmerk auf die Befriedigung lenken können, die den Moment begleitet, wenn der Geschirrberg abgetragen ist, und auf die kleinen Fortschritte, die auch in den sich so sehr ähnelnden Nachrichten zu sehen sind. Aber an diesem Tag fiel mir der Aspekt der ewigen Wiederholung auf, begleitet von der Gewißheit, daß unendlich vieles im Leben immer wieder von vorne anfängt, daß ich immer wieder von vorne anfangen muß, gerade auch da, wo eine große Veränderung eigentlich angenehm wäre.

Es fielen mir weitere Erlebnisse zum Themenkreis ein: Etwa, wie oft ich schon versucht habe, immer wieder denselben Sachverhalt zu erklären, oder wie ich selber ein Problem immer wieder von allen möglichen Seiten angehe, meine, ich hätte es verstanden, und dann doch wiederum den Eindruck habe, es sei noch nicht gut genug verstanden, noch nicht prägnant genug erfaßt, und das Problem wieder wälze, wieder formuliere, neu formuliere – auch hier wieder von vorne anfange ...

War ich beim Geschirraufräumen noch ganz sicher, daß diese Arbeit unter Sisyphosarbeit einzuordnen sei, beim Ringen der Menschen mit ihren Problemen, wie sie in den Nachrichten zum Ausdruck kommen, war ich schon etwas weniger sicher. Noch ungewisser war mir aber die Beurteilung, als mir meine Erklärungsversuche einfielen. Fragen, die gestellt werden, gleichen sich ungeheuer, aber die Situationen, aus denen heraus sie gestellt werden, sind oft andere, haben sich verändert. Das Ringen um einen prägnanten Ausdruck, um ein stimmiges Bild hat zwar auch diesen Aspekt der ewigen Wiederholung, zudem noch deutlich auch die Komponente eines nur vorläufigen Gelingens, und doch bezeichnete ich diese Arbeit, obwohl viel Sisyphisches mit ihr verbunden ist, nicht einfach als Sisyphosarbeit, dafür ist doch zuviel an Veränderung mit ihr verbunden.

Dann fielen mir Menschen im therapeutischen Prozeß ein: Da wird immer wieder mit den gleichen Grundproblemen gerungen. Immer wieder stellen sich die gleichen Fragen, die gleichen Eigenheiten werden zum Konflikt. Und manch einer klagt dann: »Kann ich dieses Problem denn nie bewältigen?« und verzweifelt fast an seinen Anstrengungen. Ein andermal kann er von einer anderen Warte aus sehen, daß er sich zwar immer mit den gleichen Problemen beschäftigt, aber er erlebt, daß er jetzt schon anders mit ihnen umgehen kann. Ist er bei der ersten Aussage noch ganz überzeugt davon, daß die Arbeit an sich selbst, an seinen Grundproblemen, Sisyphosarbeit ist, dann ist er bei der zweiten Aussage nur noch bedingt davon überzeugt.

Natürlich stellt sich hier die Frage, ob das Sisyphische seine Mühsal verliert, wenn es einem gelingt, nicht nur die Wiederholung, sondern auch die ganz leise Veränderung daran zu sehen. Oder nennen wir etwas Sisyphosarbeit, wenn wir eine Veränderung nicht sehen können oder sehen wollen?

Deutlich wird bereits jetzt, daß es schwerfällt, in jenen Sisyphosarbeiten, die wirklich bloße Wiederholungen sind, einen Sinn zu sehen. Sinn verbinden wir mit Veränderung zu etwas Umfassenderem hin.

Das Stemmen des Steins

Der zweite Teil des Mythos von Sisyphos

Die alltägliche Erfahrung mit dem ewigen Geschirrwaschen war Anlaß, eine Grundstimmung in mir mit einem mythischen Bild zu verbinden; mein Widerstand gegen die ewige Wiederholung wurde durch die Verbindung zu einem mythologischen Bild in einen großen Zusammenhang hineingestellt, in die existentielle Grunderfahrung des sich vordergründig immer wieder vergeblich abmühenden Menschen.

Mythen sind Geschichten, die aus Elementen der alltäglich erfahrbaren Wirklichkeit aufgebaut sind und anscheinend auch von dieser handeln, darüber hinaus aber diese Zusammenhänge auch dazu benutzen, um das Selbstverständnis des Menschen, seine Erfahrung des Göttlichen und seine Stellung zum Göttlichen und zum Realen auszudrücken. Sollte ein Mythos Bestand haben, mußte sich in ihm sowohl ein Kollektiv als auch ein Individuum erkennen können, mußte in ihm also eine wesentliche existentielle Erfahrung oder Sehnsucht ausgedrückt sein.

Dadurch, daß der Mythos durch die Geschichtswissenschaft entmythologisiert wurde, offenbart der Mythos nun da, wo er immer noch lebendig ist, wo er uns also auch heute noch anspricht, erst recht seine symbolische Funktion. Er verweist auf existentielle Grunderfahrungen. Jeder Mythos drückt einige spezielle Grundängste und Grundhoffnungen aus. Wenn wir uns mit Mythen beschäftigen, dann beschäftigen wir uns mit den existentiellen Grunderfahrungen, die im jeweiligen Mythos am prägnantesten ausgedrückt sind, im Mythos von Sisyphos zunächst einmal die Erfahrung des vordergründig sich vergeblich abmühenden Menschen, der sich aber auch von seinem Bemühen nicht abbringen läßt. Vordergründig vergeblich, sage ich, weil »vergeblich« bereits eine Deutung des Mythos impliziert:

Sisyphos müßte »Erfolg« haben, er müßte den Stein über den Gipfel rollen, die Sache zu Ende bringen. Muß er wirklich? Bezeichnen wir nicht oft eine Arbeit gerade deshalb als Sisyphosarbeit, Bemühungen als sisyphisch, weil wir so ganz und gar davon überzeugt sind, daß ein Ziel erreicht werden muß, dazu noch möglichst schnell?

Homer läßt Odysseus von seiner Reise durch die Unterwelt erzählen:

»Ja auch zu Sisyphos sah ich hinein,
der leidend sich plagte;
Schob er ja doch einen riesigen Block
mit beiden Händen.
Wahrlich, er stieß ihn hinauf bis zum Gipfel
und stemmte dagegen,
Brauchte Füße und Hände; doch war es soweit,
daß die Höhe
Endlich er hatte, da drängte die Überschwere
ihn abwärts.
Wieder dann rollte der schamlose Stein
in die Felder hinunter.

229

Aber er fing wieder an sich zu plagen und stieß,
daß der Körper
Triefte von Schweiß; um den Kopf aber kreiste
von Staub eine Wolke.«[1]

Dieser Teil des Mythos, der allgemein bekannt
ist, vermittelt zunächst die Erfahrung der großen Anstrengung, des intensiven Einsatzes und des Dran-
bleibens an diesem Stein, auch wenn das vermeintliche Ziel nicht erreicht werden kann. Daraus erfolgt
denn auch diese ewige Wiederholung – im Mythos eine Strafe der Götter.

Im Mythos von Sisyphos ist – wie in allen Mythen, die uns gegenwärtig sind – eine Grunderfahrung des menschlichen Daseins ausgedrückt, ein
Aspekt des Menschenlebens und Menschenwesens.

Das alltägliche Verständnis
des Mythos

Daß dieser Mythos noch lebendig ist, Menschen trifft und betrifft, zeigte sich auch an der Reaktion meiner Mitmenschen, als ich ihnen sagte, daß ich mich im Moment gerade mit dem Mythos von Sisyphos befasse. Ein Seufzen, ein Lachen, ein verständnisvolles, ein bitteres manchmal, ein schadenfrohes zuweilen. Alle ließen erkennen, daß ihnen diese Thematik nicht fremd sei. Gespräche über Resignation, Durchhaltenwollen, Sinn und Absurdität des Daseins ergaben sich. Gefühle der Überforderung wurden geäußert, die Überzeugung, irgendwann diesen ewigen Stein nicht mehr stemmen zu können, nicht mehr stemmen zu wollen. Fragen, die die Hoffnung und die Hoffnungslosigkeit ins Zentrum rückten, stellten sich. Gemäß der Lebenssituation, in der die einzelnen sich befanden, wurden andere Aspekte dieses an sich prägnanten mythischen Bildes betont: War für den einen Menschen der Aspekt des mühsamen, des schweren Steines, den er oder sie zu stemmen hatten, im Vordergrund ihres Erlebens, Symbol für eine schwierige Aufgabe, die Qual verursachte, dann war es für andere vor allem die ewige Wiederholung desselben, die von ihnen als qualvoll erlebt wurde. Die ewige Wiederholung machte für sie den »Stein« schwer. Und doch waren sich die meisten darüber einig, daß die Last und die Wiederholung zusammen letztlich doch das Quälende ausmachen.

Es gab aber auch andere Reaktionen. Da waren Menschen, die die Wiederholung als wohltuend empfanden, als Ausdruck einer Ordnung, auf die man sich verlassen kann. Sie waren einverstanden mit dem immer gleichen, weil sich darin das Wesen des Lebens ausdrücke. Vermißten die einen das Innovative an diesem Lebensentwurf, war es den anderen gerade recht, daß dieser Aspekt des Lebens einmal nicht im Vordergrund stand.

Bei den Reaktionen auf den Mythos wurde sehr bald deutlich, daß verschiedene Aspekte von ihm erlebt werden können, daß die Reaktionen aber auch sehr davon abhängen, welche Rolle dieser Mythos in der jeweiligen Lebenssituation des einzelnen gerade spielt. Denn daß im Mythos von Sisyphos nicht das Ganze der Existenz des Menschen ausgedrückt ist, dürfte deutlich sein. Es gibt eine Flut von Mythen, die alle Wesentliches über das Menschsein aussagen und jeweils verschiedene Perspektiven beleuchten. Dem Mythos von Sisyphos stehen – um nur ein Beispiel zu nennen – Mythen des göttlichen Kindes entgegen, die von der Schöpferkraft, von der Erfindungskraft des Menschen handeln. Der Mythos von Sisyphos kann niemals das Abbild für das Menschsein als Ganzes sein. Dennoch ist bemerkenswert, daß dieses mythologische Motiv vielen bekannt ist, vor allem wohl, weil unsere Sprache den Ausdruck »Sisyphosarbeit« kennt. Das Lebensalter rückt bestimmte Aspekte dieses Mythos mehr in den Vordergrund und läßt andere mehr in den Hintergrund treten.

»Was fällt Ihnen zu Sisyphos ein?«

Assoziationen

Eine 19jährige Frau: »Sisyphosarbeit? Unnütze Arbeit, Arbeit, von der niemand was hat. Frust halt. Man muß das vermeiden, wenn immer möglich.«

Ein 22jähriger Mann: »Sisyphosarbeit? Arbeit, die umsonst gemacht wird und zudem mühsam ist. Das gehört wohl zu allen Arbeitsprozessen. Ich finde Sisyphosarbeit aber nur gerechtfertigt, wenn der ganze Arbeitsprozeß etwas hergibt, wenn man dabei doch etwas Neues schaffen kann.«

Eine 40jährige Frau: »Sisyphosarbeit! Ich sehe nicht so sehr das daran, daß sie unnütz ist, ich sehe vielmehr diese ewige Wiederholung. Nimm einmal den ganzen Haushalt, die Wäsche – immer wieder dasselbe. Aber das alles ist natürlich notwendig. Oder immer wieder dieselben Probleme in der Beziehung, immer die gleichen Auseinandersetzungen um gleiche Probleme und die Versuchung, sie immer gleich unproduktiv zu lösen. Manchmal möchte ich alles ganz anders machen.«

Ein 42jähriger Mann: »Der, der immer den gleichen Stein wälzte: so komme ich mir auch vor. Vieles, was früher Herausforderungen waren, sind jetzt keine mehr. Die Mühsal bleibt, aber das Gefühl des Triumphs ist nicht mehr dabei – nur noch die Mühsal. Die Herausforderung besteht wohl darin, diese Män-

233

gel zu ertragen. Aber ich resigniere schon ein wenig. Es bleibt auch keine Kraft mehr für etwas anderes. Zudem ist es für alle normal, daß man diese Steine stemmt. Früher wurde ich dafür bewundert, jetzt ist es normal, allenfalls werde ich kritisiert.«

Eine 75jährige Frau: »Sisyphosarbeit. Daran habe ich lange nicht gedacht. Früher, als ich so zwischen Vierzig und Fünfzig war, da war so viel zu tun und immer wieder von neuem, da war kein Ende abzusehen. Wenn ich nur an die Berge von Strümpfen denke, die ich immer stopfen mußte – und ständig waren sie wieder kaputt. Das empfand ich als sinnlos. Ich habe oft geweint vor Wut. Die Arbeit ist jetzt weniger geworden, die äußere. Eines Tages habe ich das wohl einfach alles akzeptiert. Es hat ja auch eine andere Seite: Wenn zum Beispiel alles doch immer wieder schmutzig wird, dann muß man auch nicht putzen, als putzte man für die Ewigkeit. Das ist halt so, alles wiederholt sich – und das ist auch schön, das gibt auch ein Gefühl des Vertrautseins mit dem Leben; man hat ja auch Strategien, macht es immer ein wenig anders – und irgendwie war ich dann auch immer stolz auf mich. Heute sehe ich das Problem viel mehr innen. Ich habe doch Eigenschaften, die mir immer das Leben schwergemacht haben – und die es mir noch immer schwermachen. Bewußt setze ich mich damit sicher schon bald dreißig Jahre auseinander: Immer wieder dieser ewige Vaterkomplex. Ich weiß natürlich auch, daß es nicht anders sein kann, ich gebe nicht auf zu kämpfen.«

Ein 73jähriger Mann: »Ich war Lehrer. Ich wundere mich heute noch, woher ich die Kraft genom-

men habe, den Schülern immer wieder dasselbe bei-
zubringen, dabei gab es immer ähnliche Probleme,
gleiche Fragen. Manchmal dachte ich, es sei echte Sisyphosarbeit, wenn ich entmutigt war, das Gefühl
hatte, daß die Schüler das Wesentliche doch nicht lernen. Aber das stimmt natürlich nicht. An Sisyphos
habe ich nur gedacht, wenn ich entmutigt war oder
wenn ich zuviel wollte.

Jetzt denke ich an Sisyphos im Zusammenhang
mit dem Tod. So im Sinne: Ich habe jetzt ein Leben
lang meinen Stein gestemmt. Ich bin nicht geflohen.
Man könnte ja auch den Stein liegenlassen und weg-
gehen. Und jetzt weiß ich eigentlich gar nicht, ob das
richtig war oder nicht.«

Vergleichen wir diese Aussagen miteinander,
dann fällt auf, daß alle von Sisyphos im Zusammenhang mit Arbeit sprechen. Der Mythos vom Sisyphos
ist also ein Mythos, den wir mit dem arbeitenden
Menschen in Zusammenhang bringen, vielleicht
wirklich ein Mythos der Arbeit. Diese Sicht wird
auch dadurch nahegelegt, daß wir – und das ist auch
schon eine Deutung des Mythos – den Ausdruck »Sisyphosarbeit« kennen. Im Vergleich wird zudem
deutlich, daß die Sisyphosthematik eine ist, die sich
vor allem in der Lebensmitte stellt. Da wird sie offenbar existentiell erlebt, und ihrer Problematik
kann nicht mehr so leicht ausgewichen werden, wie
dies im jüngeren Alter möglich ist. Auch da wird das
Thema der Sisyphosarbeit zwar erlebt, auch in Zusammenhang mit Frustration gebracht, aber mit einer Frustration, die vermeidbar ist. Bei den Men-

schen der Lebensmitte scheint Sisyphosarbeit nicht mehr so leicht vermeidbar zu sein, sie wird als »notwendig« erachtet, und doch ist dieses Notwendigsein in nächster Nähe zum Unproduktivsein angesiedelt. Das Notwendige müßte nicht unproduktiv sein, aber das, was sich hier als notwendige Wiederholung anbietet, nötigt zu der Frage, ob es einen Sinn hat. Die Angst, daß das, was als notwendig erlebt wird, letztlich vielleicht doch falsch sein könnte, zeigt sich deutlich. Vielleicht auch nur die Spannung zwischen dem Wissen, daß nicht alles produktiv sein kann, und einer verinnerlichten Forderung, daß alles produktiv sein muß. Die Notwendigkeit der Wiederholung scheint akzeptiert zu werden und steht doch in Spannung zu der Forderung, daß das Leben sich verändern muß. Das ist die Spannung, die im Mythos von Sisyphos enthalten ist. Diese Spannung legt uns nahe, wieder zu bedenken, ob die Wiederholung jeweils wirklich notwendig ist oder nur ein Versuch, etwas eben gerade nicht produktiv zu lösen.

Die 40jährige Frau spricht vom Sisyphischen in Zusammenhang mit Beziehungen. Hier wird nun nicht mehr nur die äußere Arbeit unter dem Aspekt der Wiederholung gesehen, sondern auch unser Verhalten in Beziehungen. Die gleichen »Eigenheiten«, die sich so wenig verändern, führen immer wieder zu gleichem Verhalten, zu gleichem Leiden aneinander, zu der Form von Streit, die nicht weiterbringt, weil jeder schon weiß, wie es abläuft – »die alte Platte« –, und keiner fähig ist, eine kleine Veränderung anzubringen.

Unproduktiv ist hier wohl der richtige Ausdruck,

weil wir so gut wissen, wie unser Partner/unsere Partnerin zu sein hätte. Unproduktiv wohl auch, weil wir uns an diese Wiederholungen gewöhnt haben, vielleicht schon in mehreren Partnerschaften, und nicht mehr erschrecken, auch nicht aufschrecken.

Letztlich stellt sich die Frage, ob wir dem konsequenten Dranbleiben am gleichen Problem auch den richtigen Platz in unserem Leben geben – Sisyphos ist ein Mythos unter vielen – und unter welchen Umständen dieses Dranbleiben sinnlose Wiederholung sein könnte.

Einen ganz anderen Aspekt von diesem Mythos erlebt der 42jährige Mann. An seinen Einfällen wird deutlich, warum der Sisyphosmythos auch als ein Mythos der etwa Vierzigjährigen bezeichnet werden könnte:

Sehr vieles an Lebensbewältigung – an äußerer Lebensbewältigung – ist gelernt und wird angewendet. Das gute Lebensgefühl, das uns erfüllt, wenn wir erstmals etwas bewältigen, von dem wir dachten, es gehe eigentlich über unsere Kräfte, ist eigentümlicherweise nicht wiederholbar. Im besten Fall bleibt die Erinnerung daran, aber meistens wird die Leistung »gewöhnlich«; man hat sich selbst daran gewöhnt, und die Umwelt hat sich auch daran gewöhnt. An das »Gewöhnlichsein« kann sich dieser Mann nicht gewöhnen, vielleicht auch, weil er für die Arbeit seine ganze Energie einsetzt, keine Kraft für etwas anderes mehr hat. Haben wir hier einen Menschen vor uns, für den allein dieser Mythos sein gegenwärtiges Leben erklärt, ist sein Leben beherrscht vom Sisyphischen? Hat er vielleicht gelernt, daß durch das treuliche Stemmen des Steins Gipfel erreicht werden?

Immer deutlicher wird, wie wesentlich es ist, daß wir dem Thema des Sisyphischen in unserem Leben eine bestimmte Stelle zuweisen.

Zudem wird hier ein Phänomen deutlich, das nur indirekt mit dem Mythos von Sisyphos zu tun hat, das Leiden an der Sisyphosthematik aber doch wesentlich verstärken kann. Bewunderung ist etwas, das man in der Jugend und im frühen Erwachsenenalter leichter bekommt als später. Da wiederholt sich eben vieles, wird vieles »gewöhnlich«, ja sogar erwartet. Wer seinen Selbstwert nicht auch darin finden kann, daß er treulich auch Nicht-Spektakuläres erfüllt, wer Mühe hat mit der Gewöhnlichkeit, für den wird das Sisyphische noch quälender, als es eh schon ist.

Meine These, daß die Sisyphosthematik eine Thematik der Vierzigjährigen ist, wird unterstützt durch die Aussage der 75jährigen Frau zu diesem Thema: Sie erinnert sich an die Zeit zwischen Vierzig und Fünfzig. Bei ihr wird die Sinnlosigkeit sehr deutlich, die sie empfand angesichts der Strümpfe, die immer wieder durchlöchert waren, die Wut angesichts einer Arbeit, die nie zu bewältigen war. Und dann hat sie das alles einfach akzeptiert als Aspekt des »endlichen Lebens«, als Ausdruck dafür, daß viel menschliches Tun eben nicht für die Ewigkeit gedacht ist. Sie hat einen Sinn für menschliches Maß bekommen: Die Bemühung wird nicht mehr entwertet, weil sie nichts Absolutes hervorbringt, die ewige Wiederholung wird akzeptiert. In der ewigen Wiederholung wird das »Vertrautsein« mit dem Leben gesehen. Wir wiederholen ja zum Beispiel auch Lehrstoffe, um sie uns einzuprägen. In der Wiederholung prägt sich uns auch Leben ein, werden wir nicht ständig mit neuen, unüberschaubaren Situationen konfrontiert.

An dem, was diese Frau erzählt, wird auch sehr deutlich, wie eine Phase des Lebens, in der die Sisyphosthematik dominiert, überwachsen werden kann: Sie litt zunächst darunter, lehnte sich auch dagegen auf, akzeptierte sie dann als eine mögliche Lebensthematik. Dadurch wurden absolute Strebungen relativiert, und das Positive der Wiederholung, das Gefühl der Geborgenheit in der Wiederholung konnte erlebt werden. Dann aber zeigt sie auch auf, wie sie das Bedürfnis nach Veränderung einbringt, das ja jedem Leben grundsätzlich eignet: Die zwar immer sich ähnelnden Aufgaben hat sie immer wieder ein wenig anders angepackt, neue Strategien erfunden, und darauf war sie stolz. Sie hat die Freiheit, die ihr auch in diesen festgelegten Situationen möglich war, ausgeschöpft. Die kleine mögliche Veränderung kann an die Stelle des großen unmöglichen Entwurfs treten, wenn die Wiederholung akzeptiert wird.

Und doch taucht die Sisyphosthematik von einer anderen Seite neu auf. Wurde die Sisyphosarbeit zunächst in der Bewältigung des äußeren Lebens gesehen, im Immer-wieder-von-vorne-beginnen-Müssen, im Nie-wirklich-an-ein-Ende-Kommen, spricht sie dann von »inneren Problemen«, von Eigenheiten an ihr, die ihr das Leben immer schwergemacht haben und die es ihr immer noch schwermachen. Sich selbst in seiner Eigen-Art zu tragen und zu ertragen, sich selbst in seinen mühsamen Seiten auszuhalten, das wird hier als Sisyphosarbeit bezeichnet.

Eine ähnliche Perspektive berührt der 73jährige Lehrer, wenn er sagt, daß er heute das Thema Sisyphos im Zusammenhang mit Tod sehe. Er identifiziert sich in gewissem Maße mit Sisyphos, der ein Leben lang den Stein gestemmt hat, der immer die Aufgaben angepackt hat, die sich ihm gestellt haben, der die Mühsal des Lebens auf sich genommen hat, der nicht geflohen ist. Aber jetzt zweifelt er an der Richtigkeit seines Verhaltens. Was meint er, wenn er sagt, er habe »den Stein gestemmt«? Er dachte dabei an Pflichterfüllung und ist heute der Ansicht, man hätte manchmal auch den Stein ruhen lassen können. Nimmt man seine Aussage radikaler, wäre der Stein nicht nur Symbol für die Pflicht, sondern Symbol für die ganze Mühsal der eigenen Existenz, dann hieße den Stein aufgeben sein Leben aufgeben, kapitulieren. Daran dachte er nicht.

Das wird auch daran deutlich, daß er sich gern an einen Beruf zurückerinnert, in dem sich sehr viel Wiederholen ereignete, der sehr viel Beweglichkeit im Wiederholen erforderte, in dem nicht die Wiederholung des Stoffes das Eigentliche war, sondern der pädagogische Eros, der nicht nachlassende Wille, den neuen Schülern immer wieder etwas zeigen zu wollen, auch wenn es für den Lehrer Wiederholung war. Der Zwang zur Wiederholung ist die Herausforderung zur Kreativität innerhalb der Wiederholung. Wiederholung ist nur ein Strukturelement des Daseins, das den Tod kennt; was innerhalb der Wiederholung aufleuchtet, das ist das Wesentliche. Zur Sisyphosarbeit wurde ihm diese Anstrengung erst, wenn er entmutigt war oder wenn er zuviel wollte.

Hier wird nun deutlich, daß Sisyphosarbeit nicht einfach Sisyphosarbeit ist, sondern daß Arbeit auch zu Sisyphosarbeit werden kann, dann, wenn sie uns besonders schwerfällt, sei dies nun, weil wir zu hohe Ansprüche haben, sei es, weil wir uns – wie etwa hier – auch im Sinne eines zu hohen Anspruchs an uns selbst übernehmen, indem wir zum Beispiel ununterbrochen erwarten, daß wir mit pädagogischem Eros am Werk sind und uns auch innerhalb der Wiederholung ständig inspirieren. Dabei hat nicht einmal Sisyphos den Stein abwärts gestoßen; er hat ihn rollen lassen! Bei dem Lehrer aber bekommt man den Eindruck, daß er mit dem Stemmen des Steins durchaus einverstanden gewesen ist – er hätte sich, im nachhinein gesehen, nur größere Freiräume zugestehen müssen.

Die Einfälle von Menschen verschiedener Altersstufen haben uns Erlebnisperspektiven, die sie mit diesem Mythos in Zusammenhang bringen, nähergebracht. Der Mythos scheint sehr viel mit dem Bewältigen von Alltagsrealität zu tun zu haben. Diese Last kann aber auch in unseren Beziehungen als Last des immer gleichen – der Beziehung nicht zuträglichen – Verhaltens gesehen werden, als Last, zu der man sich im Miteinanderleben gegenseitig wird und die man dann auch miteinander trägt. Diese Last kann auch als das Aushalten seiner eigenen mühsamen Seiten gesehen werden. In allen Äußerungen wird deutlich, daß das Leben das Strukturelement der Wiederho-

lung kennt, und doch wird an dieses Prinzip Wiederholung auch mißtrauisch die Frage gestellt, ob es notwendig ist oder unserer Angst vor Veränderung ent-
springt. Diese Wiederholung hat viel zu tun mit dem
ganz gewöhnlichen Leben, mit der Erfahrung, daß
nicht ständig höchste Gipfel zu erklimmen sind, nicht
ständig »Gipfelerlebnisse« dem Menschen zustehen.
Die Wiederholungen werden aber natürlicherweise
auch immer mehr, je älter die Menschen werden,
Wiederholung ist ja eine Folge der Zeit. Es scheint,
daß sich Menschen in der Mitte des Lebens damit
wesentlich schlechter abfinden können als ältere
Menschen; für die Vierzigjährigen ist der Beginn des
erlebbaren Alterns schmerzhaft, weil so vieles sich
wiederholt und gerade in dieser Wiederholung so oft
doch immer wieder von vorn angefangen werden
muß. Mit dem Erlebnis des Sisyphischen ist immer
auch die Frage nach dem Sinn verknüpft.

Zur Sisyphosarbeit scheint gewisse Arbeit dann
zu werden, wenn wir zu viel wollen, wenn wir zu sehr
dem Absoluten verpflichtet sind und das Endliche
unserer Existenz zu wenig akzeptieren können. In
der Dynamik von großen Erwartungen, die dann enttäuscht werden, erleben wir die Qualen des Sisyphos.

Überlegungen
zum mythischen Bild

»Ja auch zu Sisyphos sah ich hinein,
der leidend sich plagte;
Schob er ja doch einen riesigen Block
mit beiden Händen.
Wahrlich, er stieß ihn hinauf bis zum Gipfel
und stemmte dagegen,
Brauchte Füße und Hände; doch war es soweit,
daß die Höhe
Endlich er hatte, da drängte die Überschwere
ihn abwärts.
Wieder dann rollte der schamlose Stein
in die Felder hinunter.
Aber er fing wieder an sich zu plagen und stieß,
daß der Körper
Triefte von Schweiß; um den Kopf aber kreiste
von Staub eine Wolke.«[2]

Diesen Ablauf kann man sich leicht vorstellen.
Für mich überwiegt zunächst der Eindruck des »Stei-
nernen«. Der Eindruck von größter menschlicher
Anstrengung, diesem Stein den menschlichen Willen
aufzuzwingen, überwiegt. Die Anstrengung, das
Loslassen-Müssen und die Entschlossenheit, mit der
Sisyphos immer wieder den Stein aufnimmt, sind we-
sentlich in diesem Text von Homer. Mit Füßen und

Händen muß er stemmen, der Körper trieft von Schweiß, um den Kopf kreist eine Wolke aus Staub.

Es ist ein Bild der größten Konzentration und der größten Präsenz – und deshalb wohl kann Sisyphos auch auf nichts anderes achtgeben als eben auf diesen Stein und damit auf seine Anstrengung, die ihn ganz fordert. Sisyphos müßte sich in dieser Situation intensiv spüren, so wie wir uns auch spüren, wenn wir voll auf eine Aufgabe konzentriert sind, eins mit ihr sind, und gerade dann ein Erlebnis von Kraft und von unser selbst ganz Innesein haben, weil wir uns selbst nicht mehr ansehen. Es sind Momente, in denen ein Mensch über sich hinauswachsen kann. Es ist ein Erlebnis mit sich selbst und an sich selbst – ein Erlebnis des Selbst-Seins in der Selbst-Vergessenheit.

Sisyphos hat keine Zuschauer: Es geht bei diesem Teil des Mythos nicht darum, daß ihn jemand bewundert, es ist keine narzißtische Machtdemonstration im Sinne von »Schaut einmal her …«. Es ist ein Kampf, der ganz einsam bestanden wird. Ganz kurz aber bevor er das Ziel erreicht hat, drängt die »Überschwere« den Stein abwärts, wird die Hoffnung, die in diesem konzentrierten Einsatz enthalten ist, enttäuscht. Kurz vor dem Ziel, da, wo es am ärgerlichsten ist und am häufigsten sich ereignet, da scheitert er. Wähnte sich Sisyphos vielleicht zu früh am Ziel, wie wir Menschen das oft tun und dann in unserer Konzentration nachlassen?

Ging es ihm vielleicht gar nicht darum, den Stein wirklich an ein Ziel zu bringen, sondern ging es ihm darum, diesen Stein in höchster Konzentration so weit wie möglich zu stemmen? Geht es ihm vielleicht mehr um sein Auf-dem-Weg-Sein in dieser Intensität und gar nicht so sehr um das Erreichen des Ziels?

Wir wissen, daß der Stein nie ans Ziel kommen wird – im Mythos. Im Nachdenken darüber werden wir mit unserer eigenen Angst davor konfrontiert, daß unsere Bemühungen letztlich scheitern, daß alles umsonst sein könnte, unsinnig, absurd, vergeblich. Das läßt uns einen Sinn in diesem vordergründig unsinnigen Mythos suchen.

Eigentümlich ist, daß von Sisyphos keine Reaktion übermittelt ist auf das erneute Hinabrollen des Steines in die Felder hinunter. Der Stein wird schamlos genannt, auch unverschämt. Und etwas ratlos fragt man sich: Wofür soll sich denn der Stein schämen, etwa für seine Überschwere? Von Sisyphos aber hören wir kein Wort.

Aber was ist in dem Moment, in dem der Stein in die Felder hinunterrollt? Ich stelle mir vor, daß Sisyphos auf die Seite springt, schwer atmend, aufatmend stehenbleibt und dann ins Tal schreitet.

Gehetzt? Nachdenklich? Ent-lastet? Hat er vielleicht gar Augen für die Umgebung? Tritt er, der so sehr nur mit dem Stein und mit dem Fels in Kontakt ist, etwa mit der Landschaft in Beziehung? Davon erzählt Homer nichts. Die Phase des Entlastetseins ist nicht wichtig, wichtig ist die Phase des Belastetseins, die Phase, in der er immer wieder die Last auf sich nimmt. Wenn wir uns aber mit diesem Mythos beschäftigen, dann steht es uns frei, auch anders hinzusehen, als es die getan haben, die diesen Mythos schriftlich niedergelegt haben.

Homer spricht von einem Block, den Sisyphos wohl einen Berg hinaufstemmen muß, denn es ist von einem Gipfel die Rede. Dieser Block wird auf antiken Vasen – auch das sind natürlich Interpretationen des Mythos – manchmal rund, als Kugel, manchmal als Felsblock dargestellt. Diese Blöcke oder Felsen sind im Vergleich zum Menschen Sisyphos immer in Übergröße gezeichnet, und es mutet als Wunder an, daß ein Mensch überhaupt einen solchen Block stemmen kann.

Steine, wie wir sie in der Natur vorfinden, sind einfach einmal da; wenn sie bewegt werden sollen, dann müssen sie von außen bewegt werden. Da sie ihre Härte, ihre Festigkeit, Kantigkeit und ihr Gewicht unseren Absichten entgegenstellen, ist es oft recht schwierig, einen Stein in Bewegung oder gar ins Rollen zu bringen. Sisyphos bringt den Stein in Bewegung, und der gerät auch ins Rollen, immer wieder. Nur das vom Mythos uns nahegelegte Ziel, den Stein auf den Gipfel zu bringen, schafft er nicht. Aber auch das ist schon wieder eine Perspektive, die versucht, eine andere Bedeutung in diesem Mythos zu sehen. Solche Interpretationen drängen sich auf, weil es so sehr schwer ist, nur dieses sinnlose Immer-wieder-von-vorne-beginnen-Müssen zu sehen. Aber gerade das Quälende dieser Situation macht den Blick frei für Dimensionen des Mythos, die vordergründig nicht angesprochen sind. Dennoch: Im Mythos geht es zunächst um Scheitern, und Sisyphos gibt nicht auf, darf nicht aufgeben, kann nicht aufgeben, versucht immer wieder von neuem, setzt immer wieder an. Stur, zwanghaft oder hoffnungsvoll, voll

Selbstvertrauen oder voll Trotz? Ist er Symbol für die Hartnäckigkeit, mit der Menschen scheinbar Aussichtsloses doch schaffen wollen, Symbol auch dafür, daß Absicht und Wunsch des Menschen und seine Kraft trotz aller Zähigkeit nie in einem richtigen Verhältnis zueinander stehen? Ist Sisyphos das Modell für den Menschen in seiner Maßlosigkeit, für den Menschen ohne Maß, der auch oft ein Ver-messener ist?

Dazu ein Text aus den Maximen und Reflexionen von Johann Wolfgang von Goethe:

»Der wunderbarste Irrtum aber ist derjenige, der sich auf uns selbst und unsere Kräfte bezieht, daß wir uns einem würdigen Geschäft, einem ehrsamen Unternehmen widmen, dem wir nicht gewachsen sind, daß wir nach einem Ziel streben, das wir nie erreichen können. Die daraus entspringende Tantalisch-Sisyphische Qual empfindet jeder nur um desto bitterer, je redlicher er es meinte. Und doch sehr oft, wenn wir uns von dem Beabsichtigten für ewig getrennt sehen, haben wir schon auf unserem Wege irgendein anderes Wünschenswerte gefunden, etwas uns Gemäßes, mit dem uns zu begnügen wir eigentlich geboren sind.«[3]

Für Goethe ist deutlich der maßlose Anspruch, die Selbstüberschätzung Grund dafür, daß wir »Tantalisch-Sisyphische Qual« leiden müssen. Interessant ist, daß er hier Tantalus und Sisyphos zusammenbringt. Tantalus, Sisyphos und Prometheus sind die bekannten Büßer in der Unterwelt. Tantalus prüfte

247

die Allwissenheit der Götter, indem er ihnen seinen Sohn als Speise vorsetzte. Zur Strafe muß er in der Unterwelt ewigen Hunger und Durst erleiden; über ihm ist zwar ein Baum mit Früchten, aber der weicht zurück, wenn er sich nach den Ästen ausstreckt. Unter ihm ist ein See, der sich auch zurückzieht, wenn Tantalus aus ihm schöpfen will. Er muß ewig Hunger und Durst leiden, Sisyphos muß sich ewig anstrengen. Tantalus, Sisyphos und Prometheus, sie alle maßen sich mit den Göttern, versuchten, sich den Göttern überlegen zu erweisen – und wurden dafür bestraft.

Vielleicht aber ist der Mythos von Sisyphos auch ein Symbol dafür, daß im menschlichen Leben trotz aller Bemühungen nie wirklich etwas zu einem Ende zu bringen ist, nie vollendet werden kann, weil gerade das Ausdruck des Lebens ist, daß alles immer wieder weitergeht, solange wir leben.

Sagt uns der Mythos aber, daß der Mensch sich anstrengen kann, sosehr er will, daß er letztlich doch nie auf einen grünen Zweig kommt, dann fragt man sich, warum Sisyphos nicht aufgibt. Der Mythos sagt: Es ist seine Strafe, daß er nicht aufgeben kann.

Erstes Beispiel

Die immer zu wiederholende Prüfung

Ein nicht mehr junger Mann will unbedingt eine Prüfung machen in einem Fach, das ihm wohl nicht besonders liegt. Er plagt und quält sich, manchmal wird er vor Beginn der Prüfung krank, zweimal schon ist er gescheitert, ein drittes Mal darf er noch antreten. Er überfordert sich, aber das will er nicht sehen, darf er nicht sehen. Wie Sisyphos beginnt er immer wieder von neuem, mit einer ungeheuren Zähigkeit.

Von außen wirkt er vollkommen fixiert auf diese Idee, Prüfung zu machen. Nichts anderes interessiert ihn, auch der Lehrstoff nicht, nur die Vorstellung, diese Prüfung zu machen. Er wirkt stur, extrem zwanghaft. Wenn er scheitert, schimpft er auf alle die, die ihn scheitern ließen, auf deren Dummheit. Nach zwei Tagen holt er wieder seine Unterlagen hervor: Er will es allen zeigen, daß er es kann, daß er ungerecht behandelt wird. Er will nicht aufgeben, er kann wohl auch nicht aufgeben, um nicht sein Bild von sich selbst zu verlieren und in eine tiefe Selbstwertkrise zu stürzen.

Zweites Beispiel

Das Bild, das immer wieder gemalt werden muß

Eine Malerin will ein Bild malen, das sie vor ihrem inneren Auge sieht, ein Bild, das ihr sehr wichtig ist. Sie malt. Für einen Betrachter ist das Bild sehr aussagekräftig, für sie trifft es nicht ihr inneres Bild. Sie malt ein nächstes, ein übernächstes, ein über-übernächstes Bild – von außen gesehen wirkt ihr Tun wie besessen. Sie ist besessen von der Idee, dieses innere Bild mit seiner Ausstrahlung in einem äußeren Bild darzustellen. Sie leidet darunter, daß es nicht geht, wird körperlich krank – und malt weiter. Sie leidet darunter, daß sie für nichts anderes mehr frei ist – und hofft, den richtigen Augenblick zu finden. Hier haben wir so etwas wie eine schöpferische Besessenheit vor uns. Die Frau hat genug Energie, immer wieder zu beginnen, am Thema zu bleiben, weil sie die Hoffnung hat, daß es ihr gelingt, weil aber auch von ihrer Psyche her dieser ungeheure Drang da ist, dieses und kein anderes Bild zu gestalten. Sie ist ganz gepackt von dieser Idee, genauso wie der Student gepackt ist von der Idee, die Prüfung zu bestehen.

Und doch ist ein Unterschied zu spüren. Bezeichnete ich den Durchhaltewillen des Studenten in dieser Situation als stur, dann würde ich den Durchhaltewillen der Malerin niemals als stur bezeichnen. Ich würde es deshalb nicht tun, weil bei der Malerin durchaus Hoffnung auf Veränderung besteht, beim Studenten aber kaum, und weil bei diesem zudem der Weg, den er bei seinen Versuchen zurücklegt, zwar mit viel Arbeit belastet ist, ihn auch quält, er aber nicht wirklich eine Bereicherung aus dem ziehen kann, was er lernt. Für die Malerin hingegen ist jedes Bild, das sie malt, zwar nicht Ausdruck dessen, was sie wirklich letztlich malen will, aber jedes Bild drückt etwas aus, sie lernt mit jedem Bild und drückt das auch aus, wenn sie sagt: »Ich mache große Fortschritte in meinem Ausdruck, jedes Bild lehrt mich auch etwas, aber es gelingt mir nicht, das Bild zu malen.«

Sisyphos: Ist er ein Modell für den Menschen, der von dem sich einmal gesetzten Ziel nicht lassen kann und will und daher, trotz aller Anstrengung, starr wirkt, stur, für den der Weg nichts bedeutet und das Ziel alles, wobei er gerade deshalb das Ziel nie erreicht, dem wir deshalb, und nun von außen betrachtet und beurteilt, seine Hoffnung absprechen – oder ist er ein Modell für den Menschen, der von einer Idee gepackt ist, diese ausdrücken will, der konsequent und mit ungeheurer Beharrlichkeit an der Aufgabe bleibt, der den Weg mindestens so sehr im Auge hat wie das Ziel und dem wir von außen »berechtigte Hoffnung« attestieren?

Der Unterschied scheint klein zu sein und ist doch enorm groß. Im Fall des Studenten ist der Stein, den er sich aufgeladen hat, wirklich zu groß, im Falle der Malerin kann der Stein auch zu groß sein, aber sie wächst mit ihrem Stein und damit ihre Kunst, indem sie es immer wieder von neuem versucht. Und auch wenn es so aussieht, als würde sie immer dieselbe Arbeit machen, so verändert sich doch immer etwas. Um es im mythologischen Bild auszudrücken: Sowohl der Stein als auch der Weg, den sie mit dem Stein nimmt, und der Weg, den sich der Stein beim Hinabrollen nimmt, verändern sich, fast nicht merkbar von einem zum andern Mal, durchaus merkbar jedoch, sieht man die Versuche an, die Wochen auseinanderliegen.

Und wenn wir den Stein des Sisyphos als realen Stein ansehen wollen, dann wäre es natürlich möglich, daß auch der sich mit der Zeit verändert, daß er abgeschliffen wird, daß er dank seiner veränderten Form, dank dem veränderten Schwung auch andere Wege nimmt beim Hinunterrollen.

Den beiden Menschen in meinem zitierten Beispiel ist gemeinsam, daß sie sich nicht befreien können von ihrem Stein, sie müssen ihn stemmen, und dies nimmt im Moment ihre ganze Kraft in Anspruch, sie haben keine Freiheit, sich davon zu distanzieren, erleben aber auch beide diese Situation nicht als sinnlos, sondern als sinnvoll.

Von außen gesehen aber scheint es, als ob der eine Versuch sinnlos, stur und daher abzubrechen wäre und der andere sinnvoll. Diese Beurteilung ist eng damit verbunden, ob wir Hoffnung oder Hoffnungslosigkeit in die Situation hineinsehen. Damit verbunden ist aber auch die Frage, ob die Anstrengung auch die Erfahrungen auf dem Weg mit einschließt, oder nur auf ein Ziel hingeht, ob eine gewisse Hoffnung auf Veränderung besteht.

Hoffnung und Hoffnungs-
losigkeit oder
Erwartung und Enttäuschung

Überlegungen zu Hoffnung oder Hoffnungslosigkeit im Zusammenhang mit diesem Teil des
Sisyphosmythos wurden schon immer angestellt, vor
allem von Albert Camus in seinem Buch »Der Mythos von Sisyphos. Ein Versuch über das Absurde«.
Für ihn ist Sisyphos ein tragischer, ein absurder
Held. Er kennt die Strafe der Götter, das Wälzen des
Steins, und er weiß, daß er keinen Erfolg haben
wird. Er hofft auf keine Gnade, keinen Gott; er ist
hoffnungslos – ohne Hoffnung und ohne Illusion –
und stemmt den Stein dennoch. Dadurch aber nimmt
er sein Schicksal in seine Hand, läßt sich von den
Göttern letztlich nicht besiegen. Ohne Hoffnung und
ohne Illusion zu sein meint immer auch ohne Zukunft. Sisyphos würde ganz dem Jetzt und Hier leben
– ohne Frage nach Lohn, mit der »verschwiegenen
Freude«, daß sein Schicksal ihm gehört: »Sein Fels
ist seine Sache.«[4]

Folgen wir zunächst einmal Camus in seiner Argumentation. Hinter den großen Anstrengungen ist
kein Sinn verborgen, der lohnen würde, keine bessere Zukunft, die man sich dabei erarbeitet. Das ist alles Illusion. Aber obwohl alles Illusion ist, flieht Sisyphos nicht – das Buch von Camus handelt in wesentlichen Teilen die Frage ab, ob man angesichts des

Absurden Selbstmord begehen solle oder nicht. Fliehen wäre Selbstmord, Sisyphos flieht nicht, er stemmt seinen Stein.

Und darin liegt seine Würde, daß er nicht aufgibt, nicht flieht, sondern selbst für seine Sache verantwortlich bleibt. Keinen Gott macht er dafür verantwortlich, sondern sich selbst. Und zwar für den Teil, der in seiner Kraft liegt. Das ist eine zentrale Aussage des französischen Existentialismus, die auch schon im Motto vorweggenommen ist, das Camus seinem Buch vorausschickt:

»Liebe Seele, trachte nicht
nach dem ewigen Leben,
sondern schöpfe das Mögliche aus.«

Pindar, Dritte Pythische Ode

Diese Haltung steht einer Haltung der Flucht gegenüber, einer Flucht in die Illusion, in den Tod. Natürlich ist der Mensch auch ein Fluchtwesen, und es ließen sich viele Mythen und Märchen beibringen, in denen Götter und Göttinnen, Helden und Heldinnen auf der Flucht sind. Der Sisyphosmythos ist aber kein Mythos des fliehenden Menschen, er ist ein Mythos des standhaltenden Menschen, der sein Möglichstes gibt.

Dadurch aber, daß das Universum keinen Herrn mehr kennt, argumentiert Camus weiter – eine eigentümliche Argumentation, wenn wir bedenken, daß Sisyphos ja immer noch unter der Strafe dieser Götter steht, die nun nach Camus dadurch abgeschafft sind, daß Sisyphos die Strafe akzeptiert, nicht um Gnade winselt und auch nicht weggeht –, ist dieses Universum »weder unfruchtbar noch wertlos«[5]: »Jedes Gran dieses Steines, jeder Splitter dieses durchnächtigten Berges bedeutet allein für ihn eine ganze Welt. Der Kampf gegen Gipfel vermag ein Menschenherz auszufüllen. Wir müssen uns Sisyphos als einen glücklichen Menschen vorstellen.«[6]

Diese Sicht des Mythos von Camus legt zunächst einen faszinierenden Blick frei auf Sisyphos als Modell für einen Menschen, der ohne Hoffnung auf Erfolg und ohne Hoffnung auf Veränderung seiner Situation das ihm Zugedachte erfüllt, auch wenn es als Strafe gedacht ist. So wäre Sisyphos ein Symbol für alle jene Situationen, in denen Menschen, die auch keine Hoffnung auf Veränderung spüren, einfach einmal das Nächstliegende tun, allerdings doch in der Hoffnung, daß sich irgendwann das Geschick wieder ändern wird. Wundern wir uns über soviel Heroismus, bewundern wir ihn gar? Bei genauerem Hinsehen wird dieser Heroismus problematisch.

Nicht nur die Hingabe an die Sache, auch wenn sie aussichtslos erscheint, motiviert nach Camus Sisyphos, sondern auch die Tatsache, daß er damit die Götter außer Kraft setzt, er erweist sich den Göttern gegenüber als der Stärkere. Aus der Perspektive der Tiefenpsychologie betrachtet, hätten wir einen Menschen vor uns, der mit dem Aufbieten aller seiner Ich-Kräfte, seines ganzen Willens, eine Aufgabe vollbringt, der aber nie schwach sein dürfte, dem auch nie etwas anderes einfallen dürfte, der nichts außer der Anstrengung genösse. Einen Menschen, der sich außerordentlich anstrengt, um zu zeigen, daß er selbst alles kann, was er will, dem keine unbewußten Tendenzen die bewußten Absichten durchkreuzen. Er hält alles immer unter Kontrolle – und scheitert doch immer wieder.

Wenn wir Sisyphos als Modellhelden für den Menschen sehen, wie er im französischen Existentialismus gezeigt wird (ein Vorschlag von Bollnow[7]), dann zeigen sich an diesem mythologischen Bild sehr deutlich Stärke und Schwäche dieses Existentialismus: Die Stärke besteht in diesem Stehen zu sich selbst, in diesem Nicht-Aufgeben, sich nicht ständig im Bewältigen seines Schicksals von einem andern Menschen oder einem Gott vertreten zu lassen. Die Verantwortlichkeit für sich selbst, auch ohne Aussicht auf irgendeinen Erfolg, wird deutlich wahrgenommen. Wie immer das Schicksal auch ist, der Mensch hat die Möglichkeit, an diesem Schicksal etwas zu verändern, er soll das Mögliche tun. – Eine Aussage, die gerade auch für Psychotherapeuten sehr wesentlich ist. Wie oft sind wir in der Situation, daß Analysanden gerade dadurch, daß sie verstehen lernen, wie sehr gegenwärtiges Verhalten mit ihren Erlebnissen in der Kindheit zu tun hat, ständig Vater oder Mutter oder ein Schicksal »verantwortlich« machen für aktuelle Schwierigkeiten und daß so das Prinzip der Selbstverantwortung sehr in den Hintergrund rückt. Da kann die Idee des französischen Existentialismus korrigierend wirken: Was immer in unserer Kraft liegt, das müssen wir tun, um unser Leben zu verändern.

Die Schwäche des französischen Existentialismus

indessen zeigt sich vor allem in dem, was in diesem Modell fehlt: Der Mythos von Sisyphos ist ein völlig unerotischer Mythos. Der ganze Aspekt der Liebe und der Beziehung zu Menschen ist ausgespart, aber auch der ganze Bereich des Loslassen-Könnens, des Sich-Hingeben- und Vertrauen-Könnens, wenn es um Hingabe und Vertrauen in anderes als in die eigene Kraft und den eigenen Willen geht. Damit ist aber auch der ganze Bereich des Metaphysischen und der Hoffnung ausgespart. Es ist nicht von ungefähr, daß Gabriel Marcel[8] ungefähr zur gleichen Zeit, als Camus den Sisyphos veröffentlichte, die »Philosophie der Hoffnung« herausgab. Gegen diese so ausschließliche Betonung des Jetzt und Hier und der Fähigkeit des menschlichen Willens setzt Marcel Vertrauen, Hoffen, das Geheimnis der Liebe. Hoffnung wird dabei zum Antipoden der Anmaßung und des Trotzes. Camus und Marcel zeigen zwei verschiedene Aspekte des Menschenbildes auf, jede Haltung kann in einer gewissen Lebenssituation wesentlich sein; beide Haltungen miteinander, in ihrer Spannung, scheinen mir das Menschsein auszumachen.

Würde Camus in seiner Auslegung des Mythos von Sisyphos nur davon sprechen, daß ein Mensch, von den Göttern letztlich zu einem absurden Schicksal verdammt, dieses Schicksal auf sich nimmt, an diesem Schicksal arbeitet und dabei den Göttern auch die Stirn bietet – obwohl mir das so ganz ohne Hoffnung doch sehr schwierig erscheint –, so wäre wenig dagegen einzuwenden. Es gibt Phasen im Leben eines jeden Menschen, während derer man in dieser Haltung leben muß: Phasen, in denen gerade diese Haltung, auch im Bewältigen des Alltäglichen, einem die Kraft gibt, mit seinem Schicksal zu leben, wo man auch überhaupt erst einmal seine eigene Kraft im Anleben gegen das Schicksal erfahren kann.

Aber wenn Camus nun auch noch sagt, man müsse sich Sisyphos als glücklichen Menschen vorstellen, dann wundere ich mich, warum er überhaupt diese Kategorie hier einführt. Würde er sagen, daß er diesen Menschen als einen sieht, der in höchster Intensität lebt (vivre le plus), sein Leben wirklich wagt, ich würde gerne mit seiner Argumentation mitgehen. Aber glücklich? Wäre »würdig« nicht der richtigere Ausdruck? Ich möchte hier weder eine Würdigung noch eine Kritik des von Camus vertretenen Existentialismus vorbringen – dazu beziehe ich mich hier auf eine zu schmale Textbasis – noch darüber befinden, ob Sisyphos ein glücklicher Mensch ist oder war. Mir geht es vor allem um die Fragestellung nach Hoffnung beziehungsweise Hoffnungslosigkeit.

Das scheint mir eine ganz zentrale Frage zu sein, wie ich auch Hoffnung und Hoffnungslosigkeit für zentrale Emotionen im menschlichen Leben halte. Natürlich öffnet die Hoffnung immer den Blick auf die Zukunft, auf Veränderung, damit auf schöpferische Veränderung. Hoffnung beflügelt uns, Hoffnung tröstet uns, gaukelt uns aber auch manchmal etwas vor, hindert uns daran, das uns Mögliche wirklich zu tun; wir hoffen etwa nur auf Veränderung und verändern nicht, was aktuell verändert werden muß. Das bringt zuweilen die Hoffnung in Verruf.

Hoffen ist aber nicht einfach ein zaghaftes Warten auf ein »Vielleicht«, ein Bauen von Luftschlössern.

Hoffen ist letztlich Vertrauen darauf, daß etwas im Leben uns trägt, daß das Ganze des Lebens und die eigene Intention in einen Zusammenhang gebracht werden können. In der Hoffnung liegt letztlich eine Form der Geborgenheit. Hoffnung transzendiert auch immer das Jetzt und Hier, transzendiert den bewußten Willen. Die Hoffnung gibt uns normalerweise die Kraft, etwas in Angriff zu nehmen im Vertrauen darauf, daß sich etwas verändern wird oder daß das Aushalten zumindest einen Sinn hat.

Und Sisyphos soll nun immer wieder diese immense Energieleistung aufgebracht haben, trotz allen Scheiterns, ohne jede Hoffnung? Bedenken wir die Argumentation von Camus genauer, dann stellt sich heraus, daß auch er nicht ganz ohne Hoffnung auskommt. Zwar weiß Sisyphos, daß er nie an ein Ende gelangen wird – und da er im Jenseits ist, ist die Wiederholung wirklich als »ewige« zu denken –, er hat also keine Illusionen. Aber sein »Glück« bezieht er daraus, daß er den »Kampf gegen den Gipfel« besteht; er müßte also immer wieder darauf hoffen, daß er den Kampf gegen den Gipfel immer wieder besteht. Damit wird aber auch für ihn das Tun auf diesem Weg, das Erlebnis der eigenen Kraft auf diesem Weg, der kein Ziel hat, wesentlich. Auch bei Camus kommt Sisyphos nicht ohne Hoffnung aus: Er hofft aber auf die eigene Kraft – nicht auf etwas letztlich Tragendes, das ihn, den wollenden Menschen, übersteigen könnte.

Wir werden letztlich nie wissen, ob Sisyphos ein Mensch mit Hoffnung oder ohne Hoffnung war. Der Mythos muß heute mit unseren existentiellen Überlegungen angereichert werden. Dennoch meine ich, daß Sisyphos nicht einfach als Mensch gesehen werden kann, der ganz ohne Hoffnung die ewige Wiederholung erträgt; mir scheint das eine Größenidee zu sein, die Menschen überfordert. Sisyphos ist ein überforderter Held.

Ich könnte mir vorstellen, daß Sisyphos zwar weiß, daß die Götter ihm gesagt haben, er werde das Ziel nie erreichen, daß er aber insgeheim immer hofft, es eben doch zu erreichen, herausgefordert, gefordert durch diese Aussage, so wie uns eine klare Absage an unsere Fähigkeiten manchmal auch stimulieren kann, gerade jetzt, zum Trotz, etwas zu erreichen: eine heroische Hoffnung gegen den Augenschein. Trotz ist ja eine sehr wichtige Kraft für den Menschen. Sehr oft entwickeln wir uns aus Trotz gegen eine Voraussage, die uns wenig geschmeichelt hat. Im Trotz erfahren wir sehr oft unsere ganzen Möglichkeiten, stehen wir endlich zu uns. Sisyphos ist ein trotziger Held. Auch so besehen, ist es eine Auseinandersetzung mit dem Schicksal, mit den Göttern, die Sisyphos antreibt, aber eine Auseinandersetzung, die viel offener ist als die von Camus postulierte: Er verachtet nicht die Götter, er mißt sich nur mit ihnen.

Sein Durchhaltewillen, seine Würde muß sich daran erweisen, daß er immer wieder mit der Enttäuschung umgehen muß.

Das Thema wäre also nicht der Mensch, der in der Hoffnungslosigkeit weiterlebt, absolute Endlichkeit akzeptiert und so viel an Leben gestaltet, wie es ihm möglich ist, also letztlich auch den Tod verachtet, sondern das Thema wäre nun der Mensch, der hofft, der sich anstrengt und dann immer wieder enttäuscht wird, der trotz dieser wiederkehrenden Enttäuschungen jedoch nicht flieht, sondern immer wieder ansetzt, also letztlich immer auch dem Tod ein Stück Leben abgewinnt.

In der Enttäuschung nämlich müssen wir Abschied nehmen von einer Vorstellung, die wir gehabt haben; wir haben etwas erwartet, das nicht eingetroffen ist. Wir haben nicht auf etwas gehofft, sondern etwas erwartet. Die Erwartung ist viel enger als die Hoffnung, viel zentrierter auf ein Ereignis, auf das hin wir uns verstehen. Tritt dann das Erwartete nicht ein, verlieren wir unser aktuelles Zentrum. Das Gefühl, das diesen Verlust begleitet, nennen wir Enttäuschung. Die Enttäuschung erst macht uns oft deutlich, was wir eigentlich erwartet haben und daß diese Erwartung eben doch nicht erfüllt wurde, vielleicht nicht erfüllt werden kann. Dann stellt sich die wichtige Frage, wie wir mit der Enttäuschung umgehen können.

Sisyphos ist ein Modell für einen Menschen, der trotz der Enttäuschung sich wieder einsetzt, den Stein wieder stemmt, den Verlust ungeschehen machen will und neu ansetzt. Ein sehr kränkbarer Mensch würde in der Situation von Sisyphos auf dem Berg oben stehenbleiben und jammern, auch wenn man ihm vorher schon vorausgesagt hätte, daß er enttäuscht sein wird. Es wäre schwer für ihn, diesen Neuanfang zu wagen, er könnte ja doch wieder enttäuscht werden. Sisyphos aber kann die Enttäuschung und die damit verbundene Kränkung trotzig verarbeiten, er läßt sich durch die Enttäuschung nicht daran hindern, Leben zu bewältigen; insofern ringt er dem Tod ein Stück Leben ab. Aber Sisyphos ist nicht nur ein wenig kränkbarer Held, er ist auch ein sehr kräftiger Held, ein Held mit sehr viel Energie.

Der Mythos spricht nicht von seiner Enttäuschung, nichts hören wir darüber, wie er den Weg in die Felder hinunter unter die Füße nimmt – was uns einen Hinweis darauf geben könnte, wie er Enttäuschung erlebt und verarbeitet. Der Mythos sagt nur, daß er von neuem beginnt; er macht auch uns Mut zum Neuansatz, auch dann, wenn immer wieder dieselbe Last gehoben werden muß, sofern wir uns mit ihm identifizieren wollen.

Betrachten wir diesen Mythos also nicht unter dem Aspekt von Hoffnung und Hoffnungslosigkeit, sondern unter dem Aspekt von Erwartung und damit verbundener Enttäuschung, dann wird die Heldentat des Sisyphos nicht geschmälert, aber er ist dann kein absurder Held mehr. Immer wieder das Leben wagen, auch wenn man weiß, daß letztlich immer eine Enttäuschung möglich ist, es heißt zu akzeptieren, in einem größeren Rahmen gesehen, daß man immer Abschied nehmen muß von Vorstellungen, Erwartungen, ohne doch aufzugeben. Wir wissen wohl alle, wieviel Kraft das kostet, wieviel Mut auch.

Die immer sich gleichenden Enttäuschungen und die neue Hoffnung

Denken wir in diesem Zusammenhang etwa an Beziehungen; da haben wir ja besonders viele Erwartungen, und da werden auch besonders viele Erwartungen enttäuscht. Dann dennoch nicht einfach enttäuscht sitzen zu bleiben, nicht in der Position eines Opfers zu verharren, sondern sich wieder auf die Beziehung einzulassen, mit der Gewißheit, daß irgendeine Enttäuschung, vermutlich sogar dieselbe, wieder erfolgen wird: das bedeutete, Sisyphos konstruktiv zu realisieren.

Besonders eindringlich schildert es Ingeborg Bachmann in ihrer Erzählung »Undine geht«. Undine rechnet ab mit den Männern. In ihrer Abrechnung fällt auf, wie alle Männer für sie den gleichen Namen tragen, gleiche Wünsche haben, daß mit jedem Mann alles immer wieder von vorn anfängt:

»Ihr Menschen! Ihr Ungeheuer!

Ihr Ungeheuer mit Namen Hans! Mit diesem Namen, den ich nie vergessen kann.

Immer wenn ich durch die Lichtung kam und die Zweige sich öffneten, wenn die Ruten mir das Wasser von den Armen schlugen, die Blätter mir die Tropfen von den Haaren leckten, traf ich auf einen, der Hans hieß.

Ja, diese Logik habe ich gelernt, daß einer Hans heißen muß, daß ihr alle so heißt, einer wie der andere, aber doch nur einer. Immer einer nur ist es, der diesen Namen trägt, den ich nicht vergessen kann, und wenn ich euch auch alle vergesse, ganz und gar vergesse, wie ich euch ganz geliebt habe. Und wenn eure Küsse und euer Samen von den vielen großen Wassern – Regen, Flüssen, Meeren – längst abgewaschen und fortgeschwemmt sind, dann ist doch der

263

Name noch da, der sich fortpflanzt unter Wasser, weil ich nicht aufhören kann, ihn zu rufen, Hans, Hans ...[9]

Nirgendwo sein, nirgendwo bleiben. Tauchen, ruhen, sich ohne Aufwand von Kraft bewegen – und eines Tages sich besinnen, wieder auftauchen, durch eine Lichtung gehen, ihn sehen und ‚Hans' sagen. Mit dem Anfang beginnen.

›Guten Abend.‹

›Guten Abend.‹

›Wie weit ist es zu dir?‹

›Weit ist es, weit.‹

›Und weit ist es zu mir.‹

Einen Fehler immer wiederholen, den einen machen, mit dem man ausgezeichnet ist.«[10]

In den Beziehungen macht man den gleichen Fehler immer wieder, den, »mit dem man ausgezeichnet ist«. Dieser wunderschöne Ausdruck weist darauf hin, daß uns diese Fehler zeichnen, aber eben auch auszeichnen; sie sind unsere Merkmale, die uns also eine ganz besondere Bedeutung geben.

Und selbstverständlich verfällt auch Undine wieder in den Fehler, der sie auszeichnet. Nachdem sie abgerechnet hat mit den Ungeheuern, sagt sie:

»Aber so kann ich nicht gehen. Drum laßt mich euch noch einmal Gutes nachsagen, damit nicht so geschieden wird. Damit nichts geschieden wird.«[11]

Hier wird aber auch das Problematische an diesem Verhalten sichtbar: Es kann auch Situationen geben, in denen jemand geradezu in einen Wiederholungszwang verfällt, immer wieder, mit großer Energie dasselbe zu erreichen versucht, etwa von seinem Partner, nicht ablassen kann, wirklich denselben Stein, mit derselben Kraft, mit derselben Strategie stemmt.

Ein Beispiel

Unsinnige Erwartung

Ein Mann hatte eine sehr schwer depressive Frau geheiratet. Er machte es sich zur Lebensaufgabe, ihre Depression aufzuhellen, gleichzeitig konnte er eigene depressive Anteile an sie delegieren und sie auch an ihr bekämpfen. Er verwöhnte sie, tat alles für sie, massierte sie, inspirierte sie. Er quälte sich manchmal sehr, weil seine eigenen Bedürfnisse überhaupt nicht mehr berücksichtigt wurden. Und immer einmal wieder sagte ihm seine Frau, sie könne einfach nicht mehr. Er war dann jeweils sehr enttäuscht, ließ sich aber nichts anmerken und gestaltete neue Programme, quälte sich noch mehr, dachte, es müsse ihm gelingen, und es gelang ihm natürlich nicht. Sie hatte bei ihm ja auch keine Möglichkeit, sich zu erproben und zu kräftigen, um selbst in die Lage zu kommen, ihren eigenen Stein zu stemmen.

Ich habe dieses Beispiel hier angefügt, weil das Verhalten von Sisyphos wirklich nicht eines ist, das jederzeit angebracht und richtig wäre; es muß in der richtigen Lebenssituation angewendet werden. Mut zum Neuanfang, was auch ein Mut zum Ertragen von Verlust ist, kann auch einfach ein Wiederholungszwang sein, ein blindes Durchsetzen-Wollen des eigenen Willens, Ausdruck dafür, daß man nicht aufgeben kann, nicht aufgeben will.

Der Stein als Symbol

Der Stein gilt in der Symbolik aber nicht nur als etwas, das uns Widerstand leistet, als Widerständiges, nicht nur als Last, nicht nur als abweisend. Das Feste und fast Unveränderliche an ihm ließ ihn zum Symbol der Festigkeit, der Unveränderlichkeit werden, damit aber auch zum Symbol der Verläßlichkeit, zu der auch die ganze »Widerständigkeit« gehört. Nur was einem Widerstand bieten kann, ist auch so fest, daß man sich notfalls darauf verlassen kann.

In das Umfeld von Festigkeit, Unveränderlichkeit und Verläßlichkeit gehört denn auch dieser Mythos.

Mit ihrer Unzerstörbarkeit, Festigkeit und Verläßlichkeit sind Steine aber auch Symbol für Götter und für konzentrierte göttliche Kraft. Besonders die Meteorite, die Steine, die »vom Himmel fallen«, aus dem Weltall kommen, wurden schon immer als Ausdruck der Nähe des Himmlischen zum Irdischen gesehen und auch mit Fruchtbarkeit in Verbindung gebracht. Ein unbehauener Stein galt übrigens in der griechischen Antike, bevor die Götter in Menschengestalt dargestellt wurden, als Symbol des Hermes oder des Apollo[12].

Zunächst aber scheint es, als würde unser Mythos nur die Widerständigkeit, Sperrigkeit, die Last dieses Steins, die dem Menschen die größte Anstrengung abverlangt, wenn er ihn bewegen will, aufnehmen. Dennoch meine ich, daß wir die weiterführende Symbolik, die den Stein auch als Symbol eines Gottes sieht, nicht aus den Augen verlieren sollten. Nicht nur die Belastung und Anstrengung wäre dann zu bedenken, diese Anstrengung hätte dann den Sinn, den Gott, der einem aufgegeben ist, zu tragen, die je besondere Lebensaufgabe zu übernehmen, die in jedem Gott verkörpert ist.

Wäre dies Hermes, dann ginge es wohl um das Thema des Schöpferischen und der Wandlung, ist Hermes doch ein Gott, der Tore und Türen hütet, Wanderer und Grenzgänger beschützt, aber auch den Weg in die Unterwelt weist. Er ist mit Erfindungsgabe und Schelmenwitz ausgestattet, also auch in dem Sinn ein Gott, der für Übergänge, Verwandlung, Wandlung sorgt – auf den ersten Blick ein großer Gegensatz zu Sisyphos, ein Gott, der für Veränderung sorgt. Hermes wird uns noch beschäftigen.

Würde es sich um Apollo handeln, gäbe es mehrere Möglichkeiten der Deutung. Apollo hat seine Bedeutung oft gewandelt. Ursprünglich auch er ein Torwächter, wurde er immer mehr zu einem Heil- und Sühnegott, später übernahm sein Sohn Asklepius das Heilen. Eng mit dem Heilen verbunden war seine Fähigkeit der Weissagung; durch den Mund der von ihm inspirierten Seherin sprach er zu den Menschen. Seit dem 6. Jahrhundert vor Christus wird er auch als Helios (Sonne) verehrt. Er ist aber nicht nur Lichtgott, sondern auch ein Gott, der die Ordnung garantiert, und ein Gott für das rechte Maß[12a].

Das Thema des Heilens und Sühnens könnte also

auch ein Thema sein, mit dem sich Sisyphos belasten muß, und im Zusammenhang damit auch das Thema der Weissagung, das Thema des rechten Maßes oder aber auch das der immer wieder aufgehenden Sonne.

Der Mythos von Sisyphos ist nicht in der frühen Antike entstanden, die Amplifikation der Erweiterung, die ich hier anführte, ist also nur dann zulässig, wenn akzeptiert wird, daß unter Umständen frühere Ausdrucksformen in spätere Mythen übernommen werden. Im wesentlichen geht es mir darum, hervorzuheben, daß ein Mensch nicht einfach eine Last trägt, sondern daß diese Last auch eine Aufgabe ist, die in griechischer Zeit mit dem Tragen eines Gottes in Verbindung gebracht wird, also eine Anstrengung, die letztlich etwas Göttlichem in ihm zum Durchbruch verhilft.

Was trotz dieser Amplifikation bleibt, ist, daß Sisyphos in den Augen seiner Chronisten keinen Erfolg hat, daß er sich müht und müht – ohne Ende und ohne Befreiung. Es sei denn, der »Erfolg« liege gerade und nur in diesem unablässigen Bemühen.

Nur, ganz so sinnlos scheint die Sache nicht mehr zu sein: Sisyphos tut das Menschenmögliche im Zusammenhang mit seiner ihm gestellten Lebensaufgabe, mehr kann er nicht tun; bewältigen kann er sie im wahrsten Sinne des Wortes nicht, er kann nur dranbleiben. Aber jetzt ist es natürlich ein anderes Dranbleiben, jetzt ist mit diesem Dranbleiben Hoffnung verbunden, Hoffnung auf Sinn. Nicht nur einfach eine Last trägt er, sondern eine Aufgabe, die ihn in Zusammenhang mit dem Göttlichen bringt. Der Sinn liegt aber auch bei dieser Deutung nicht darin, daß die Aufgabe vollendet wird, sondern in dem Weg, der mit diesem »Stein« immer wieder zurückgelegt wird, mit den Erfahrungen, die auf dem Wege gemacht werden. Bei Sisyphos sind es Erfahrungen der Stärke, der Kraft.

Interpretationsformen, die den Stein als Last oder als das dem Menschen Aufgegebene sehen, sind möglich – und andere auch noch. Hier spitzt sich für mich die Interpretation auf die Frage zu: Wollen wir, wenn wir diesen Fels, dieses Stemmen des Steines als allgemeinmenschliche Situation ansehen, diesen Stein einfach als unbewegte Last verstehen, die nur belastet, nur stört, die völlig sinnlos unsere ganze Kraft herausfordert, oder wollen wir in den Steinen, die wir anstemmen, Lebensaufgaben sehen, unangenehme manchmal, den Sinn sehen, der darin steckt, vielleicht manchmal sogar einen Sinn darin erfinden?

Die beiden Deutungsmöglichkeiten können miteinander verbunden werden: In den größten Problemen, die wir haben, steckt auch unser größtes Entwicklungspotential. Unsere Probleme fordern uns ständig heraus, und damit fordern sie unsere Entwicklung heraus.

Nun scheint es mir, müssen wir einen Aspekt beachten, der immer wieder bei der Auseinandersetzung mit diesem Mythos gestreift wurde: Es kommt nicht so sehr darauf an, daß wir das Ziel erreichen, sondern daß wir auf dem Weg sind. Selbstverständlich aber führt der Weg zu einem angestrebten Ziel. Nicht das Erreichen des Ziels ist wichtig, sondern der Einsatz auf dem Weg und der Mut, immer wieder auch von vorn beginnen zu können.

Die Vorbedingung für die Strafe

Der erste Teil des Mythos von Sisyphos

Nachdem wir uns so lange mit der Strafe des Sisyphos beschäftigt haben, weil diese Strafe uns so viel gegenwärtiger ist als die kaum bekannte Vorgeschichte, stellt sich nun doch die Frage, warum denn Sisyphos eigentlich bestraft worden ist. Diese Vorgeschichte wird einige der bisherigen Deutungszüge erhellen.

Roscher schreibt, daß Sisyphos übersetzt einfach »der Schlaue« heißt[13]. Sisyphos galt denn auch als einer der schlauesten, verschlagensten Menschen, der nach der Ilias (6,152) in Korinth im Winkel des rossenährenden Argos lebte.

Was er alles getan haben soll, erscheint äußerst verwirrend, ich füge hier den Text aus dem »Lexikon der antiken Mythen und Gestalten« an.

»Sisyphos, Sohn des Aiolos und der Enarete. Er gründete die Stadt Korinth, die er anfangs Ephyra nannte. Seine Schlauheit und Geschicklichkeit waren sprichwörtlich; aus diesem Grunde brachte man ihn manchmal (unbekümmert um die Sagen-Chronologie) mit dem Meisterdieb Autolykos in Verbindung. Spätere Geschichtsschreiber behaupteten, Autolykos habe ihm seine Herde gestohlen, doch habe er sie zurückgewonnen. Er hatte zuvor Kerben in die

Hufe geritzt und konnte so den leugnenden Autolykos widerlegen. Dann rächte er sich an dem Dieb, indem er seine Tochter Antikleia verführte – so ging gelegentlich das Gerücht, daß er und nicht ihr Gatte Laërtes der Vater des Odysseus war, den sie später gebar.

Als Sisyphos Ephyra gründete, stiftete er zu Ehren des Melikertes, dessen Leiche er dort vorgefunden und begraben hatte, die Isthmischen Spiele, auch befestigte er die angrenzende Anhöhe des Akrokorinth zu einer Zitadelle und einem Wachtturm. Eines Tages erblickte er zufällig Zeus, wie er gerade die Flußnymphe Aigina entführte, die Tochter des Flußgottes Asopos und der Metope; Zeus trug sie zur Insel Oinone, wo er sie entehrte. Asopos nahm die Verfolgung auf und bat Sisyphos um Auskunft; der versprach, zu sagen, was er wußte, wenn er dafür auf dem Akrokorinth eine Frischwasserquelle bekäme, die Asopos auch sogleich hervorbrachte (die Quelle Pirene). Zeus war zornig über Sisyphos' Enthüllung und wollte ihn strafen; er schickte Thanatos (Tod) aus, um ihn ins Haus des Hades zu bringen. Sisyphos, der Schlaue, überlistete Thanatos auf irgendeine Weise, band ihn und warf ihn in ein Verlies, worauf die Sterblichen nicht mehr starben. Die Götter, von dieser unnatürlichen Erscheinung verunsichert, sandten Ares zur Befreiung des Thanatos aus, und er suchte nun ein zweites Mal Sisyphos auf. Für diesen Fall hatte Sisyphos seiner Gemahlin, der Pleiade Merope, genaue Anweisungen erteilt: sie ließ seinen Körper unbeerdigt liegen und brachte dem Toten auch keine der üblichen Opfer dar. Damit überlistete Sisyphos Hades: denn der Gott war über Meropes Nachlässigkeit so erzürnt, daß er oder seine Gemahlin Persephone Sisyphos in die Oberwelt zurückkehren ließen, um Merope zu strafen und zur Beisetzung der Leiche zu veranlassen. Nach Korinth zurückgekehrt, tat jedoch Sisyphos nichts dergleichen, sondern erfreute sich seines Lebens und wurde sehr alt, die Götter der Unterwelt verlachend. Wohl wegen dieser Gottlosigkeit, wie auch wegen des Verrates gegen Zeus, wurde – so nahm man an – sein Schatten nach seinem Tod im Tartaros gepeinigt: er mußte unablässig einen großen Stein einen Hügel hinaufrollen: wenn er ihn fast bis zur Spitze gebracht hatte, rollte er immer wieder hinunter.

Nach langer Herrschaft wurde Sisyphos auf dem Isthmos (Isthmos heißt die Landenge von Korinth; V. K.) beigesetzt. Er hinterließ vier Söhne: Glaukos (Vater des Bellerophon), Ornytion (Vater von Phokos 2), Thersandros und Almos.«[14]

Diese hier angeführten Taten des Sisyphos werden in allen einschlägigen Lexika erwähnt, zum Teil verschieden bewertet. Im Zentrum steht dabei die Überlistung des Todes.

Betrachtet man alle seine Taten, dann läßt man sich davon überzeugen, daß Sisyphos in der Tat ein außerordentlich listiger, geschickter, kluger, aber auch mutiger Mann gewesen sein muß. Er kämpfte mit den Göttern, sie hatten mit ihm zu rechnen – und so besehen kann man die Strafe in' der Unterwelt so auffassen, daß sie doch die Stärkeren sind. Also ein einfacher Machtkampf zwischen Mensch und Göttern? Symbol dafür, wie der Mensch in der Auseinandersetzung mit den Göttern sein Leben reich gestaltet – und letztlich dafür bestraft wird?

Oder versuchen etwa die Mythographen eine Strafe und ihre Begründung zu konstruieren, aus der Sorge heraus, daß Menschen in der Nachfolge des Sisyphos zu überheblich werden, zu sehr die Götter in Frage stellen könnten und damit selber zum Gott werden würden, was nicht dem Maß des Menschen entspricht?

So wäre auch zu erklären, daß Sisyphos Listen und Missetaten in bunter Folge noch und noch zugeschrieben wurden. An ihm soll offenbar ein Exempel statuiert, die Frage nach dem rechten Maß allen Menschen exemplarisch vor Augen geführt werden.

Sisyphos – der Schlaue und Trickreiche

Sisyphos ist natürlich auch ein Meisterdieb, wenn es ihm gelingt, dem Meisterdieb, der seine Kenntnisse direkt Hermes verdankt, wiederum das Diebesgut abzunehmen, ihn des Diebstahls zu überführen. Er ist also letztlich noch listiger als der Meisterdieb, Autolykos. Hermes hatte Autolykos die Gabe verliehen, aus gehörnten Rindern, die er stahl, ungehörnte zu machen, aus schwarzen weiße und umgekehrt[15]. Hermes ist also im Spiel, er erklärt das Wesen des Sisyphos. Deshalb wenden wir uns zunächst ihm zu.

Dem Hermes waren die Steinhaufen heilig, auch Grabmäler; aus ihnen wurden später die Hermen, die Steinpfeiler, die die griechischen Häuser schützten und die auch als Sitz des Gottes betrachtet wurden. Hermes war ein Gott, der ständig unterwegs war, er war nicht nur Gott der Reisenden und Wanderer, er verband als Götterbote auch den Himmel mit der Erde und als Totengeleiter die Erde mit der Unterwelt. Schlauheit ist ein wesentlicher Aspekt seines Charakters. Auch er wird als Meisterdieb bezeichnet, weil er, kaum geboren, seinem Bruder Apollo schon die Rinderherde stahl. Glückliche Funde und das An-sich-Nehmen dieser Funde gehören in den Zustandsbereich des Hermes, deshalb ist er dann natürlich auch ein Gott, der viele Erfindungen macht, und der Gott für die, die Erfindungen machen. Natürlich ist er auch zuständig für das Finden auf geistigem Gebiet, für Auslegen und Erklären (die Hermeneutik). Er soll unter anderem auch das Würfelspiel und die Kunst der Weissagung aus dem Würfelspiel erfunden haben[16]. So ist er Schutzpatron der Erfinder, der Intellektuellen, der Redner, der Diebe und der Kaufleute. Er ist aber auch der, der den Menschen Träume schickt, und wohl auch der, der zum Träumen anregt.

Hermes ist eines der »göttlichen Kinder« der Mythologie, Ausdruck für den immer wieder möglichen Neubeginn allen Lebens, für eine unbezähmbare Lebenskraft. In ihm sind zudem Züge einer Fruchtbarkeitsgottheit erhalten: Die Steine auf den Feldern könnten Ausdruck eines vorgriechischen Fruchtbarkeitskultes sein, der ihn in enge Beziehung zur Großen Mutter bringt. Er ist sowohl auf der realen Welt als auch im Himmel und in der Unterwelt zu Hause: ein Gott, der Verbindungen schafft, Übergänge bewerkstelligt und dadurch schöpferische Veränderung verspricht. Er ist ein ewig schweifender Gott, immer in Bewegung. Er ist und bleibt ein junger Gott, er wird niemals alt, da er ja immer in Bewegung ist; er bleibt mit der Emotion der Hoffnung verbunden, mit der Gewißheit, daß alles irgendwie eine Lösung findet; er ist ein Gott des Augenblicks und der Verbindungen, die Folgen seiner Taten scheinen ihn nicht zu kümmern.

Er ist auch ein Meisterdieb, und deshalb kann er auch anderen zeigen, wie sie Meisterdiebe werden können. Plato schreibt im Phaidros, daß jeder

Mensch zum Zuge eines Gottes gehört und diesen nachahmend lebt und ihn so ehrt[17].

So besehen, ist Sisyphos ohne Zweifel einer, der »im Zuge« des Hermes lebt, der ein Leben führt, das sehr deutlich von den Fähigkeiten und Eigenheiten dieses Gottes geprägt ist. Uns ist diese griechische Denkweise natürlich schon längst abhanden gekommen: Wir haben bessere oder schlechtere Charaktereigenschaften, und wenn jemand eine deutlich auffällige Prägung zeigt, sind wir schnell dabei, diese als nicht normal, wenn nicht gar als krankhaft zu bezeichnen. Wir könnten vielleicht besser mit unseren uns auszeichnenden Eigenheiten umgehen, wenn wir sie auch als Wirkung eines Gottes in unserem Leben oder als Ausdruck einer für den Menschen absoluten Lebensnotwendigkeit sehen könnten.

Betrachten wir nun die Ausprägungen dieses von Hermes Bestimmten in Sisyphos:

Der Meisterdieb

Den Meisterdieb kennen wir aus Märchen, er ist eine Gestalt, die offenbar schon immer die Menschen beschäftigt hat. Diese Märchen beginnen jeweils damit, daß Eltern einen Sohn haben, der lieber dumme Streiche verübt als arbeitet. Er wird verjagt oder verschwindet von selbst. Nach Jahren kommt er als vornehmer Herr zurück, hat also sein Glück gemacht und gibt sich zu erkennen. Er geht dann jeweils auch zum König oder zu einem Grafen – seinem Taufpaten – und stiehlt auf dessen Geheiß etwa des Grafen bestes Pferd, indem er als Frau verkleidet die Knechte betrunken macht. Dann stiehlt er – wiederum auf Aufforderung des Grafen hin – das Bettuch und den Trauring der Gräfin, indem er zuerst einen Toten vom Galgen abschneidet, dann eine Leiter ans Schlafgemach des Grafen anlegt. Der paßt natürlich auf. Der Meisterdieb schiebt den Toten die Leiter hinauf, der Graf erschießt den schon Verstorbenen. Der wird dann vom Grafen eilends beerdigt, der Meisterdieb indessen bittet die Gräfin – in der Rolle des Grafen – um Trauring und Bettuch als Gaben ins Grab für den Patensohn. Als nächsten Beweis seiner Kunst soll er den Pfarrer und Küster der Nachbargemeinde ohne Gewalt ins Hühnerhaus des Grafen einsperren. Der Meisterdieb sucht den ganzen Tag Krebse. Dann steckt er den Krebsen brennende Lichtlein zwischen die Scheren und läßt sie nachts auf dem Friedhof laufen; zur gleichen Zeit predigt er, daß die Zeit erfüllt sei, die Leute sollten nur auf dem Gottesacker nachsehen. Wer ins Himmelreich kommen wolle, solle schnell in seinen Sack kriechen, es hätte nicht viel Platz drin. Der Pfarrer und der Küster sind dann natürlich die ersten, die in den Sack drängeln.

Der Graf gibt ihm Geld und bittet ihn, in ein anderes Land zu gehen, er sei ihm zu gefährlich[18].

Dieser Märchentypus ist mit kleineren Abweichungen sehr weit verbreitet. Gelingt es, dieses Märchen ohne moralische Brille zu sehen, so wird deutlich, daß es dem Meisterdieb nicht in erster Linie darum geht, sich zu bereichern, sondern um den Spaß an der Herausforderung, daß einer den andern überlistet; und der Listigste ist dann auch der, der

278

gewonnen hat. Diese Meisterdiebe sind außerordentlich phantasievolle Märchenhelden, sie haben einerseits wirklich schöpferische Einfälle und beherrschen andererseits die Kunst der List perfekt: Sie können sich in andere Menschen einfühlen und voraussagen, was diese tun werden. Es geht um einen Wettstreit, um ein Rivalisieren mit schöpferischen Einfällen. Daß diese Meisterdiebe dabei auch reich werden, ist ein glücklicher Zufall. Dennoch haben sie alle keine Bleibe, so wie Hermes, dem sie ja in irgendeiner Art nachschlagen; sie werden immer wieder weitergeschickt, erfahren dabei natürlich auch sehr viel.

Sisyphos erweist sich nun dadurch, daß er Autolykos, den Meisterdieb, des Diebstahls überführt, nicht nur als dem Meisterdieb überlegen, er läßt zudem den Meisterdieb auch noch mit Zeugen streiten und verführt derweil die Tochter des Autolykos[19]. Dieser Verführung soll Odysseus entstammen, dessen Irrfahrten schon als schicksalhaft verstanden werden können. Wer bei dieser Verführung letztlich wen verführte, bleibt unklar.

Sisyphos wäre also ein Modell für einen Menschen, der schöpferische Einfälle hat und andere Menschen übervorteilt. Auch ginge es ihm um die schnelle schöpferische Tat, die eine Veränderung bewirkt, und weniger um die Folgen. Er wurde allerdings zu dieser List herausgefordert: Er erträgt es nicht, daß seine Herden von Autolykos gestohlen werden – er setzt sich mit allen Kräften erfolgreich für das ein, was ihm gehört.

279

Die erhandelte Quelle

Sisyphos sieht, wie Zeus die Tochter des Flußgottes entführt. Aesopos sucht sie, und Sisyphos ist bereit, ihm die Auskunft zu geben gegen eine Quelle auf dem bisher wasserlosen Hügel bei Korinth, dem Akrokorinth. Er erhält diese Quelle, die auch andere Ursprungsgeschichten kennt. Hier erweist er sich sehr geschickt im Handeln: eine Auskunft gegen Wasser. Eine Quelle auf dem wasserlosen Akrokorinth muß eine sehr große Bedeutung gehabt haben: Wasser bedeutet Leben und Fruchtbarkeit, nicht nur für Sisyphos, sondern für die ganze Stadt. Er nutzt die Notlage eines Gottes aus, um zu etwas zu kommen, das ihm und den Mitmenschen ein Mehr an Leben gibt, symbolisch gesehen auch eine größere Lebendigkeit. Aber er war halt im richtigen Augenblick zur Stelle, war aufmerksam.

Sieht man diese Geschichte symbolisch, dann ist er bereit, den Olympier Zeus an den Flußgott, den Gott des Wassers, des ewigen Fließens, zu verraten, sich also dessen Gunst zu erhalten. Diese Gunst wird sichtbar in der Quelle, die aus dem Boden quillt und die für den überquellenden Reichtum der Mutter Erde, Symbol für Fruchtbarkeit, für ein Lebensgefühl des Überquellens, des Reichtums, steht. Zeus aber macht er sich dadurch zum Feind.

Sisyphos kümmert sich wenig um das Mißfallen von Zeus, der als höchster Gott doch auch der ist, der Herr über Götter und Menschen ist, Gehorsam verlangt und Widerstand bricht. Er legt sich mit Zeus an, und sei es nur dadurch, daß er sich eben nicht um dessen Forderungen kümmert, sondern darum, was ihm und auch der ganzen Stadt, die er gegründet hat, von Nutzen und wohl auch äußerst angenehm ist. Es geht ihm nicht um Gehorsam, sondern um Lebendigkeit. Er will nicht im Gefolge des Zeus sein, sondern hier im Gefolge des Flußgottes, eines Gottes, der geradezu die ewige Wandlung und das ewige Fließen, damit aber die ständige Veränderung personifiziert.

Sisyphos wäre, sehen wir ihn als ein Modell für einen Menschen, vom ewigen Wechsel angezogen, wie er im fließenden Wasser so besonders deutlich dargestellt ist. Er ist von der schöpferischen Veränderung gepackt. Wenn Sisyphos ein Vertreter eines schöpferischen Menschen ist, dann ist in diesem Bild auch der Grundkonflikt jedes schöpferischen Menschen ausgedrückt: Er kann nicht schöpferisch sein und gleichzeitig die alte Ordnung voll respektieren, alles Schöpferische steht auch gegen eine alte Ordnung, setzt sich mit ihr auseinander. Kein Wunder, daß Zeus sich herausgefordert fühlt.

Die drakonische Strafe zeigt, wie bedroht er sich von Sisyphos fühlt, gleich sterben soll er.

Der überlistete Tod

Auch das Motiv des überlisteten Todes kennen wir aus Märchen, in einigen Varianten wird der Tod dabei durch den Teufel ersetzt. Als Beispiel möchte ich hier zwei Märchentypen anfügen. Für den einen Typus kann stellvertretend das französische Märchen »Wie der Tod genarrt wurde« stehen.

Ein Heiliger gibt einer Frau für ihre Verdienste

einen Wunsch frei. Sie äußert den Wunsch, auf ihrem Pflaumenbaum jeden festhalten zu können, der dort hinaufklettert, um Pflaumen zu holen. Der Heilige erfüllt diesen sonderbaren Wunsch. Zehn Jahre später kommt der Tod an ihrem Haus vorbei und will sie mitnehmen. Sie erklärt sich bereit, mitzugehen, verlangt aber, bevor sie mitgehe, noch Pflaumen essen zu dürfen. Der Tod klettert auf den Baum, um die Pflaumen für sie herunterzuholen. Und die Frau sagt:»Ich will, daß der Tod nicht ohne meine Erlaubnis vom Baum herunter kann.«

Der Tod ereifert sich, bittet, droht, schreit, er kann nicht mehr herunterkommen. Und niemand mehr auf Erden kann sterben. Alle Gebrechlichen, Verletzten, Kranken leiden furchtbar, denn sie können nicht sterben. Man kommt von überall her, um die Frau zu bitten, den Tod gehen zu lassen. Schließlich ist sie unter der Bedingung einverstanden, daß sie den Tod dreimal rufen müsse, bevor er sie holen komme[20].

Dieser Märchentypus deckt sich am ehesten mit der Geschichte, wie sie von Sisyphos erzählt wird. Und wiederum ist es eine Geschichte, bei der die List eine sehr große Rolle spielt, die List und der Wunsch des Menschen, über den Tod zu dominieren, die Vergänglichkeit aufzuheben.

An diesem Märchenbeispiel wird auch deutlich, was geschieht, wenn der Tod gebannt ist. Nichts mehr kann sich verändern, nichts kann zu einem Abschluß gebracht werden, auch das bringt Leiden. Aber die geheime Freude besteht wohl darin, daß man den Tod, diesen unzerstörbaren Zerstörer[21], wenn auch nicht zerstören, so doch bannen kann: ein ungeheurer Triumph menschlicher Macht über die Gesetze des Lebens, über die Götter, um im Mythos zu bleiben. Verfügt die Frau im französischen Märchen dank eines Wunsches, den sie frei hat, für den sie auch etwas geleistet hat, über den Tod, dann Sisyphos mit seiner Klugheit, aber wohl auch mit seiner Körperkraft. Er setzt den Tod außer Gefecht; er nimmt die Strafe, die ihm Zeus zugedacht hat, nicht an, setzt damit aber auch das Prinzip des Vergehens, das andere Prinzip des Schöpferischen, das zu diesem unablösbar gehört, außer Kraft. Ares, der ungestüme Kämpfer unter den Göttern, der im Dienste der zerstörenden Veränderung steht, muß dem Tod zu Hilfe kommen.

Versuchen wir Sisyphos als Modell für einen Menschen zu sehen, dann ist es einer, der so sehr von seiner Kraft, seiner Intelligenz, seinen Fähigkeiten zum Schöpferischen überzeugt ist, daß er meint, unsterblich zu sein. Tod, Veränderung, Loslassen-Müssen, Rückschläge, das alles gibt es für ihn nicht. Das Prinzip »Tod«, das sich darin zeigt, fesselt er, sperrt es weg in eine Rumpelkammer, als er davon bedroht ist. Damit aber setzt er sich Zeus gleich, macht sich den Göttern ebenbürtig, aber er setzt damit das Prinzip, das das Schöpferische erlaubt, außer Kraft. Ares, der Gott, der das Prinzip des Kampfes und der Aggression verkörpert, macht diese Überlistung wieder rückgängig. Die Götter sind Sisyphos doch überlegen.

Damit ist aber auch ausgedrückt, daß es die Wirksamkeit des Todes gibt, auch für Sisyphos, faßt man nun den Tod auf als Hinweis darauf, daß das Alter sich ankündigt, oder sieht man den Tod als Aspekt des Zu-Ende-Gehens, als das andere Gesicht des Schöpferischen. Vergessen wir nicht, Sisyphos folgte dem Gott Hermes, einem jugendlichen Gott, und folgt ihm noch immer. Er muß daher gegen den Tod kämpfen, aber er kann das Prinzip der Zerstörung nicht ganz leugnen. Und deshalb wohl will er den Tod auch noch ein zweites Mal überlisten. Das ermöglicht ihm dann, alt zu werden.

Der noch einmal überlistete Tod

Auch hier wiederum erweist sich Sisyphos als weitsichtig, als wissend um das, was geschehen wird, er weiß um die Reaktionen der Götter der Unterwelt. Er läßt seine Frau den Leichnam nicht bestatten und die Totenopfer nicht darbringen. Das empört die Götter sehr. Damit weist Sisyphos seine Frau an, die Götter der Unterwelt nicht zu akzeptieren, ihnen nichts zu opfern. Auch sie nimmt – auf Geheiß des Sisyphos – den Tod nicht zur Kenntnis, akzeptiert ihn nicht. Und die Götter der Unterwelt schicken Sisyphos zurück auf die Welt, um die Gebräuche zu reklamieren. Natürlich kommt er nicht mehr zurück – er wird sehr alt und verlacht die Götter. Zweimal hat er den Tod besiegt, sich schlauer erwiesen als die Götter. Dieses Verlachen der Götter weist darauf hin, daß das Sich-Messen mit den Göttern, das Sich-ihnen-überlegen-Erweisen eine zentrale Bedeutung in diesem Mythos hat.

Diese List mit den verweigerten Opfergaben

kann er allerdings nur dank der Hilfe seiner Frau anwenden. Dies ist das einzige Mal, daß seine Frau erwähnt wird – sie spielt sonst keine Rolle. Die »Aufgabe«, die Sisyphos hat und sich auch gibt, ist, sich mit den Göttern zu messen, vor allem mit dem Gott des Todes. Jetzt kann Sisyphos auf der Welt leben und wird alt, er kann über die Götter lachen, die sich nicht wieder einem Kampf stellen. An sich wäre es doch wohl ein leichtes gewesen, diesen Sisyphos wieder zu holen. Oder waren die Götter schon so entnervt? Oder waren sie weise, indem sie darauf vertrauten, daß für einen Sterblichen eh einmal die Stunde des Todes schlägt, ihre Stunde?

Auch diese List des Sisyphos finden wir in einer vergleichbaren Weise in einem Märchen vor, im isländischen Märchen »Der Königssohn und der Tod«:

Da versprach ein unbekannter Meister, einen Königssohn Weisheiten zu lehren, wie sie sonst kein Mensch lerne. Der Königssohn saß drei Jahre lang schweigend bei dem Weisen im Wald und lernte bei einem schweigenden Meister. Nach drei Jahren eröffnete ihm der Weise, er sei der Tod, und je nachdem, wo er beim Bett eines Kranken sitze, gehe die Krankheit kurz oder lang, werde der Kranke genesen oder sterben. Er gab ihm dann auch Hinweise auf Heilmittel. Der Königssohn wurde ein berühmter Arzt, wurde König, und als er hundert Jahre alt war, sah er eines Tages seinen alten Meister bei seinem Kopfe sitzen, ein Zeichen dafür, daß er sterben mußte. Der König bat den Meister um eine Frist, bis er ein Vaterunser gebetet hätte. Er sprach aber nur die ersten vier Bitten und erklärte dann, das Gebet beende er dann, wenn er lebenssatt sei. Der überlistete Tod mußte ihn verlassen. Nach weiteren hundert Jahren empfand der König das Leben als eine Last, da sprach er das Vaterunser zu Ende und starb[22].

Beide Märchentypen, die ich anführte, haben mit der Überlistung des Todes zu tun und stehen in einem inneren Zusammenhang. Es geht darum, sich dem Tod als überlegen zu erweisen, was allerdings nur vorübergehend möglich ist; letztlich ist der Tod doch nicht aufzuhalten. Aber es geht darum, den Tod hinzuhalten, bis man wirklich lebenssatt ist.

Bei dem Märchen »Wie der Tod genarrt wurde« geht es vor allem um List, also um die Fähigkeit des Menschen zu wissen, wie man den Tod hinhalten kann, um die Fähigkeit, sich soviel wie möglich an Lebenszeit und damit natürlich auch an Lebensintensität zu ermöglichen. Das kann doppelt verstanden werden: Einmal als die Entschlossenheit des Menschen, angesichts des unvermeidbaren Todes nicht zu früh schon in den Tod einzuwilligen, nicht zu früh schon aufzugeben, sondern das Leben so intensiv wie immer möglich zu leben. Man kann diesen Tod als das Sterben sehen, aber auch als Prinzip der Vergänglichkeit. In diesem Überlisten des Todes könnte also die Weigerung gesehen werden, Leben zu früh der Vergänglichkeit preiszugeben, zu früh aufzugeben, zu früh aufzuhören, den Stein zu stemmen, um in der Sprache des zweiten Teils des Mythos zu sprechen. Dann aber kann dieses Überlisten des Todes gerade auch bedeuten, daß man sich weigert, den Tod und damit die Vergänglichkeit und das immer wieder damit verbundene Loslassen-Müssen und

Neubeginnen zu akzeptieren, das Prinzip der Wiederholung.

In dem Märchen »Der Königssohn und der Tod« wie auch in dem Grimmschen Märchen vom Gevatter Tod[23] ist der, der den Tod überlistet, Arzt und ist selbst beim Tod, der sich als geheimnisvoller Weiser dargestellt hat, in die Lehre gegangen. Der Tod selbst lehrt also, wie man mit ihm umgehen kann. In dem Märchen »Vom Königssohn und dem Tod« wurde auch schon dargestellt, daß jede Krankheit auch als Anwesenheit des Todes aufgefaßt werden kann, eine Anwesenheit, die keineswegs zum Tode führen muß. Der Tod selbst scheint den Menschen in diesem Märchen dazu aufzufordern, sich gegen ihn zu wehren – und zeigt sogar die Mittel dazu auf.

In allen Märchen dieses Typus setzt der Tod aber auch der Fähigkeit des Menschen, die Kranken zu heilen, eine klare Grenze. Diese doppelte Haltung dem Leben gegenüber, also einerseits sich soviel an Leben zu erhalten wie immer möglich, andererseits aber auch zu akzeptieren, daß in gewissen Situationen gegen den Tod und – übertragen – gegen das Loslassen-Müssen »kein Kraut gewachsen ist«, ist in diesem Märchen ausgedrückt. Natürlich versuchen auch diese Ärzte jeweils, den Tod zu überlisten. Im Märchen vom Gevatter Tod geschieht das so, daß der Arzt schnell das Bett des Kranken umdreht. Dafür stirbt er dann selbst. Auch wenn diese Ärzte gerade durch die Gabe, die sie vom Gevatter Tod bekommen haben, in deren Anwendung maßlos geworden sind, sich selbst an die Stelle des Herrn über Leben und Tod setzen, letztlich bestimmt der Tod dann doch wieder das menschliche Maß, weist den maßlosen Anspruch zurück. Der Tod scheint aber auch selbst zur List herauszufordern – er akzeptiert es dann ja jeweils auch, wenn er überlistet ist. Gerade in diesem Überlisten des Todes wird der Tod sehr ernst genommen; er regt zur größten Anstrengung an, das Leben lebendig zu erhalten. Im Märchen kann der Tod aber immer nur für eine gewisse Zeit überlistet werden, und so geht es auch Sisyphos. Immerhin kann er bis ins hohe Alter leben, dann stirbt auch er.

Und noch einmal
der Stein

Der Mythos sagt es uns ganz deutlich: Weil Sisyphos zweimal den Tod überlistet hat, muß sein Schatten den Stein in der Unterwelt wälzen, kann er nicht aufhören, diesen Stein zu wälzen, und muß ihn dennoch immer wieder loslassen. Dieses Lebensthema des Dranbleiben-Müssens und doch immer wieder Loslassen-Müssens, damit aber auch das Thema der ewigen Wiederholung, wiederholt sich hier, ewig, immer wieder von neuem.

Sisyphos wollte den Tod überlisten, verhindern, daß etwas zu Ende geht, verhindern, daß er loslassen muß. Jetzt hier im Schattenbereich geht seine Qual nicht zu Ende, und er kann nicht loslassen, er kann das Stemmen des Steins nicht aufgeben und muß doch immer wieder loslassen. Sein zentrales Lebensthema wiederholt sich hier in der Welt der Schatten: das Thema, die Vergänglichkeit nicht akzeptieren zu wollen und sie doch akzeptieren zu müssen. Noch immer setzt er seinen Willen, nicht aufzugeben, gegen diese Vergänglichkeit ein. Noch immer läßt er nicht freiwillig los; er läßt erst los, wenn die Überschwere des Steins ihn überwältigt. Er kann nicht loslassen, und deshalb wird ihm immer wieder etwas genommen. Er bleibt in der Haltung, den Tod überlisten zu wollen. Was sich aber auf der Welt der Lebenden noch so spielerisch anließ, mit leichter Hand und ohne große Anstrengung gelang, ist jetzt zur äußersten Mühsal geworden.

Natürlich erinnert uns Sisyphos an die Situation, in der viele Ärzte sich befinden. Wir delegieren den Ärzten in einem großen Maße die Verpflichtung, gegen den Tod zu kämpfen. Nicht nur den »letzten Tod« sollen sie so lang wie möglich hinauszögern, sie sollen uns auch, wenn immer möglich, die ewige Jugend erhalten. Diese unsere an sie delegierten Wünsche, die zu erfüllen sie sich große Mühe geben, dürften manche von ihnen durchaus auch belasten.

Schon bei dem Vergleich mit den Märchen, die ich zur Illustrierung des Mythos beigezogen habe, wurde deutlich, daß es letztlich um die Frage geht, wann es sinnvoll ist, dieses »Mehr an Leben« sich zu erhalten, nicht loszulassen, und wann der Tod akzeptiert werden muß, wann es an der Zeit ist, in einen Verlust, in einen Abschied einzuwilligen. Sisyphos hat nie eingewilligt, und es ist auch seine Strafe, daß er nie einwilligen kann. Bedenken wir seine Lebensgeschichte, soweit sie uns erzählt ist, müssen wir daraus schließen, daß wir es mit einem Menschen zu tun haben, der auf Gewinnen aus ist, nicht auf Verlieren, und der so klug und listenreich ist, daß er auch nicht viel verlieren muß. Anders aber als Hermes, von dem er so viele Züge hat, fehlt ihm die Qualität des Begleiters der Toten. Er bringt keine Toten in die Unterwelt, er fesselt und überlistet den Tod. Ein todes-mutiger Kämpfer für ein Mehr an Leben, der nicht aufgibt, ein ungeheuer entschlossener Held, aber auch ein Gefangener seiner

Entschlüsse, nicht aufzugeben, immer gegen den Tod zu kämpfen.

Der Mythos gibt keine Antwort auf die Frage, wann es denn sinnvoll ist, dem Tod Leben abzulisten, es ihm listig zu entreißen und damit kostbar zu machen, wie lange es sinnvoll ist, gegen die Vergänglichkeit anzukämpfen, gegen die Resignation, und wann es andererseits sinnvoll ist, auch in einen Verlust einzuwilligen, aber er ist ein Beispiel, an dem exemplarisch gezeigt wird, was geschieht, wenn wir nicht in den Verlust einwilligen. So konsequent wie Sisyphos wird es uns allerdings nicht gelingen. Wenn wir nie in den Verlust einwilligen, dann müssen wir, wie Sisyphos, immer den Stein den Berg hinaufwälzen, und auch unser Stein bekommt dann eine Überschwere, rollt wieder ins Tal, entzieht sich unseren Bemühungen.

Ein Beispiel

Die Weigerung, in einen Verlust einzuwilligen

Ein Mann, 45 Jahre alt, mit vielen Möglichkeiten, begabt auch mit der Kraft, sehr viele dieser Möglichkeiten zu leben, beklagt sich darüber, daß er sich überlastet fühle, daß er das Gefühl habe, alle Kräfte einzusetzen und doch nichts Eigentliches, für ihn Gültiges schaffen zu können, nur Routinearbeit bewältige er. Er arbeite, es werde ihm alles zu viel, denn eigentlich habe er das Gefühl, zwar alle seine Kräfte einzusetzen, aber irgendwie nicht richtig. Er müßte wohl etwas opfern, aber er wolle nichts opfern, irgendwann müßten doch alle seine Lebensmöglichkeiten und Fähigkeiten zu einem Ganzen zusammenfließen, und das wäre dann der Höhepunkt seines Lebens.

Das ist ein recht alltägliches Beispiel, wie sich der Mythos von Sisyphos in unseren Alltag übersetzt erleben läßt. Dieser Mann hat – wohl vergleichbar dem Sisyphos in seinen besten Tagen – viele Lebensmöglichkeiten, die er gestaltet. Jede Lebensmöglichkeit aber, die wir verwirklichen, hat ja auch Folgen, ist Ausgangspunkt einer Wirkungsgeschichte, die meistens mit Arbeit verbunden ist. Es kommt der Tag, an dem sich die Frage des Verzichts stellt, auch wenn der natürlich mit einem Verlust verbunden ist. Diesen Verzicht aber – und Verzicht heißt immer auch zu akzeptieren, daß unsere Kräfte Grenzen haben, daß Menschenleben immer schon an den Tod grenzt – will dieser Mann nicht leisten. Er ist gepackt von der Idee, etwas ganz besonders Großes einmal in seinem Leben erreichen zu können – den Stein wirklich auf den Gipfel zu bringen. Und weil er nichts lassen kann, wird ihm die Arbeitslast immer schwerer, und er fühlt sich immer weiter vom erstrebten »Höhepunkt« entfernt. Wie Sisyphos aber versucht er immer von neuem, den Stein zu stemmen, allerdings nur mehr mit der müden Hoffnung, sein Gipfelerlebnis auf diese Weise zu erleben; mehr schon erfüllt von der Gewißheit, daß er etwas opfern müßte.

Ein anderes Beispiel zum gleichen Thema

Eine 49jährige Frau, ebenfalls hochbegabt, wußte immer nicht so recht, worauf sie in ihrem Leben setzen sollte. Sie ist auf verschiedenen Gebieten künstlerisch begabt, andererseits hat sie einen nichtkünstlerischen Beruf. Sie konnte sich nicht für das eine oder für das andere entscheiden, lebte einige Jahre der Kunst, ging dann wieder in den Beruf zurück, wandte sich dann wieder der Kunst zu. Beziehungen waren ihr zwar sehr wichtig, aber sie mochte sich nicht niederlassen in Beziehungen.

Sie wälzt jetzt auch einen Stein; sie quält sich mit der Frage nach dem Sinn ihres Lebens, und immer dann, wenn sie meint, den Sinn gefunden zu haben, ist er wiederum nicht erlebbar. Diese ständige Frage nach dem Sinn ist in ihrem Leben das Konsequenteste, zusammen mit der Weigerung, sich für etwas und damit auch gegen vieles zu entscheiden, vieles sterben zu lassen.

Der Student, den ich vorne erwähnte, kann sich sein Scheitern auf diesem von ihm gewählten Gebiet nicht zugeben, also muß er sich mit einem immer größeren Stein belasten, den er dann natürlich nicht mehr hochstemmen kann.

Dies ist vergleichbar jenen Situationen, in denen wir ein Scheitern nicht akzeptieren als ein Aufleuchten unserer Grenzen, das uns hilft, unsere Möglichkeiten realistisch einzuschätzen, mit uns selbst maßvoller umzugehen, uns auf unser Maß zu besinnen, sondern wo wir von dem Gedanken gepackt werden, es sofort besser machen zu wollen, und uns dadurch mit unseren Ansprüchen überfordern oder gar lähmen.

Versucht man, das Gemeinsame an diesen Beispielen herauszuarbeiten, dann fällt auf, daß alle diese Menschen, so verschieden sie auch sind und so verschieden sie ihren Stein auch erleben, zwar leiden, sich aber nicht in einer Wandlung befinden. So wie Sisyphos seinen Stein wälzt und wälzt, wälzen auch sie ihren Stein. Sie können ihre Lebenssituation nicht verlassen, um sich in eine Wandlung hineinzubegeben, es sei denn, sie gerieten in eine grundlegende Krise, die dann verlangte, daß Abschied von Illusionen, aber auch von realen Möglichkeiten genommen wird. Da sie alle eine große Hartnäckigkeit auszeichnet – sie sind durchaus Menschen im Gefolge des Sisyphos –, ist damit zu rechnen, daß aus der Krise heraus dann neue Wege gefunden werden, es sei denn, sie hätten so viel Kraft zu verschenken, daß sie auch in der Krise ihren Stein immer wieder in der gleichen Haltung höben und wieder emporstemmten. Auch hier gleichen sie Sisyphos: Er war in der Unterwelt, aber er kam ungewandelt wieder auf die Oberwelt zurück ...

Wandlung ist aber nur möglich, wenn wir loslassen können, wenn wir Verluste akzeptieren können[24], also letztlich, wenn wir einsehen, daß Gewinnen und Verlieren zum Leben gehören, daß wir nicht nur »Meisterdiebe«, sondern auch »Meisterverlierer« sein müssen, um ein Thema des Mythos wieder aufzunehmen.

Das Loslassen-Können erfordert mehr Mut als das Festhalten-Wollen. Wir wissen ja jeweils nicht, wie sich Leben verändert, wenn wir loslassen. Der Mythos sagt uns nur, was geschieht, wenn wir über die Zeit hinaus festhalten. Loslassen könnte dann aber dazu führen, daß Wandlung stattfinden kann.

Ein Beispiel

Loslassen schafft Freiheit

Ein Paar, beide um 45, hatte große Schwierigkeiten miteinander. Diese Schwierigkeiten wurden zu dem Zeitpunkt, als die Kinder das Haus verließen, sehr deutlich erlebbar, da das Paar ja nun wieder als Paar mehr aufeinander angewiesen war. Beide waren der Ansicht, daß eine Trennung oder gar eine Scheidung für sie überhaupt nicht in Frage käme. Sie versuchten, ihre Beziehung zu verbessern, gingen miteinander aus, machten Programme, kamen schließlich in Paartherapie, wo nach einiger Zeit deutlich wurde, wie sehr sie sich einerseits bemühten, eine gemeinsame Basis zu finden, gemeinsame Interessen zu entwickeln und einander zumindest freundliches Wohlwollen entgegenzubringen, andererseits aber beide den Partner als hemmend empfanden, allergisch auf jede Äußerung verbaler oder körperlicher Art reagierten. Als sich die Frau beschwerte, daß sich ihr Mann immer so unangenehm räuspere, machte ich ihr klar, daß er das bestimmt nicht verändern könne, daß im Gegenteil anzunehmen sei, daß sich dieses Räuspern im Laufe des Lebens noch verstärken werde. Diese meine ganz sachlich eingestreute Äußerung, die in sich auch den Hinweis enthielt, den Partner einmal so zu nehmen, wie er halt im Moment sei, und nicht, wie er sein könnte, wenn er alle Anforderungen erfüllen würde, bewirkte, daß die Frau plötzlich darüber sprechen wollte, wie eine Trennung aussehen könnte.

Das Gesetz, daß sie immer beisammenbleiben müßten, wurde also außer Kraft gesetzt. Beide verzichteten auf diese Sicherheit, opferten diesen Anspruch. Dieses Opfer war mit viel Angst verbunden. Es stellte sich beiden die Frage, was denn die Umgebung dazu sagen würde, und dann auch, wie sie allein zurechtkämen und so weiter.

Als die Entscheidung, eine Trennung ins Auge zu fassen, von beiden akzeptiert war, beide sich auch mehr Freiheiten nahmen, gingen sie auf einmal in einer ganz anderen Weise aufeinander zu: Plötzlich konnten sie Gefühle miteinander teilen, die sie noch nie zuvor miteinander geteilt hatten.

Natürlich könnte man diese Entwicklung auch als eine Folge der Angst vor Trennung sehen, vor dem Alleinsein, die in beiden aufgebrochen war, als sie dieses für sie beide so unumstößliche Sicherungsgesetz aufgegeben hatten. Diese neue Entwicklung kann aber gerade auch so gedeutet werden, daß die Möglichkeit des Abschiednehmenmüssens das neu in ihnen belebte, was auf ein mögliches Zusammenleben hinwies. Natürlich hatten die beiden weiterhin Probleme miteinander, aber sie gingen nicht mehr von der Grundvoraussetzung aus, daß sich in ihrer Beziehungsform nichts ändern dürfe. Und das brachte es mit sich, daß die Probleme viel lockerer angegangen werden konnten.

Dieses Beispiel zeigt, daß im realen Leben weder einfach festgehalten noch einfach losgelassen wird, sondern daß Festhalten und Loslassen zueinander gehören. Loslassen, ohne daß zuvor festgehalten worden ist, ist eigentlich kein Loslassen. Das Thema des Sisyphosmythos ist natürlich wesentlich mehr ein Festhalten deshalb, weil man nicht loslassen kann, nicht loslassen will. Als ganzer Mythos ist in ihm aber auch eine Gegenkraft angelegt gegen das zu leichte Loslassen, gegen das Aufgeben. Ich habe das Stemmen des Steines von Anfang an unter dem doppelten Aspekt zu sehen versucht: im Aspekt des nicht enttäuschbaren Einsatzes, der Hartnäckigkeit, des mutigen immer wieder Angreifens, der Konzentration, um nur ein paar Stichworte wieder aufzugreifen, und im Aspekt des vergeblichen Bemühens.

Festhalten und Loslassen

Dieser Mut zur Hartnäckigkeit, zum Einsatz, auch wenn kein Erfolg in Sicht ist, der Camus so sehr beeindruckt hat, teilt sich auch mit, wenn man sich mit dem Mythos beschäftigt. Wir halten ja nicht nur fest, wir lassen oft auch zu früh los, sind resigniert, leiden an der Vergeblichkeit, halten etwas, kaum haben wir begonnen, für aussichtslos. Diese Haltung kann natürlich sehr viele Gründe haben, auf die ich hier nicht alle eingehen kann. Es ist eine Haltung, die dem Tod mehr Platz einräumt als dem Leben, dem Verlust mehr als dem Gewinn, der Zerstörung mehr als der Kreativität. Eine Haltung, die aus der Tatsache, daß wir sterben müssen, allem Leben schon den Todeshauch gibt. Dem Willen, der Entschlußkraft, dem menschlichen Ich wird nichts zugetraut, dem bösen Schicksal alles. Das ist letztlich die Haltung, gegen die sich die französische Existentialphilosophie wandte und die gerade angesichts der Kriege, also gerade angesichts der Situationen, denen der Mensch scheinbar hilflos ausgesetzt war, dazu aufrief, so lange wie möglich diese Hilflosigkeit eben nicht zu akzeptieren und alles zu tun, was in den eigenen Kräften liegt, auch wenn es hoffnungslos erscheint.

Diese Haltung wird im Roman »Die Pest« von

Camus exemplarisch gestaltet: In Oran bricht die
Pest aus. Und nun beginnt der unerbittliche Kampf
der Bewohner gegen diese unaufhaltbar sich ausbrei-
tende Epidemie, die das gesamte Leben in der von
der Außenwelt abgeschlossenen Stadt verändert. Für
Rieux, den Arzt, ist es selbstverständlich, daß er so
lange gegen die Krankheit kämpft, wie es ihm möglich ist, auch wenn sich immer dieselben Ereignisse
wiederholen und er keinen Erfolg haben kann, daß
sich etwas verändert:

»Er aber schlug Bettuch und Hemd zurück und
betrachtete schweigend die roten Flecken auf Bauch
und Schenkeln und die Schwellungen der Lymph-
drüsen. Die Mutter schaute auf die Innenflächen der
Beine ihrer Tochter und schrie auf, ohne sich beherrschen zu können. Jeden Abend heulten Mütter so,
mit abwesender Miene, vor Körpern, die sich mit all
ihren Todesmerkmalen darboten, jeden Abend wurden Rieux' Arme umklammert, überstürzten sich
nutzlose Worte, Versprechen, Weinen; jeden Abend
lösten die Glocken der Krankenwagen Anfälle aus,
die gleich vergeblich waren wie jeder Schmerz. Und
nach dieser langen Folge stets gleicher Abende konnte Rieux nichts anderes erhoffen als eine lange Folge
derselben Auftritte, die sich unendlich oft wiederholen würden. Ja, die Pest war eintönig wie die Ab-
straktion. Es gab vielleicht nur etwas, das sich änder-
te: Rieux selbst. Er empfand dies an jenem Abend
am Fuße des Standbildes der Republik; er war sich
nur noch jener schwer erringbaren Gleichgültigkeit
bewußt, die ihn zu erfüllen begann, während er un-

verwandt auf den Hoteleingang starrte, in dem Rambert verschwunden war.«[25]

Rieux kämpft gegen den Tod, auch wenn er weiß, daß er scheitern wird. In der Haltung von Sisyphos versucht er, dem Tod seine Opfer abzutrotzen, aber auch möglichst viele Menschen vor der Trennung zu bewahren.

»›Schließlich . . .‹ begann der Arzt, und wieder zögerte er und blickte Tarrou aufmerksam an, ›ist es etwas, das ein Mann wie Sie verstehen kann, nicht wahr; aber da die Weltordnung durch den Tod bestimmt wird, ist es vielleicht besser für Gott, wenn man nicht an ihn glaubt und dafür mit aller Kraft gegen den Tod ankämpft, ohne die Augen zu dem Himmel zu erheben, wo er schweigt.‹
›Ja‹, stimmte Tarrou zu, ›ich verstehe. Nur werden Ihre Siege immer vorläufig bleiben, das ist alles.‹ Rieux' Gesicht schien sich zu verdüstern.
›Immer, ich weiß. Das ist kein Grund, den Kampf aufzugeben.‹
›Nein, das ist kein Grund. Aber nun kann ich mir vorstellen, was die Pest für Sie bedeuten muß.‹
›Ja‹, sagte Rieux, ›eine endlose Niederlage.‹«[26]

Ganz im Gegensatz zu ihm steht Rambert, ein Journalist, der zufällig bei Ausbruch der Pest in Oran war. Er hat eine Frau in Paris, die er liebt und nach der er sich sehnt. Er versucht immer wieder, aus der abgeschlossenen Stadt hinauszukommen. Er wählt die Flucht – und damit die Liebe. Als es endlich soweit ist, daß es eine Fluchtmöglichkeit zu geben

300

scheint, da sind die, die Rambert helfen sollten, an Pest erkrankt. Empört sagt er, er müsse wieder von vorne anfangen, und plötzlich sagt er:

»Sie haben noch nicht begriffen, daß sie (die Pest) darin besteht, wieder von vorne anzufangen.«[27]

Nachdem Rambert diese Aussage gemacht hat, will er Rieux in seinem freiwilligen Sanitätsdienst helfen, bis er die Stadt verlassen kann. Er, der die Liebe gewählt hatte, wählt nun die Nächstenliebe. Die geliebte Frau kommt in die Stadt, als die Pest besiegt ist. Der Roman beeindruckt durch diesen Kampf gegen die Pest, auch wenn der Kampf ganz und gar hoffnungslos erscheint. Je hoffnungsloser die Situation erscheint, um so mehr kämpfen die Menschen, wächst ihr Mut in der Hoffnung, die Seuche zum Stillstand zu bringen.

Aber was symbolisiert die Pest? Im Roman selbst läßt Camus einen alten Asthmatiker, der nicht an der Pest erkrankt ist, sagen: »Aber was heißt das schon, die Pest? Es ist das Leben, sonst nichts.«

Sehr oft hängt das zu schnelle Loslassen auch mit einem hoch gesteckten Ziel zusammen, das auch noch besonders schnell erreicht werden soll. Sisyphos ist bestimmt das Modell eines maßlosen Menschen, aber der Anti-Sisyphos ist es natürlich ebenso. Der Anspruch ist so maßlos, daß er gar nicht erreicht werden kann, daß deshalb auch gar nicht die Energien frei gemacht werden können, um ihn zu erfüllen. Es sind oft Menschen, die extrem auf ein Ziel hin orientiert sind, aber die Wege oder gar Umwege dahin, die Wiederholungen der Mühe erfüllen sie mit Grauen. Angesichts dieser unbefriedigenden Situation verzagen sie leicht, geben alles verloren – und damit auch sich selbst.

Loslassen, sich aufgeben, dafür irgendeine Autorität, die »Gesellschaft«, ein Schicksal, einen Gott so ganz und gar verantwortlich zu machen für alles, was geschieht, das ist eine Haltung, gegen die wir immer wieder ankämpfen müssen.

Sisyphos kann dagegen als Modell für einen Menschen gelten, der seine Kraft und seinen Willen betont in den Vordergrund stellt, der auf der Autonomie seines Ich beharrt[28]. Er nimmt alles auf sich, nur um sich immer wieder diese Autonomie zu beweisen. Auch wenn der Mythos letztlich aussagt, daß sein Streben nicht ganz menschengemäß ist, dann verkörpert er doch die absolute Gegentendenz zu diesem Alles-immer-wieder-Loslassen, jeden Lebensimpuls der Vergänglichkeit preiszugeben, zu der Weigerung, Leben kreativ gestalten zu wollen – auch wenn wir letztlich nicht wissen, wie weit das uns jeweils möglich ist.

Die existentielle Thematik, die im Mythos von Sisyphos angesprochen wird, ist die Thematik von Autonomie und Abhängigkeit, von Expansion und Bescheidung, von Beharren auf dem eigenen Willen und dem Akzeptieren der Grenzen. Letztlich geht es um die Notwendigkeit, angesichts des Todes, der in Form von Veränderungen schon immer in unserem Leben anwesend ist, Leben zu gestalten, so intensiv wie möglich gegen den Tod anzuleben und doch auch diese Veränderungen zu akzeptieren.

Der Mythos beleuchtet in diesem Zusammenhang aber nur einen Teil des Lebens, nämlich den des tätigen Handelns. Sisyphos arbeitet ja auch mit Händen und Füßen; im übrigen ist er ein sprachloser Held, und er ist auch ein Held, dem die Liebe fehlt. Gerade die Liebe aber ist es vor allem, die es uns ermöglicht, angesichts des Todes ein Mehr an Leben zu erfahren. So ist es denn auch nicht erstaunlich, daß Menschen, wenn sie von Sisyphos sprechen, vor allem von der Sisyphosarbeit reden, die ja in der Tat, wenn wir jetzt den ganzen Gedankengang bedenken, jeweils hinterfragt werden müßte: Ist es eine Arbeit, die wir uns aufbürden, weil wir nicht loslassen, eine Idee, die wir nicht opfern können, oder ist es eine Arbeit, die zwar sehr schwer ist, aber letztlich sinnvoll, auch als Erfahrung, wenn wir das Ziel nicht erreichen?

Diese Arbeit muß ja nicht nur im Sinne einer äußerlich zu bewältigenden gedacht werden, sondern auch als Arbeit an sich selbst, als Auseinandersetzung etwa mit einem grundlegenden Problem, mit dem wir zu kämpfen haben. Und gerade diese Auseinandersetzung mit einem Grundproblem, sosehr sie sich auch immer wieder gleichen mag, ist es, die uns im Laufe des Lebens ein Mehr an Autonomie bringt. Solange wir allerdings der festen Überzeugung sind, daß ein solches Problem ein für allemal bewältigt werden muß, so lange werden wir den Stein, wenn wir ihn wieder schleppen müssen, nur mit äußerstem Widerwillen tragen. Können wir einmal akzeptieren, daß unsere Hauptprobleme sich immer nur ein Stück weit neu zeigen und immer auch nur in einem gewissen Maße bearbeitet werden können, dann werden wir den Stein stemmen, wenn es Zeit dafür ist, und sehen, wie weit wir diesmal mit ihm kommen. Der Umgang mit unseren »Steinen« wird ein anderer. Wir akzeptieren, daß alles sich immer wiederholen wird. Es ist dasselbe, aber doch jedesmal wieder neu, derselbe Stein, dieselbe Anstrengung, und doch gehen wir den Weg mit ihm immer wieder neu, können auch neue Wegerfahrungen machen, wenn wir dafür offen sind und wissen, daß der zurückzulegende Weg das Ziel ist. Es ist ein Einwilligen in das Pulsieren des Lebens, in Kommen und Gehen, in die ewige Wiederkehr, in die prozeßhafte Auseinandersetzung von Leben und Tod. Bilder dafür sind die Bewegung der Meereswellen, Sonnenaufgang und -untergang. Ob wir diese ewige Wiederholung als »immer wieder« erleben oder als »immer wieder neu«, hängt wesentlich davon ab, ob wir uns mit dieser Wiederholung, der Wiederkehr eigentlich, einverstanden erklären können, einverstanden auch in dem Sinne, daß gerade die Wiederholung ja auch etwas wieder holt, was sonst verlorengehen könnte, daß also in der Wiederholung und in der Wiederkehr auch etwas zu uns zurückkehrt, was wir durch die Vergänglichkeit so leicht verlieren können. Letztlich geht es darum, ob wir ein Grundgesetz akzeptieren können, das wir auch immer körperlich an uns erleben, oder ob wir der Ansicht sind, daß wir dieses Grundgesetz außer Kraft setzen müssen.

Ein Beispiel

Das immer gleiche Problem, das sich doch verändert

Ein 38jähriger Mann sagt von sich, er leide schon das ganze Leben lang an »Minderwertigkeitsgefühlen«. Er stammt aus einer Familie, die sich als ganze ausgestoßen und minderwertig vorgekommen ist; er war zudem schwächlich, und das galt in dieser Familie nochmals als Zeichen der »Minderwertigkeit«. Dieses Thema der Minderwertigkeit war denn auch der Grund, warum er Therapie aufsuchte. Ein ganzes Leben lang habe er versucht, dieses Gefühl der Minderwertigkeit abzulegen; er habe unheimlich viel von sich gefordert, aber er fühle sich doch minderwertig, auch wenn er wisse, daß er in fast allen Belangen den meisten Menschen überlegen sei und natürlich auch ganz andere Ansprüche an sich stelle als andere. Dieses »Minderwertigkeitsgefühl«, gepaart mit einem ansehnlichen Überlegenheitsgefühl, ist so etwas wie ein Stein des Sisyphos, der immer wieder hochgestemmt werden muß.

Die therapeutische Arbeit, die ich mit ihm beginne, geht dahin, daß wir miteinander versuchen, Lebensbereiche weiter zu entwickeln, die noch wenig entwickelt sind, so daß letztlich dieses Grundproblem überwachsen werden kann, in Anlehnung an die wesentliche Aussage von Jung: »Ich hatte nämlich inzwischen einsehen gelernt, daß die größten und wichtigsten Lebensprobleme im Grunde genommen alle unlösbar sind; ... Sie können nie gelöst, sondern nur überwachsen werden.«[29] Aber wir kommen natürlich nicht daran vorbei, auch diese Grundprobleme, die sich im Alltag immer wieder quälend zeigen, zu bearbeiten.

Diese Problematik zeigt sich bei diesem Mann in immer neuen Formen, in der Anfangsphase der Therapie etwa darin, daß er mit allem und jedem rivalisieren mußte und dann unglücklich war, wenn er als »unangenehmer Mensch« empfunden wurde, den man mied. In einer späteren Phase trat das Rivalisieren etwas in den Hintergrund, dafür entwertete er die Leistungen anderer Menschen so sehr, daß er mit der Zeit das Gefühl bekam, in einer total entwerteten Welt zu leben. Jeder Dichter, jeder Komponist, jeder Maler, jeder Wissenschaftler, jeder Zeitgenosse überhaupt hatte doch eigentlich nichts zu sagen. Als ihm bewußt wurde, wie sehr er sein eigenes Grundgefühl, seine Angst, letztlich nichts zu sagen zu haben, bei den anderen Menschen sah, hat er sich diese Haltung verboten – doch immer wieder fiel er in diese Haltung zurück. Zwar war er unterdessen so weit, daß er von sich nicht mehr verlangte, der weiseste und klügste aller Menschen sein zu müssen, er war sich auch in gewissen Bereichen des Lebens seines Selbstwertes durchaus bewußt, und doch begann er plötzlich wieder zu rivalisieren, zu entwerten und in einer nächsten Phase auch glühend zu neiden. Immer wieder setzte er sich mit diesen Gefühlen, die sich natürlich auch in der therapeutischen Situation zeigten, auseinander. Nachdem ihm einsichtig geworden war, daß dieses Problem ihn ein Leben lang begleiten würde, ärgerte er sich weniger darüber, wenn es wieder so störend auftrat und immer auch Beziehungen bedrohte, sondern fing an, mit großem Interesse hinzusehen, wie das Problem sich denn jetzt wieder zeige. Nicht »schon wieder« dieses Problem, hieß es dann plötzlich, sondern: »Dieses Mal habe ich den Neid ganz anders erlebt als bei meiner letzten Neidattacke, diesmal war ich nicht nur neidisch, sondern auch voll Bewunderung für diesen Kollegen, und das war eine warme Bewunderung.«

Und indem er nachdachte und nachspürte, wie sich seine Probleme im Bereich des Selbstwertes jetzt wieder neu zeigten, wie der Stein aussah, den er jetzt wiederum stemmen mußte, und welchen Weg er dieses Mal mit ihm nahm, erinnerte er sich auch immer an alle Wege, die er mit diesem Problem und dank dieses Problems schon zurückgelegt hatte. Es war nicht einfach eine Wiederholung, eine Wiederkehr des Gleichen – das war es auch –, er ging aber innerhalb dieser Wiederholung auch immer ein wenig neue Wege.

Die Wiederholung als Aspekt
des schöpferischen Tuns

Sehr deutlich wurde dieses Moment der Wiederaufnahme auch am Beispiel der Malerin, der es nicht gelang, das Bild zu malen, das sie wirklich gesehen hatte, und die immer wieder von neuem versuchte, das Bild zu gestalten. Sieht man die Serie der Bilder an, die sie gemalt hat, dann muten sie wie eine Wiederholung an – und doch wird deutlich erkennbar, wie sich die Gestaltung immer ein wenig verändert in

Richtung einer größeren Einfachheit, die diese Malerin wohl angestrebt hat.

Das Element der Wiederholung ist hier die Möglichkeit, sich schrittweise an etwas anzunähern, was nicht auf einmal ausdrückbar ist. Und das scheint mir für den schöpferischen Prozeß überhaupt typisch zu sein. Jeder schöpferische Mensch ist immer wieder von Ideen gepackt, die ihn schon immer irgendwie beschäftigt haben, und im Laufe des Lebens versucht er immer wieder, das, was er wirklich meint, oder das, was durch ihn hindurch Ausdruck sucht, auszudrücken. Bei vielen schöpferischen Menschen ist dann die Summe dessen, was sie ausgedrückt haben, das, was sie wirklich mitzuteilen hatten; die Wege, die sie beschritten haben, die Spuren dieser Wegbegehungen sind dann das Werk und weniger ein Ziel, das sie erreicht haben.

Der Mythos von Sisyphos ist natürlich auch ein Mythos, der wesentliche Aspekte des schöpferischen Arbeitens abbildet, gehen wir davon aus, daß, wie bei der Malerin, ein inneres Bild, eine Idee, eine Fragestellung sich aufdrängt und immer wieder bearbeitet werden muß. Dem schöpferischen Menschen kann es gelingen, den Tod insofern zu überlisten, als Jahrhunderte nach seinem Tod seine Gedanken oder Bilder noch wirksam sind.

In diesem Mythos wird aber vor allem der Aspekt der ewigen Wiederholung, der auch im schöpferischen Arbeiten eine große Rolle spielt, dargestellt, dieses konsequente Dranbleiben und weniger der Rausch der Gottähnlichkeit, der damit verbunden sein kann. Sisyphos ist nicht Prometheus.

Es ist der mühsame Teil am schöpferischen Arbeiten, der hier dargestellt ist. Und auch da stellt sich die Frage, wann man loslassen müßte. Die erwähnte Malerin malte stur und besessen, wie sie es selbst ausdrückte, bis sie eines Tages ein anderes Bild sah, das zu malen noch wichtiger war. Sie ließ die »alte« Bilderfolge einfach einmal liegen – und Jahre später malte sie mühelos das Bild, das ihr eigentlich vorgeschwebt hatte. Sie hatte, nachdem sie den gleichen Stein so lange gewälzt hatte, ihn einfach liegengelassen und ihn sehr viel später wieder aufgenommen. Für sie war die Frage, wann es denn sinnvoll sei, den Stein zu stemmen, und wann man loslassen, ablassen müsse von diesem Stein, die sich uns bei der Übertragung dieses Mythos auf alltägliches Leben immer wieder stellt, kein Problem: Sie war offen für ihre Ideen, und als eine andere Idee sie mehr zu bestimmen begann, folgte sie dieser. Dieses Offensein ist dabei entscheidend; das ist die Möglichkeit, dem Wiederholungszwang zu entgehen. Zudem wird hier sehr deutlich, wie es zwar für den schöpferischen Prozeß unabdingbar ist, daß wir immer wieder eine Anstrengung, eine Auseinandersetzung mit dem Inhalt des Schöpferischen haben, eine bewußte Gestaltung versuchen, aber daß das allein das Schöpferische eben nicht ausmacht. Dazu kommt der Einfall, der sich nicht »machen« läßt. Der Einfall aber wird, durch viele Gestaltungen hindurch, oft durch eine vermeintliche Wiederkehr desselben zu seinem prägnantesten Ausdruck gebracht. Das ist vielleicht auch das, was Künstler als das Ringen mit ihrem Genius beschreiben: das könnte im Mythos von Sisyphos mit ausgedrückt sein, wenn wir im Stein symbolisch den Gott Hermes oder Apollo sehen. Aber auch dann müßte sich der Stein mit der Zeit verändern und damit auch unmerklich andere Wege nehmen.

In diesem Zusammenhang formuliert Goethe:

»1824, Dienstag den 27. Januar 1824 ...
Man hat mich immer als einen vom Glück besonders Begünstigten gepriesen; auch will ich mich nicht beklagen und den Gang meines Lebens nicht schelten. Allein im Grunde ist es nichts als Mühe und Arbeit gewesen, und ich kann wohl sagen, daß ich in meinen fünf und siebzig Jahren keine vier Wochen eigentliches Behagen gehabt. Es war das ewige Wälzen des Steines, der immer von neuem gehoben sein wollte. Meine Annalen werden es deutlich machen, was hiemit gesagt ist. Der Ansprüche an meine Tätigkeit, sowohl von Außen als von Innen, waren zu viele.«[30]

Auch bei Goethe wird deutlich: Das »Wälzen des Steines« ist eine Frage des Anspruchs, von innen und von außen.

Noch einmal: Loslassen

Im Zusammenhang mit der ewigen Wiederkehr desselben fiel auf, daß Menschen dann von Sisyphosarbeit sprechen, wenn gar nicht die Arbeit als solche eine große Mühsal und nicht zu bewältigen ist, sondern wenn diese ewige Wiederholung an und für sich, dieses Fehlen von Veränderung zur Qual wird. So sprechen Menschen, die den Anfang lieben, das neu Aufbrechende, die auf ihre Art auch den Tod nicht akzeptieren, der ja das Ende setzt und von da aus unendlich vieles in unserem Leben in Rhythmen von Anfang und Ende, von Neubeginn und Ausklang bringt. Auch sie lassen zu wenig los, obwohl sie gerade dadurch imponieren, daß sie scheinbar ständig loslassen, weil sie ja nur den Anfang wollen und nicht die Fortsetzung. Sie lassen aber nicht vom Gedanken ab, daß das Leben so sein sollte, wie sie es sich wünschen. Sie wollen ewigen Frühling. Und weil sie diesen Gedanken nicht opfern können, können sie die Wiederholung nicht akzeptieren. Sie sind aber auch nicht willens, innerhalb der Wiederholungen das Neue zu sehen und ewige Wiederholungen als den Rhythmus des menschlichen Lebens zu begreifen, der das Dasein auch strukturieren kann, denken wir zum Beispiel an unseren periodisch sich immer wieder meldenden Hunger.

Wenn sich diese Wiederholung aber verbindet mit der Schwere des Steins, den ein Mensch zu stemmen hat oder meint, stemmen zu müssen, dann stellt sich doch wiederum die Frage nach dem Loslassen, die Frage, ob denn vielleicht nicht die heroische Anstrengung des Sisyphos zu heroisch nachgelebt wird, ob dadurch vielleicht zu wenig Raum und Zeit bleibt für andere Lebensbereiche, die den Niederschlag in anderen Mythen gefunden haben. Immerhin, auch Sisyphos könnte zumindest vorübergehend aufatmen, dann nämlich, wenn der Stein von selbst ins Tal rollt, seinen eigenen Weg nimmt. Sieht man den Mythos nur unter dem Aspekt des Scheiterns, dann ist der dem Sisyphos entgleitende Stein als »Rückfall« zu bezeichnen. Es könnte darin aber auch der Moment abgebildet sein, in dem wir, nachdem wir alles gegeben haben, den Stein nicht mehr in der Hand haben, wo er seinen eigenen Weg nimmt, auf den wir keinen Einfluß mehr haben. Es wäre ziemlich unsinnig, den Stein auch noch beim Hinunterrollen kontrollieren zu wollen. Aber gerade das versuchen viele von uns zu tun.

Ein Beispiel

Ablösung

Ein Elternpaar hat seinen Sohn sehr lange immer wieder umsorgt, behütet, geleitet und versucht, ihn an die Stelle des Lebens zu bringen, die ihnen als die richtige für ihn erschien. Sie erlebten das als sinnvolle, aber immer auch mühsame Arbeit. Mit 28 Jahren hatte der Sohn genug von dieser sehr liebevollen Fürsorge. Er sagte, er fühle sich von den Eltern ständig geschoben und gedrängt. Er zog in eine andere Stadt. Beide Eltern waren sehr bekümmert darüber, daß sie nun keine Information mehr bekamen, wie es mit seinem Leben weiterging. Ihre ganze Energie verwendeten sie darauf, sich zu überlegen, wie sie den Sohn doch noch kontrollieren könnten, ohne daß es ihm lästig fiele. Sie hielten das für ihre Aufgabe und wären sich schlecht vorgekommen, hätten sie weniger Gedanken auf dieses Problem verwendet.

Natürlich wird hier deutlich, daß diese Eltern

nicht loslassen konnten, vor allem auch, weil sie sich so auf den Sohn konzentriert hatten, daß sein Leben ihr zentraler Lebensinhalt war. Sie konnten nicht einmal loslassen, als er ihnen schon entglitten war.

Sisyphos versuchte wenigstens, nicht auch noch den hinunterrollenden Stein zu kontrollieren. Wir wissen allerdings nicht, wie er den Abstieg ins Tal gestaltet hat, ob er die vorübergehende Freiheit genossen hat, oder ob er vom Gedanken beseelt war, den Stein so bald wie möglich wieder zu stemmen. Aber hier wäre, bei aller Sisyphosarbeit, der Moment des Aufatmens, der Moment des Durchatmens, da könnte Sisyphos seine Schultern fallen lassen, seinen Blick vom Stein, den er stemmen muß, auch abwenden und in die Gegend schauen. Auch wenn der Stein immer wieder gestemmt werden muß, gibt es den Rhythmus zwischen Aufatmen und Stemmen. Diesen Rhythmus kann man sich allerdings versagen, wenn man den Stein, der einem aufgegeben ist, nie aus den Augen verlieren will, immerzu nur an ihn denkt.

Der Mythos der Vierzigjährigen

Gehen wir von der zentralen Aussage dieses Mythos aus, daß einerseits die Notwendigkeit des Todes akzeptiert werden, andererseits der Tod auch überlistet werden muß in dem Sinne, daß wir unser Leben nicht zu leicht der Stimmung der Vergänglichkeit preisgeben, so wundert es nicht, daß Menschen um die Vierzig von dieser Thematik meist sehr betroffen sind.

In der Lebensmitte ist es nicht mehr möglich, die Tatsache des Sterben-Müssens, des Hinlebens auf den Tod, zu leugnen. Zudem ist es auch eine Lebensphase, in der von vielem, was zuvor gegolten hat, Abschied genommen werden muß. Die hochfliegenden Pläne der jungen Jahre, die dem Leben Richtung, Anreiz und Herausforderung gegeben haben, sind eingelöst oder eben nicht eingelöst. Der Zusammenstoß des Unmöglichen mit dem Möglichen hat dem Menschen seine Grenzen aufgezeigt, keine starren, sondern verschiebbare, aber keinesfalls mehr ins Unendliche verschiebbare Grenzen. Der Mensch lernt, daß er ein gewöhnlicher Mensch sein darf, aber auch ein gewöhnlicher Mensch sein muß. Gewöhnlich sein zu dürfen und zu müssen bedeutet, daß wir von vielen Größenideen und übertriebenen Ansprüchen Abschied nehmen.

Damit ist einerseits ein ständiges Abschiednehmen verbunden, andererseits ein immer größerer Grad von Freiheit. Abschiednehmen ist auch Befreiung hin zu Ideen, Werten, Forderungen an uns und andere, die wirklich zu uns gehören. Gewöhnlichsein öffnet sehr viele gewöhnliche Lebensmöglichkeiten.

Das Erlebnis, daß sich vieles wiederholt im Leben, wird immer häufiger, unübersehbarer. Sehr oft sagen wir uns, daß wir »das« doch kennen. Es geht dabei nicht nur um die vielen Wiederholungen im Alltag, es geht auch um Wiederholungen von schönen Erfahrungen mit uns selbst und an uns selbst, aber auch um die Wiederholung von quälenden Erfahrungen. Aber auch im Erleben der nächsten Generation werden Wiederholungen sichtbar: Sehnsüchte, Hoffnungen, Forderungen, Proteste wiederholen sich, Probleme kehren wieder, das Umgehen mit den Problemen wiederholt sich ebenfalls. Ja sogar die Mode und der damit verbundene Geschmack wiederholen sich.

Wer nur die Tatsache sieht, daß sich so sehr vieles wiederholt, und sich auf die jeweiligen Situationen innerhalb der Wiederholungen nicht einläßt, der wird bald verzweifelt nach etwas ganz anderem Ausschau halten, das nirgends anzutreffen ist.

Das Problem des Alterns, des Älter-Werdens besteht in dieser Phase im wesentlichen darin, daß diese Wiederholungen als Strukturelement der verstreichenden Zeit und damit des Todes, der ins Leben hineinreicht, akzeptiert werden müssen, daß wir aber auch unsere Erlebnisfähigkeit nicht im bloßen Wahrnehmen der Wiederholung und in ihrem Beklagen erschöpfen dürfen. Es mag immer der alte Stein sein, aber wir sind fähig, verschiedene Wege mit ihm zu gehen. Der große Durchbruch, auf den man einmal gehofft hatte, findet, wenn überhaupt, in kleinen Schritten statt, aus diesen Wiederholungen heraus, die dann plötzlich doch neues Erleben zulassen.

Zudem wird immer deutlicher, daß man selbst das Leben in die Hand nehmen muß, wenn etwas geschehen soll; man kann nicht mehr immer den andern die Schuld zuschieben. Die Gesellschaft, die man kritisiert, ist man selbst auch – und das zeigt sich oft daran, daß Menschen in diesem Alter in Positionen sind, in denen sie mit entscheiden und überhaupt Entscheidungen treffen. Erfahrungen sind gemacht, die dies auch ermöglichen; es ist auch genug Energie da, diese Entscheidungen und die damit verbundenen Arbeitsprozesse durchzutragen. Das Gefühl des Selbstwerts nährt sich nicht mehr aus den großen Ideen, die man irgendwann einmal realisieren wird, sondern aus dem, was tatsächlich realisiert wird, was sichtbar ist und greifbar.

Das bewußte Wissen darum, daß der Tod mitlebt, macht Leben kostbar, läßt die Lebendigkeit des Lebens suchen. Damit aber stellt sich die Thematik des Sisyphosmythos in einem großen Umfang: in einem positiven Sinn, indem man versucht, nichts, was im Leben war, vergeblich sein zu lassen, indem man durchhält in einer Konzentration auf das, was getan werden muß, in einer Hingabe an die Aufgabe, die man sich gestellt hat. Man akzeptiert, daß die Anstrengung zwar etwas bewegt, aber keine Berge versetzt. Der jugendliche Mensch aber, der natürlich in jedem Vierzigjährigen auch noch steckt, möchte noch die Gipfel erstürmen, für den bedeutet Einwilligen in menschliches Maß das Einwilligen in die ewige Wiederkehr, Akzeptieren der Langeweile, Unproduktivsein. Und kann diese allzu jugendliche Seite, die im Mythos durch das Hermeshafte in Sisyphos verkörpert ist, nicht geopfert werden, dann dominiert im Lebensgefühl das Leiden an der Vergeblichkeit – alles wird absurd, sinnlos.

Aber auch dann, wenn man Sisyphos ausschließlich auf die Arbeitswelt bezieht, werden diese Gefühle wach – und die Frage nach dem Sinn eines solchen Lebens ist jetzt wichtig. Denn es könnte an der Zeit sein, den Stein loszulassen, auf das Erlebnis der heroischen Anstrengung, die man ja auch täglich bringt, zu verzichten, um anderes mitleben zu lassen. Zugleich ist zu bedenken, ob der Zeitpunkt schon gekommen ist, ganz loszulassen. Denn wenn Sisyphos die grandiose Idee, den Fels über den Berg zu bringen, auch nie in die Tat umsetzen kann, sein Bemühen ist in sich noch immer großartig, großartig heroisch. Und dieser Heroismus ist einer, in dem wir Menschen uns Werte schaffen wollen, Werte, die uns, wenn immer möglich, überdauern. Trotzdem: In diesem beharrlichen Erfüllen von Pflichten kann auch eine Geschäftigkeit wider den Tod gesehen werden, wider die Vergänglichkeit. Damit versuchen wir zu verdrängen, daß wir sterblich sind. Dieser Aspekt zeigt sich besonders dann, wenn wir so gar nicht bereit sind, auch einmal abzulassen, wenn wir es uns immer wieder beweisen müssen, daß wir es noch können. Dabei bleiben dann andere Lebensbereiche, die uns die Lebendigkeit des Lebens mindestens so sehr, wenn nicht mehr erfahren lassen könnten, ausgespart, nicht zuletzt auch, weil Tätigsein, Handeln, etwas Bewirken in unserer Gesellschaft Werte sind, die sehr hoch geschätzt werden.

Überlieferte Deutungen
des Sisyphosmythos

Sisyphos als Heiler

Roscher[31] fügt im Lexikon der griechischen und
römischen Mythologie verschiedene Deutungen
dieses Mythos an. So beschreibt er, daß in der Fesse-
lung des Todes durch Sisyphos auch die Tatsache ausgedrückt war, daß er heilende Mittel erfunden hatte;
sein Zurückkommen aus dem Totenreich wurde als
Genesung von einer schweren Krankheit gesehen.
Diese Deutung, die natürlich nachvollziehbar ist und
die sich auch durch die Amplifikation mit den Märchen nahelegt, läßt dann allerdings die Strafe aus.
Wenn er aber ein Heiler gewesen wäre, dann ein solcher, der den Tod um jeden Preis überwinden wollte.
Sollte es aber einmal möglich sein, den Menschen
vom Tod ganz zu befreien, dann wäre die konsequente Folge, daß er ewig seine Bürde schleppen müßte,
da er ja nicht sterben könnte.

Das Wälzen des Steines:
die Arbeit der Meereswellen

»Von den Neuern wird Sisyphos überwiegend auf
das Meer bezogen, zunächst direkt als ›Allegorie der
rastlos wühlenden, alles listig durchdringenden Mee-

resflut‹ oder als ›die Flut in ihrer rastlos wandelbaren, Berge auf- und niederwälzenden, stets geschäftigen und verschlagenen, bis in die tiefste Tiefe eindringenden, und doch immer wieder emporquellenden Natur‹. ›Seine Strafe in der Unterwelt ist wohl nichts anderes als eine poetische Anschauung der unermüdlichen Arbeit der Meereswellen, welche sich von Ost und West an den Klippen des Isthmos emporwälzen, ohne die Uferhöhe erreichen zu können.‹«[32]

Wir haben uns bisher in dieses Bild des Steine wälzenden Sisyphos hineinversetzt und mit ihm die ganze Anstrengung erlebt. Jetzt wird dieses Bild ersetzt durch anbrandende Wellen eines Meeres. Was zuvor Anstrengung, übermenschliche, heroische Anstrengung war, wird plötzlich Teil eines ganz natürlichen Rhythmus; Ausdruck der Energie, die im Meerwasser steckt; Rhythmus alles Lebendigen.

Die Gedanken der Wiederholung, der Wiederkehr, des Rhythmischen würden durch diesen Deutungsvorschlag sehr gestützt. Aber dadurch, daß die »Anstrengung« dem Meer übergeben wird, fällt unsere Identifikation mit dem Heros Sisyphos weg, sei es, daß wir uns auch ähnlich vorkommen, sei es, daß wir uns gegen diese Art von Heroismus wehren.

Sisyphos als Sonnenschieber

Henry[33] sieht in Sisyphos einen Lichthelden; im Stein, den er schiebt, die Sonne, im Hinaufgerolltwerden und Niederrollen Aufstieg und Untergang

320

der Sonne. Allerdings stellt er sich vor, daß der Stein jeweils auf die andere Seite des Felsens falle, was nirgends belegt ist. Auch Ranke-Graves spricht vom Stein des Sisyphos als von einer Sonnenscheibe. Er bezieht sich auf einen gut dokumentierten korinthischen Sonnenkult und sieht in Sisyphos Helios, den Sonnen- und Lichtgott[34].

Bei meiner symbolischen Sicht des Steins stellte sich heraus, daß in ihm Hermes oder aber Apollo dargestellt sein könnten. Die Idee, daß hier die Sonne über den Himmel getragen wird, läßt sich nicht ganz von der Hand weisen, wenn auch die Bewegung der Sonne nicht mit der Bewegung des Steins übereinstimmt. Vereinbar indessen ist das Thema von Aufgang und Niedergang, das Thema des Rhythmus im Sinne des Steigens und Fallens. Betrachten wir die Sonne symbolisch, dann könnte der heroische Versuch des Menschen dargestellt sein, immer mehr Licht in seine Welt hineinzubringen, immer bewußter zu werden. Auch das ist eine Anstrengung, die uns immer einen gewissen Fortschritt bringt, den wir aber auch immer wieder einbüßen.

Das Bemühen um Erkenntnis

Diese Deutung käme dann auch in die Nähe der von Völcker vertretenen:

»Das Steinewälzen des Sisyphos erklärt sich als das vergebliche Bestreben des menschlichen Verstandes, der, wenn er sich im Begriff glaubt, das Ziel zu erreichen und über den Gipfel wegzuschwingen, welcher ihm die letzte Aussicht verschließt, ermattet von dem vergeblichen Bemühen zurücksinkt.«[35]

Eine Deutung, die den Menschen kennzeichnet als einen, der immer auch eine letzte Grenze übersteigen will, wie es Ingeborg Bachmann in ihrer Geschichte »Das dreißigste Jahr« beschreibt:

»Einmal, als er kaum zwanzig Jahre alt war, hatte er in der Wiener Nationalbibliothek alle Dinge zu Ende gedacht und dann erfahren, daß er ja lebte. Er lag über den Büchern wie ein Ertrinkender und dachte, während die kleinen grünen Lampen brannten und die Leser auf leisen Sohlen schlichen, leise husteten, leise umblätterten, als fürchteten sie, die Geister zu wecken, die zwischen den Buchstaben hausten. Er dachte – wenn jemand versteht, was das heißt! Er weiß noch genau den Augenblick, als er einem Problem der Erkenntnis nachging und alle Begriffe locker und handlich in seinem Kopf lagen. Und als er dachte und dachte und wie auf einer Schaukel hoch und höher flog, ohne Schwindelgefühl, und als er sich den herrlichsten Schwung gab, da fühlte er sich gegen eine Decke fliegen, durch die er oben durchstoßen mußte. Ein Glücksgefühl wie nie zuvor hatte ihn erfaßt, weil er in diesem Augenblick daran war, etwas, das sich auf alles und aufs Letzte bezog, zu begreifen. Er würde durchstoßen mit dem nächsten Gedanken! Da geschah es. Da traf und rührte ihn ein Schlag, inwendig im Kopf: ein Schmerz entstand, der ihn ablassen hieß, er verlangsamte sein Denken, verwirrte sich und sprang von der Schaukel ab. Er hatte seine Kapazität zu denken überschritten oder vielleicht konnte dort kein Mensch weiterdenken, wo er gewesen war. Oben, im Kopf, an seiner Schädeldecke, klickte etwas, es klickte beängstigend und hörte nicht auf, einige Sekunden lang. Er meinte, irrsinnig geworden zu sein, und umkrallte sein Buch mit den Händen. Er ließ den Kopf vornüber sinken und schloß die Augen, ohnmächtig bei vollem Bewußtsein.

Er war am Ende.«[36]

Eine menschliche Erfahrung, gewiß, aber Menschen wie diese erfassen von Sisyphos nur den einen Teil, das Gipfelstürmerische, hier nun im Sinne des Erkennenwollens, was ja auch mit dem Tragen der Sonne in Verbindung gebracht werden könnte. Sie haben aber nicht die Konsequenz, die Unbeirrbarkeit, mit der Sisyphos seinen Stein wieder aufnimmt.

Der Mythos als Ausdruck des Charakters der Meeresanwohner

Sisyphos wird aber auch als Vertreter des »gewitzten Küstenvolkes gesehen, im Gegensatz zur Einfalt der Binnenländer«[37]. Völcker indessen spricht von einem Kaufmann, der niemals rastet, immer unterwegs ist. Und Roscher schreibt zusammenfassend:

»Das Ergebnis aus diesen verschiedenen Deutungen des Sisyphosmythos läßt sich etwa folgendermaßen präzisieren: Ein wiederkehrendes, am Doppelstrand von Korinth besonders leicht zu beobachtendes Naturschauspiel, die Tätigkeit des Meeres, wird in einer Person zusammengefaßt, auf diese dann die Wirkung des Lebens an der See übertragen, ein einzelner Zug davon gegen den ursprünglichen Sinn unter dem Gesichtspunkt einer Strafe betrachtet und für diese Strafe ein Motiv gesucht, wobei ein späterer allegorisch-ethischer Einfluß auf die Gestaltung der Sage von den einen ebenso bestimmt angenommen, wie von den anderen in Abrede gestellt wird.«[38]

Diese Deutungen, denen noch viele ähnliche anzufügen wären, finde ich deshalb interessant, weil sehr deutlich wird, wie alle die, die sich mit dem Mythos befaßt haben, einzelne Züge besonders betont und im Grunde genommen das, was der Mythos in ihnen ausgelöst hat, in Gedanken und Bildern dargestellt haben. Ich meine, daß alle Mythendeutung – auch die unsere – in dieser Weise geschieht, auch wenn einzelne Züge des Mythos mehr, andere überhaupt nicht belegt sind. Die Beschäftigung mit einem Mythos hat unter anderem auch den Sinn, daß der Mythos Assoziationen, die die Verbindung zu unserem Leben schaffen, hervorruft. Wir deuten also, so besehen, nicht wirklich den Mythos, sondern unsere existentiellen Erfahrungen im Spiegel des Mythos.

Der Mythos von Sisyphos im Traum

Eine Zusammenfassung

Daß Mythen Bilder sind, die in unserem Alltag eine Wirkung zeigen und auch für uns Heutige noch immer etwas bedeuten, zeigt sich nicht nur in der Sprache, die den Ausdruck Sisyphosarbeit kennt, sondern auch in Träumen, die diese Bilder der Mythen aufnehmen und sie mit den persönlichen Bildern der einzelnen Träumer und Träumerinnen verweben.

Traum einer 38jährigen Frau

Dem Tod kann man nichts entreißen

»Es ist an einem sehr steilen Berg. Kleine Wagen, die aussehen wie Kohlewagen, rollen den Berg hinunter. Drinnen in den Wagen sind Menschen, die aussehen, als ob sie ganz kurz vor dem Tod wären. Ich war empört über die Lethargie dieser Menschen, die alles über sich ergehen ließen. Ich wollte da jemanden rausholen. Und ich habe auch jemanden gepackt. Ich schleppte ihn fast von der Talsohle den Berg hoch – es war ein sehr hoher Berg. Ich schleppte ihn richtig schwitzend den ganzen Berg hoch, es war sehr mühsam. Ich habe im Traum blödsinnig geschleppt, ich hatte noch nie einen so intensiven Schweißtraum, der Schweiß rann in Strömen von mir. Ich weiß auch nicht, ob der, den ich geschleppt habe, Mann oder Frau war; er war auch nackt, ein lebendiger Leichnam, eigentlich schon dem Tod hingegeben. Ich hatte das Gefühl, wenn ich ihn auf den Berg bringe, daß er dann über dem Berg ist. Da oben ist Leben. Dreimal habe ich es versucht, zweimal ist mir der Mensch wieder hinuntergekollert. Beim dritten Mal, als ich fast oben auf dem Gipfel war, es fehlten noch zwei, drei Meter, und ich schon das Gefühl hatte: Jetzt habe ich es geschafft, ein Gefühl des Triumphs und der Freude – plötzlich steht eine riesige schwarze Gestalt vor mir wie eine Wand und wirft mich einfach ins Tal zurück. Ich stürze nach hinten. Ich wehre mich und werde wach. Und in diesem Augenblick weiß ich: Das ist der Tod. Der Mensch entgleitet mir wieder und rollt wieder ins Tal. Ich habe das Gefühl, richtig zurückgeworfen zu sein.«

Ausführungen der Träumerin

»Das Wehren war ja auch daran zu erkennen, daß ich im Bett wohl aus einer sitzenden Haltung heftig nach hinten geschleudert wurde, wie mir mein Partner, der durch mein Kämpfen erwacht war, erzählte. Ich tat mir am Arm weh, an dem Arm, mit dem ich mich im Traum gegen diese Gestalt gewehrt hatte. Ich hatte im Traum das Gefühl, von einer ungeheuren Gewalt gepackt zu sein. Zurückgeworfen, nein, eigentlich richtig zurückgeschmettert worden bin ich. Es war eine riesige Gestalt, die zu einer schwarzen Wand wurde, und ich wußte im Traum einfach: Das ist der Tod, und dem kann man nichts wegnehmen. Der Mensch rollte dann ja auch ins Tal hinunter.

Diese fast toten Menschen erinnerten mich an Konzentrationslager, an zum Tode Verdammte. Es hat mich wahnsinnig aufgeregt, daß die nichts gemacht haben. Ich bin auch hinter den Wagen hergelaufen und habe gesagt, sie sollten doch etwas machen, und dann habe ich sie herausgezerrt aus den Wagen. Zwei sind dann trotzdem ins Tal gekullert, aber den dritten habe ich im Schweiße meines Angesichts geschleppt, und als ich dann fast oben war, da kam plötzlich diese Gestalt, und ich habe mich so gewehrt im Traum. Aber der Tod hat mich richtig umgehauen. Ich lag dann auf dem Rücken.

Der Traum hatte einen Zusammenhang mit meinem Alltag: Ich hatte da gerade mit einer suizidalen Patientin zu tun, die ich um jeden Preis retten wollte. Es war meine Psychiatriezeit, und ich hatte das Gefühl, ich könnte da doch etwas bewirken, die Leute motivieren. Ihre Ergebenheit in das Schicksal hat mich damals so empört: Dieses Opfertum, das die da präsentieren, sich einfach abfahren zu lassen! Irgendwie wollte ich den Tod überlisten.

Ich war in dieser Zeit ungeheuer aktiv, überzeugt davon, daß ich positiv ins Schicksal eingreifen kann. Gerade mit dieser suizidalen Patientin – sie lebt übrigens –, und dann kam plötzlich dieser Traum, der mir das menschliche Maß oder mehr das Extreme meiner Situation vor Augen hielt. Mein ganzes Aufbegehren jener Zeit wurde deutlich, und mit einem Schlag wurde meinem Aufbegehren eine Grenze gesetzt.

Nach diesem Traum habe ich mich sehr verändert. Ich konnte diese Schicksalsergebenheit besser ertragen. Vor dem Traum hatte ich diese hybride Einstellung, daß man mit diesen verlorenen Seelen etwas machen könne, wenn man nur richtig zupacke; wenn man diese Trägheit überwinde, dann könne man sie dem Tod entreißen. Ich bin heute viel gelassener in diesen Situationen, ich begleite die Menschen, aber wenn einer durch das Tor des Todes wirklich durchgehen will oder muß, dann akzeptiere ich das. Natürlich versuche ich immer noch, sie aus dem Todessog herauszuführen, aber nicht mehr mit Gewalt.

Der Tod war eine Riesengestalt, unbestimmt, man sah nur diesen Mantel; er war verhüllt und unheimlich mächtig, undurchdringlich und schrecklich. Er entspricht überhaupt nicht meiner Vision vom sanften Tod. Aber er hat mich nicht getötet, er hat mich einfach zurückgestoßen. Dann war ich im Staub, und ich habe mich auch wie Staub gefühlt. So im Sinne: Du Wurm, da bist du.

Aber das Lebensgefühl im Traum, bevor der Tod mich niederwarf, war toll: Das war schon hybrid. Ich habe innerlich frohlockt, triumphiert. Auch in diesem Schleppen steckte so viel, die ganze Hingabe, dieses ganz Aufgehen in einer Aufgabe, ein Erlebnis der eigenen Potenz.

Mir fiel damals zu diesem Traum Camus ein: Für den hat das Schleppen ja fast eine orgiastische Bedeutung. Und das hatte es für mich auch.«

Dieser Traum ist durch und durch geprägt vom Thema des Mythos von Sisyphos. Die Träumerin denkt dann zuletzt an Camus, und Camus ist bei uns ja oft verbunden mit seinem Werk von Sisyphos. Als ich den Traum dieser Kollegin hörte, die ihn mir freundlicherweise für dieses Buch überlassen hat, war ich ganz gebannt von ihm, war beeindruckt von diesem Aufbegehren und der ungeheuren Anstrengung, die die Träumerin auf sich nahm, aber ebenso erstarrte ich vor diesem Tod, der hier so deutlich die Grenze setzt. Obwohl die Träumerin diesen Traum vor fünf Jahren träumte, erzählte sie ihn, wie wenn sie ihn eben geträumt hätte.

Dieses Sich-Wehren gegen den Tod und von ihm so ganz deutlich In-Grenzen-gewiesen-Werden scheint mir das Kernstück dieses Traumes zu sein – und ist für mich auch das Kernstück des Mythos von Sisyphos. Das zeigt sich bei der Träumerin auch daran, daß sie in ihren Ausführungen zum Traum diesen Traumteil sehr eingehend noch einmal schildert und auch immer wieder auf ihn zurückkommt, Zeichen dafür, wie bedeutsam diese Stelle, dieses Erlebnis für sie ist.

Versuch einer Deutung

Die Träumerin befindet sich an einem sehr steilen Berg; da hinaufzukommen dürfte mit einer großen Anstrengung, aber auch mit einem großen Anspruch verbunden sein. Sie selber sagt im Traum, daß sie das Gefühl habe, wenn sie diese halbtoten Menschen auf den Berg bringe, dann seien sie über den Berg. Da oben sei Leben. »Über den Berg sein« ist der Ausdruck dafür, daß jemand eine Krankheit, eine

Schwierigkeit überwunden, einen Berg von Schwierigkeiten bewältigt hat. Schwierigkeiten bewältigen hieße hier aber auch – wenn wir den Traumtext beiziehen – leben, sich ins Leben hineingeben zu können.

Die Kohlewagen aber bewegen sich nicht bergauf, sondern bergab; in den Kohlewagen ist auch keine Kohle, sondern darin sind Menschen, die »aussehen, als ob sie ganz kurz vor dem Tod wären«, die alles über sich ergehen lassen. Diese Menschen scheinen dem »Bergabgehen« – dem Hinunterrollen des Steins im Mythos von Sisyphos vergleichbar – nichts entgegensetzen zu können, sie lassen es mit sich geschehen, sie haben »losgelassen«. Diese Haltung erregt die Träumerin zutiefst: Sie spricht von Lethargie, von Trägheit, von Schicksalsergebenheit, aber auch davon, daß die Situation dieser Menschen sie an Konzentrationslager erinnert, an zum Tode Verdammte. Wenn sie zum Tode Verdammte sind, hat sie irgendeine Macht zum Tode verdammt, und die Träumerin tritt als Traum-Ich gegen diese Macht an. Sie kann diese Trägheit, dieses Loslassen nicht ertragen.

In den Bildern von diesen halbtoten Menschen und im Bild des Traum-Ich werden die Gegensätze von Loslassen und Festhalten eindrücklich dargestellt; dabei lassen die Menschen in diesen Kohlewagen nur los; das Traum-Ich, diese Passivität ausgleichend, will nur festhalten und den Gipfel erreichen. Dabei kann man bei diesen Menschen in den Kohlewagen vielleicht nicht einmal mehr von »Loslassen« sprechen, man müßte wohl eher von »Preisgeben«, von »Aufgeben« sprechen.

Loslassen-Müssen und Festhalten um jeden Preis war schon ein Thema, das sich uns bei der Betrachtung dieses Mythos aufgedrängt hat. Hier tritt das Traum-Ich, indem es Menschen den Berg hinaufschleppt, wirklich in eine Identifikation mit Sisyphos, allerdings ganz überzeugt davon, daß ein Erfolg möglich ist. Beim Traum-Ich ist keine Hoffnungslosigkeit zu spüren, im Gegenteil: mit sehr viel Hoffnung geht es gegen die Resignation an. Eindrücklich ist, wie die Mühsal dieses Schleppens beschrieben wird, der Schweißausbruch, aber auch das Gefühl des Ganz-Aufgehens in dieser Aufgabe, der totalen Hingabe, des Erlebnisses der eigenen Potenz – und in der Erinnerung an Sisyphos von Camus wird der fast »orgiastische« Aspekt dieser Situation betont. Es ist nicht nur mühsame Arbeit, es sind Momente eines intensiven Eins-Seins mit sich selbst, ein ungeheures Selbst-Erlebnis.

Daß diese Menschen zweimal wieder hinuntergerollt sind, erwähnte die Träumerin nur nebenbei. Das Hochschleppen war wichtig, nicht die Enttäuschung. Das Hochschleppen war so wichtig, daß das Traum-Ich um dessentwillen wohl noch mehr Scheitern in Kauf genommen hätte. Diese Menschen, die schon so dem Tod hingegeben sind, werden von ihr nicht in ihrer Geschlechtlichkeit wahrgenommen, es sind Menschen, die auf den Berg müssen, um über den Berg zu kommen. Es geht nicht um eine persönliche Beziehung, es geht um einen Dienst am Menschen. Immer wieder wird betont, wie diese Menschen schon dem Tod hingegeben sind, und immer deutlicher wird, daß das Traum-Ich sie dem Tod entreißen will. Hier spielt der erste Teil des Mythos mit herein: Das Traum-Ich will dem Tod das, was ihm schon hingegeben ist, mit einer ungeheuren Entschlossenheit und Konsequenz entreißen. Beim dritten Mal gelingt es auch fast – das Traum-Ich ist kurz vor dem Gipfel, triumphiert und freut sich bereits, und man hat auch dann, wenn man den Traum hört, das Bedürfnis, mit dem Traum-Ich aufzuatmen –, da erhebt sich plötzlich diese riesige schwarze Gestalt vor ihr und wirft sie zurück ins Tal. Dieses Zurückwerfen wird verschieden beschrieben: als Gefühl, von ungeheurer Gewalt gepackt zu sein, der sie zwar alles, was sie hat, noch entgegensetzt, aber der sie letztlich nichts entgegenzusetzen hat. Sie fühlt sich nicht nur zurückgeworfen, sondern zurückgeschmettert, liegt auf dem Rücken, preisgegeben. Der Tod wird geträumt, wie er oft auch dargestellt wird: verhüllt, undurchdringlich, schrecklich. Die Träumerin erwähnt, daß er nicht ihrer Vision vom sanften Tod entspricht. Das scheint hier auch sinnvoll: Er kommt ja nicht als ihr Tod im letzten Sinn, sondern er ist der Tod für dieses hybride Ich, für diesen Menschen, der sich zu einem Gott machen will. Der Tod hier bringt die Notwendigkeit zu einer fundamentalen Wandlung der Einstellung – diese Träumerin kann nicht ein ganzes Leben lang halbtote Menschen ekstatisch, orgiastisch Berge hinaufschleppen und dem Tod beweisen, daß sie stärker ist als er. Der Tod dieses hybriden Ich ist eingetreten, der Kampf mit dem Tod ist auch fast wie ein Todeskampf. Die Träumerin fühlt sich dann auch in ihrer Zerbrechlichkeit: Sie gebraucht die Wörter Staub und Wurm, das Gegenteil der Hybris, der Gottähnlichkeit, dieses triumphalen Gefühls, das Menschsein auch auszeichnen kann. Die schwarze Wand, die in diesem Traum mit dem Tod verbunden ist, zeigt deutlich, daß die Träumerin so nicht mehr weitergehen kann. Sie muß von der Hybris ablassen, sie ist nicht getötet, aber eine Haltung von ihr wurde getötet.

Wie intensiv dieser Kampf gewesen sein muß, zeigt sich auch darin, daß sich die Träumerin im Bett aufgesetzt hat, auch körperlich gekämpft hat, wirklich als ginge es um Leben und Tod. Und es wurde ihr klargemacht: Dem Tod kann man letztlich nichts nehmen. Der Mensch, den sie hochgeschleppt hat, rollt denn auch wieder ins Tal.

Im Mythos von Sisyphos ist kein Tod auf dem Berg, und doch hatten wir den Eindruck, daß auch dort das Prinzip des Todes es nicht erlaubt, daß der Stein die Höhe überrollt.

Die Träumerin bringt diesen Traum mit einer suizidalen Patientin und mit dem Anfang der Zeit, als sie in der Psychiatrie arbeitete, in Zusammenhang. Ihr großes Engagement am Menschen kommt in diesem Traum zum Ausdruck, Größe und Entschlossenheit, aber auch die Hybris der Helferpersönlichkeit und der Heilerin, die gegen den Tod, gegen die Lethargie, gegen die Schicksalsergebenheit ankämpft.

In ihrem Handeln wird auch das »Aufbegehren jener Zeit«, wie sie es selbst nennt, deutlich, das Aufbegehren dagegen, daß Menschen so leiden. Und fast wird, so besehen, die Ärztin, die da den Halbtoten hochschleppt, zu einem Menschen, der die ungerechte Schöpfung korrigiert. Diese Hybris, die wir an

Sisyphos schon gesehen haben, zeichnet aber auch gerade den Menschen aus, der ganz vom Helferwillen gepackt ist und noch nicht seine Grenzen kennt, nicht sein Maß kennt. Das Maß setzt auch hier der Tod.

Folgen wir dem Interpretationszug, den die Träumerin selbst anbietet, dann bezieht sich der Traum auf die Frage, ob man Menschenleben um jeden Preis zu retten versuchen soll, auch wenn diese Menschen selbst, wie hier im Traum, auf einem anderen Weg sind, nämlich auf dem Weg ins Tal, von wo sie unter Umständen auch selbst später den Berg hinauflaufen könnten. Die Träumerin sagt denn auch, sie habe aus dem Traum gelernt; sie habe gelernt, Suizidale zu begleiten, sie aus dem Todessog herauszuführen, aber nicht mehr mit Gewalt. Sie kann deren Entschluß auch akzeptieren: etwas, was ungeheuer schwierig ist und doch unabdingbare Voraussetzung dafür, um mit suizidgefährdeten Menschen überhaupt arbeiten zu können.

Betrachten wir diese halbtoten Menschen, die die Träumerin offenbar als Menschen mit suizidalen Problemen versteht, als Menschen auch, die keinen Lebenswillen mehr aufbringen, als Bilder für Anteile in der Psyche der Träumerin, dann verlagert sich natürlich auch die Auseinandersetzung; diese dem Schicksal so ergebenen Menschen verkörpern dann Anteile in der Träumerin, die zu sehr loslassen, die nicht kämpfen, die sich gehen lassen – und das ist etwas, das das Traum-Ich auf gar keinen Fall akzeptieren kann. Loslassen, etwas verloren geben, aufgeben scheint nicht ins Konzept des Traum-Ich zu passen, das heißt also, daß der Tod zwar durchaus Wirkungen auch im Leben und in der Psyche dieses Menschen hinterläßt, daß das Traum-Ich das aber rückgängig machen will, als dürfe es nicht sein. Dieses Nicht-mehr-leben-Wollen wird ja auch im Konzentrationslager angesiedelt, also als Folge einer sehr destruktiven Macht gesehen. Es könnte sein, daß die Träumerin das Aufgeben-Müssen nur als Folge einer destruktiven Macht sieht und nicht auch als natürlichen Rhythmus des Lebens. So ist es denn nicht verwunderlich, daß sie gegen diese Macht kämpft. Es ist aber keine weltliche Macht, es ist der Tod. Es ist darüber hinaus auch denkbar, daß in diesen halbtoten Menschen eigene suizidale Tendenzen der Träumerin verkörpert sein könnten, vielleicht sogar deshalb suizidal, weil das Prinzip des Loslassens in ihrem Leben zu wenig gelebt werden darf. Der Tod aber macht der Träumerin sehr deutlich: Es gibt Tod, es gibt Scheitern, es gehört dazu.

Sehr deutlich kommt in diesem Traum zum Ausdruck, wie man gezwungen wird, loszulassen, wenn man nicht selbst bereit ist, im richtigen Moment loszulassen, wie einem dann entrissen wird, was man eigentlich hätte loslassen müssen.

Außerdem wird zum Thema des Festhaltens und Loslassens deutlich, daß wir nicht Menschen sind, die jeweils nur festhalten oder nur loslassen. Es gibt wohl Lebensbereiche und Einstellungen, an denen wir zu sehr festhalten, andere, die wir zu leicht loslassen. Dieses Festhalten und Loslassen in einen guten Rhythmus zu bringen ist auch eine Frage des rechten Maßes. Dieses rechte Maß ist uns aber nicht gegeben; mir scheint, wir müssen immer einmal auch vermessen sein und dann akzeptieren, daß wir uns auf das menschliche Maß zurückgewiesen fühlen, ein Maß, das ja auch nie ein für allemal gegeben ist, sondern dem wir uns wohl im Laufe des Lebens nur annähern.

Das gilt natürlich nicht für den Menschen als einzelnen, das gilt auch für die Menschheit als ganze. Ohne Vermessenheit gibt es keinen Fortschritt und ohne Bescheidung keine Verantwortung, die diesen Fortschritt auch für die Menschen sinnvoll anwenden läßt.

Anmerkungen

DER TEUFEL MIT DEN DREI GOLDENEN HAAREN

1 Handwörterbuch des deutschen Aberglaubens, Berlin/Leipzig 1927
2 Ebenda, S. 890
3 Ebenda, S. 891
4 Russische Volksmärchen, Köln 1959
5 Lüthi, M.: So leben sie noch heute, Göttingen 1969, S. 73
6 Vgl. Jung, C. G.: Die Psychologie des Kindarchetypus. Gesammelte Werke 9, I, Olten 1976, S. 174 ff.
7 Riedel, J.: Farben in Religion, Gesellschaft, Kunst und Psychotherapie, Stuttgart 1983
8 Vgl. Ninck, M.: Die Bedeutung des Wassers im Kult und Leben der Alten. Wissenschaftliche Buchgesellschaft, Darmstadt 1967, S. 73
9 Ebenda, S. 101
10 Walter, F. O.: Dionysos, Frankfurt 1980, S. 88 f.
11 Lüthi, M.: ebenda, S. 73
von Beit, H.: Symbolik des Märchens, Bern 1971, S. 376 ff.
12 Göttner-Abendroth, H.: Die Göttin und ihr Heros, München 1980, S. 125
13 Hark, H.: Religiöse Neurosen, Stuttgart 1984, S. 157
14 Vgl. Kast, V.: Mann und Frau im Märchen, Olten 1983, S. 107
15 Chevalier, J.: Gheerbrant, A.: Dictionnaire des symboles, Laffont 1969

ALI BABA UND DIE VIERZIG RÄUBER

1 Aus: Märchen aus 1001 Nacht. Erzählt von Vladimir Hulpach, erschienen in der Reihe »Märchen der Welt« im Verlag Werner Dausien, Hanau/M. 1982
Die Originalfassung, auf die ich gelegentlich Bezug nehme, findet sich in: Die Erzählungen aus den Tausendundein Nächten. Aus dem arabischen Urtext übersetzt von Enno Littmann. © Insel Verlag, Frankfurt am Main 1928, Bd. 4, S. 791–859

2 Aus: Märchen aus 1001 Nacht, a.a.O., S. 11–17
Scheherban wird in der Insel-Ausgabe als Schehrijar (Träger der Herrschaft), Schahseman als Schazaman (größter König seiner Zeit) beschrieben. Dinarsad ist vermutlich eher die Dienerin als die Schwester der Scheherazade; it 224, Band 12, S. 668

3 Die Erzählungen aus den Tausendundein Nächten, Bd. 4, a.a.O., S. 645

4 Ebenda

5 Vgl. auch Verena Kast, Märchen als Therapie, Walter Verlag, Olten 1986

6 Vgl. Verena Kast, Wege zur Autonomie, Walter Verlag, Olten 1985

7 Vgl. zu diesem Thema auch: Hans Dieckmann, Individuation in den Märchen aus 1001 Nacht, Bonz Verlag, Fellbach-Öffingen 1974

8 Vgl. Verena Kast, »Zum Umgang der Märchen mit dem Bösen«, »Der Dreißiger« und »Der Blaubart«, in: M. Jacoby / V. Kast / I. Riedel, Das Böse im Märchen, Bonz Verlag, Fellbach-Öffingen 1978

9 Märchen aus 1001 Nacht, a.a.O., S. 14

10 Diese Anreicherungen stammen aus dem Originaltext, der wegen seiner Länge nicht verwendet werden konnte. In: Die Erzählungen aus den Tausendundein Nächten. Aus dem arabischen Urtext übersetzt von Enno Littmann, Insel Verlag, it 224 in zwölf Bänden, Frankfurt/Main 1928. Die Geschichte von Ali Baba und den vierzig Räubern befindet sich in Band 4, S. 791–859

11 Die Erzählungen aus den Tausendundein Nächten, Band 4, a.a.O., S. 791

12 Annemarie Schimmel, Mystische Dimensionen des Islam. Die Geschichte des Sufismus, Diederichs Verlags, Köln 1985, S. 51

13 Ebenda, S. 478

14 Der goldene Vogel, in: Kinder- und Hausmärchen, gesammelt durch die Brüder Grimm, Insel Verlag, it 112, Erster Teil, Frankfurt/Main 1979

15 Annemarie Schimmel, a.a.O., S. 143

16 Ebenda, S. 286

17 Die Erzählungen aus den Tausendundein Nächten, Band 4, a.a.O., S. 796/797

18 Ebenda, S. 798

19 Ebenda, S. 795, Fußnote

20 Herder Lexikon griechische und römische Mythologie. Bearbeitung von Dorothea Coenen, Herder Verlag, Freiburg 1986[3]

21 Erich Neumann, Die große Mutter, Walter Verlag, Olten 1956/1974, S. 251

22 Ebenda, S. 57

23 Annemarie Schimmel, a.a.O., S. 413

24 Die Erzählungen aus den Tausendundein Nächten, Band 4, a.a.O., S. 802

25 Gekürzt übernommen aus Verena Kast, Sisyphos. Der alte Stein – der neue Weg, Kreuz Verlag, Zürich 1986, S. 59 ff.
26 Ingrid Riedel, Formen. Kreis, Kreuz, Dreieck, Quadrat, Spirale, Kreuz Verlag, Stuttgart 1985, S. 42
27 Annemarie Schimmel, a.a.O., S. 146
28 Erich Neumann, a.a.O., S. 272
29 Die Erzählungen aus den Tausendundein Nächten, Band 4, a.a.O., S. 842
30 Ebenda
31 Ebenda, S. 847
32 Erich Neumann, a.a.O., S. 281

SISYPHOS

1 Homer, in: Odyssee XI, 593, Übersetzung A. Weiher
2 ebenda
3 Goethe, J. W. von, in: Goethes Werke Bd. 12, 1963[5], S. 516
4 Camus, 1942, S. 100
5 ebenda, S. 101
6 ebenda
7 vgl. Bollnow, 1955, 1974[4], S. 94
8 vgl. Marcel, Entwurf einer Phänomenologie und einer Metaphysik der Hoffnung, 1942, in: Marcel, 1964
9 Bachmann, 1978, S. 253
10 ebenda, S. 254
11 ebenda, S. 260
12 Herderlexikon der Symbole, 1978, S. 161
12a Herbert Hunger, 1974; von Ranke-Graves, 1960
13 vgl. Roscher, S. 958 ff.
14 Lexikon der antiken Mythen und Gestalten: Grant/Hazel (Hrsg.)
15 vgl. von Ranke-Graves, 1960, 1982, S. 194
16 vgl. Hunger, 1974, S. 176 ff., und von Ranke-Graves, 1960, 1982, S. 52 ff.
17 vgl. Platon im Phaidros, 1958, Paragraph 33c
18 vgl. Helbling (Hrsg.), o. J., S. 192
19 vgl. Kerenyi, Bd. 2, 1966[4], 1979
20 vgl. Soupault, 1963, S. 71 ff.
21 Williams, in: Kast, 1982, 1986[6], S. 158
22 vgl. Bolte/Polivka, 1963, S. 378 f.
23 Helbling (Hrsg.), o. J., S. 299
24 vgl. Kast, 1982, 1986[6]
25 vgl. Camus, 1947, 1950, S. 60 f.
26 ebenda, S. 84 f.
27 ebenda, S. 107
28 vgl. Kast, 1985

29 Jung, 1929, S. 12
30 Goethe, in: Eckermann, 1948
31 vgl. Roscher, S. 967 f.
32 ebenda, S. 967
33 vgl. Henry (1892), in: Roscher, S. 967
34 vgl. von Ranke-Graves, 1960, 1982, S. 197
35 Völcker, in: Roscher, S. 968
36 Bachmann, 1966, S. 25
37 Curtius, in: Roscher, S. 968
38 Roscher, S. 969 f.

Literatur zu Sisyphos

Bachmann, Ingeborg, Das dreißigste Jahr, München 1961
Bachmann, Ingeborg, Ges. W., Hrsg. Koschel, Chr., von Weiden-
baum, I., Münster, C., München/Zürich 1978, Bd. 2
Bollnow, O. F., Neue Geborgenheit – Das Problem einer Überwin-
dung des Existentialismus, Stuttgart 1979[4]
Bolte, J./Polivka, G., Anmerkungen zu den Kinder- und Hausmär-
chen der Brüder Grimm, Bd. 1, Olms 1963
Camus, Albert, Le mythe des Sisyphe, Librairie Gallimard, Paris
1942, Hamburg 1959
Camus, Albert, La Peste, Paris 1947, Hamburg 1950
Eckermann, Johann P., Gespräche mit Goethe, Leipzig 1948
Goethe, J. W. von, in: Goethes Werke, Bd. 12, Hamburg 1963[5]
Grant, M./Hazel, J. (Hrsg.), Lexikon der antiken Mythen und Ge-
stalten, München 1980
Helbling, C. (Hrsg.), Kinder- und Hausmärchen der Gebrüder
Grimm, Zürich o. J.
Herder-Lexikon der Symbole, Freiburg 1978
Homers Odyssee, XI, 593, Übersetzung von A. Weiher
Hunger, H., Lexikon der griechischen und römischen Mythologie,
Reinbek bei Hamburg 1974
Jung, C. G., Das Geheimnis der goldenen Blüte, Zürich 1929
Kast, Verena, Trauern – Phasen und Chancen des psychischen Pro-
zesses, Stuttgart 1986[6]
Kast, Verena, Wege zur Autonomie, Olten 1985[2]
Kerenyi, K., Die Mythologie der Griechen, Bd. 2, München 1966[4]
Marcel, Gabriel, Philosophie der Hoffnung, München 1964
Platon, Sämtliche Werke, Bd. 4, Hamburg 1958
von Ranke-Graves, R., Griechische Mythologie, Hamburg 1982
Roscher, W. H. (Hrsg.), Ausführliches Lexikon der griechischen und
römischen Mythologie, Teubner Leipzig, 1909–1915
Soupault, Ré (Hrsg.), Franz. Märchen, Düsseldorf/Köln 1963

Wie Götter sich in Menschen spiegeln.

Götterpaare wie Shiva und Shakti oder Merlin und Viviane symbolisieren jeweils eine eigentümliche Art der Liebesbeziehung, sei es die Verschmelzung, die Mutter-Sohn-Beziehung, die Streitehe oder die Beziehung älterer Mann – junges Mädchen. Durch den Vergleich der Mythen mit Beispielen aus der Literatur und aus der psychotherapeutischen Praxis bringt Verena Kast Licht in die Vorgänge, die sich zwischen Verliebten und in Ehen abspielen.

Verena Kast
Paare
Beziehungsphantasien oder
Wie Götter sich in Menschen spiegeln
Reihe »Symbole«
180 Seiten, mit Farbabbildungen, Paperback

Trauern heißt verarbeiten.

Beziehungen sind ein wesentlicher Aspekt unseres Selbst- und Welterlebens, das durch den Tod eines geliebten Menschen schwer erschüttert wird. Die Trauer ist die Emotion, durch die wir Abschied nehmen, Probleme der zerbrochenen Beziehung aufarbeiten und soviel als möglich von ihr und von den Eigenheiten des Partners integrieren können, so daß wir mit einem neuen Selbst- und Weltverständnis weiterzuleben vermögen.

Verena Kast
Trauern
Phasen und Chancen des psychischen Prozesses
176 Seiten, Paperback

Kreuz: Was Menschen bewegt.

Frauen und ihre besten Freundinnen:

Frauen-Freundschaften setzen einen Maßstab für menschliches Zusammenleben überhaupt. Verena Kast läßt Frauen zwischen 20 und 60 selbst beschreiben, was das heißt: eine Beziehung, geprägt von Achtsamkeit, Verläßlichkeit, Zärtlichkeit, Freude und Solidarität.

Verena Kast
Die beste Freundin
Was Frauen aneinander haben
224 Seiten, Hardcover

Beziehungen menschlich machen.

Verena Kast und der Theologe Hans-Eckehard Bahr geben in diesem Buch Anregungen zur menschenfreundlichen Gestaltung von Beziehungen: Nur wenn wir loslassen können, können wir uns auch einlassen.

Hans-Eckehard Bahr
Verena Kast
Lieben
Loslassen und sich verbinden
72 Seiten, Paperback

Kreuz: Was Menschen bewegt.